浙江大学文科高水平学术著作出版基金
中央高校基本科研业务费专项资金　资助

移动的边界

跨国文化、教育与认同的政治

Moving Boundaries

The Politics of Transnational Culture, Education, and Identity

刘 宏 著

ZHEJIANG UNIVERSITY PRESS
浙江大学出版社
·杭州·

图书在版编目（CIP）数据

移动的边界：跨国文化、教育与认同的政治 / 刘宏
著. — 杭州：浙江大学出版社，2024.8（2024.12 重印）
ISBN 978-7-308-21492-6

Ⅰ.①移… Ⅱ.①刘… Ⅲ.①华人－人才流动－研究
－世界 Ⅳ.①C962

中国版本图书馆 CIP 数据核字（2021）第 115038 号

移动的边界：跨国文化、教育与认同的政治

刘　宏　著

责任编辑	李瑞雪
责任校对	吴心怡
封面设计	周　灵
出版发行	浙江大学出版社
	（杭州市天目山路 148 号　邮政编码 310007）
	（网址：http://www.zjupress.com）
排　　版	浙江大千时代文化传媒有限公司
印　　刷	广东虎彩云印刷有限公司绍兴分公司
开　　本	710mm×1000mm　1/16
印　　张	16
字　　数	276 千
版印次	2024 年 8 月第 1 版　2024 年 12 月第 2 次印刷
书　　号	ISBN 978-7-308-21492-6
定　　价	88.00 元

主编的话

2007年我由恩师陈思和教授举荐到马来西亚拉曼大学中文系教书四年,之后又赴我国台湾东华大学华文系任教一年,接着又在新加坡国立大学中文系任教四年,先后近十年的漂泊,最大的收获就是在自己的中国现当代文学专业之外,另开辟了一块学术宝地——东南亚华人文学,东南亚华人文学研究也成为我的一个重要研究方向。我目前所主持的两个国家社科基金项目都与之有着密切的关系。

海外任教经历也让我有幸结识了很多学术界的师长朋友,他们以丰硕的学术研究、丰富的人生阅历和儒雅的文人风姿影响着我,让我在这纷纷扰扰的俗世不忘初心,心里常怀着对这些师长朋友一直以来的鼓励和扶持的感恩之心。掰指数来,新马两地目前活跃的华人文学与文化研究者基本上都是我结识多年的朋友,他们或是我曾经的同事和学生,或是我业内志趣相投的朋友,或是东南亚学术圈盛名已久的学术大咖。他们中的很多前辈更是我学术研究的楷模,如王赓武、陈荣照、崔贵强、周清海、李焯然、容世诚等先生。

2016年我辞去新加坡国立大学中文系的教职来到浙江大学中文系,当年我以30万元的科研经费建立了浙江大学海外华人文学与文化研究中心,目的就是保持与海外学界的联系,共同推动海外华人文学与文化研究。2019年我主持的"文化中国与东南亚汉学丛书"获得第四届浙江大学高水平学术著作出版基金资助,计划出版12本东南亚汉学相关的专著。这套丛书得到王赓武、崔贵强、王润华、刘宏、容世诚、黄贤强、李志贤、苏瑞隆、许齐雄、王昌伟、潘碧华等师长朋友的鼎力支持,我们将以一年两本的速度,尽快完成这项文化工程,期望以自己的菲薄之力,推动海外华人文学与文化研究的进一步深入。

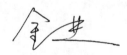

(浙江大学文学院研究员,浙江大学海外华人文学与文化研究中心主任)

序

2020年新冠疫情的肆虐给世界各国带来不可估量的影响,它不仅导致许多国家封城锁国以及全球政治经济格局的重组,也对此前业已出现的逆全球化浪潮起了推波助澜的作用。虽然本书主要部分在2020年初之前就已完成,在后疫情时代,回顾近半个世纪以来中国、亚洲和海外华人社会的变迁——这些都是本书关注的主要对象——我们更加需要重新审视边界、国家、文化和认同的错综复杂的关系及其未来发展。

本书由13篇相对独立但又密切关联的篇章组成,尽管它们所论述的时间、空间和场景有所不同,但四个关键词贯穿全书的分析。其一是边界,它既包括政治的边界(国界),亦涵盖由移民而产生的文化和认同的界限,以及由此建构的跨国文化资本和社会资本。其二是流动性,资本、货物、人员和观念在世界范围内大规模和持续性的跨国流动不仅是近半个世纪以来全球化的主要特征,也构成理解中华文化的海外传播、华人经济模式、高等教育国际化的精髓所在。其三是机制及其制度化,教育机构、贸易模式、企业发展、政府政策以及身份认同,都不可避免地受到边界内外的机制的影响和冲击,并由此成为制度化的推手。其四是历史性,无论在欧洲还是亚洲,民族国家并非与生俱来,而是19世纪后半叶一系列社会、经济和政治变迁的产物,因此,历史的视野以及历史对当代的影响成为解构流动的边界之不可或缺的要素。

由以上关键词为出发点和解码器,本书分为三大部分。第一部分("社会和商业的脉络")探讨海外华人社会及商业网络的研究途径和方法,并从历史的视域分析企业家、侨批贸易与跨国资本主义、侨批与政治等不同层面,理解海外华人社会变迁的基础及其特征。第二部分("文化与教育")考察新加坡华人社会的变迁、中华文化的海外传播,以及新加坡和英国高等教育发展的不同模式和特征。第三部分("认同的政治")思考在东南亚和欧洲华人社会中的方言群、族群、阶级意识的发端与演变及其对政治的影响,进而反思有关族群性的迷思。

本书的附录部分("他者的眼光")旨在从其他学者的分析和批评中进行自我审视,其中包括与笔者素昧平生的暨南大学国际关系学院王子昌教授的评论和笔者应邀为几位友人的新书所做的序。这些作者或任教于海峡两岸和日本的高校，或作为知名企业家穿梭于中国与东南亚之间，笔者从与他们的跨界文化交流中受益匪浅。

本书的研究和写作是在跨界过程中实现的。过去十多年来，笔者的研究重点包括了海外华人研究、近现代亚洲政治与社会变迁、公共政策和跨界治理研究这三个不同但又具有内在联系的领域。本书是第一个研究主题的阶段性成果。虽然大部分篇章的原稿完成于南洋理工大学，亦有少部分是任教于英国曼彻斯特大学时的产物。其中有数篇为合作研究成果，这些在文中均有记录。笔者在此感谢合作者的重要贡献以及允许将文章的修订和更新稿收入本书。

我对海外华人研究的关注始于 1995 年博士毕业后任教于新加坡国立大学文学与社会科学院。因教学需要，开始对该领域有较全面涉猎。在这个过程中，得到众多前辈学人和同行友人的无私支持和帮助，笔者在此对他们致以衷心感谢：王赓武、陈金梁、廖振扬、傅高义（Ezra Vogel，已故）、滨下武志、白石隆、秋田茂、班国瑞（Gregor Benton）、Glen Peterson、石静远、王润华、潘国驹、陈春声、韩方明、李伯重、周敏、王辉耀、李明欢、龙登高、刘志伟、张振江、范可、曾玲、武斌、郭世宝、曾少聪、刘进、城山智子、陈来幸、廖赤阳、王维、王效平、陈天玺、游俊豪、李志贤、周兆呈、张松建、林鎮溁、任娜、沈惠芬、黎志刚（已故）、Yos Santasombat、Michael Charney、Els van Dongen。张慧梅博士为本书的最后定稿做了大量工作。非常感谢金进教授的盛情邀约，使我得以有机会整合并更新近年来的部分研究成果。

本书的研究获得以下科研项目的资助，特此鸣谢：新加坡教育部重点科研项目（"比较视野下的跨国知识转移与动态治理"，MOE2016-T2-2-087）；南洋理工大学战略性科研项目（"移动中的整合：中国、新加坡、日本的跨界移民与跨国网络"，04INS000132C430；"多元共生与亚洲可持续发展"，04INS000103C430）、南洋理工大学科研基金（"全球化、人才环流与国际人才竞争"，04INS000136C430）。

刘 宏

2023 年 10 月 31 日

目　录

第二辑　文化与教育

第三辑　认同的政治

附　录

第一辑　社会与商业的脉络

第一章 海外华商研究的路径与方法

一、导言

过去 40 多年来,有关海外华商企业的研究发生了重大变化。在 20 世纪 70 年代后期以前,研究的重点主要是中国的文化和制度如何成为经济增长的障碍。[①] 但是,随着东亚地区经济在 20 世纪 70 年代后期的迅速成长,研究范式逐渐转变到了解文化和制度在经济发展中的积极作用。有关亚太地区的海外华人企业和创业,出现了两种主要的解释路径,分别强调文化主义范式和结构主义观念。1997 年至 1998 年的亚洲经济危机及时提醒人们注意到华人资本主义的脆弱性,并促使人们重新审视海外华人企业所获"经济成功"的既定范式。过去 20 多年中出版的有关在亚洲和其他地区的华商创业和跨国网络的一系列文集中,有意识地进行了这种批判性的反思。[②]

[①] 参看 Mackie, Jamie. "Overseas Chinese Entrepreneurship." *Asia-Pacific Economic Literature*, 1992, vol. 6, no. 1, pp. 41-64. Yeung, Henry, and Chris Olds. "Globalizing Chinese Business Firms: Where Are They Coming from, Where Are They Heading?" in idem, eds. *Globalization of Chinese Business Firms*. London: Macmillan, 2000, pp. 1-27. Whyte, Martin King. "Paradoxes of China's Economic Boom." *Annual Review of Sociology*, 2009, vol. 35, pp. 71-392. 刘宏:《海外华人研究的谱系:主题的变化与方法的演进》,《华人研究国际学报》,2009 年第 2 期,第 1—28 页。Zhou, Min, and Hong Liu. "Transnational Entrepreneurship and Immigration Integration: New Chinese Immigrants in Singapore and the United States," in Vallejo, Jody Agius ed. *Immigration and Work*. London: Emerald Group Publishing, 2015, pp. 169-201.

[②] Chan, Kwok Bun, ed., *Chinese Business Networks: State, Economy and Culture*. Singapore: Prentice Hall, 2000. Gomez, Edmund Terence, and Hsin-Huang Michael Hsiao, eds. *Chinese Business in South-East Asia: Contesting Cultural Explanations, Researching Entrepreneurship*. London: Routledge, 2001. Gomez, Edmund Terence, and Hsin-Huang Michael Hsiao, eds. *Chinese Enterprise, Transnationalism, and Identity*. London: Routledge, 2004. Menkhoff, Thomas, and Solvay Gerke, eds. *Chinese Entrepreneurship and Asian Business Networks*. London: Routledge, 2002. Fong, Eric, and Chiu Luk, eds. *Chinese Ethnic Business: Global and Local Perspectives*. London: Routledge, 2007. Tan, Chee-Beng, ed., *Chinese Transnational Networks*. London: Routledge, 2007. Wong, Raymond, ed., *Chinese Entrepreneurship in a Global Era*. London: Routledge, 2008. Benton, Gregor, Hong Liu, and Huimei Zhang, eds. *The Qiaopi Trade and Transnational Networks in the Chinese Diaspora*. London: Routledge, 2018.

虽然其中的某些论点在此前也曾阐明过,但是由不同学科和国家背景的作者所著的这些文献共同宣示了新趋势的到来,我称之为"修正主义转向",其特点是解构有关海外华商创业的旧的神话,努力构建新方法,并进而分析了中国对华商的影响。

本章并非仅仅对近期文献的全面检索,而是旨在考察这些研究的中心议题及其局限性,并提出供进一步分析的主题,作为一种初步尝试,思索"后修正主义"的综合性研究。本章的研究范围有限,其中结合了两方面的内容:一方面是对亚洲和中国崛起背景下有关华商创业文献的批判性讨论;另一方面是对未来研究方向的初步思考。本章并非实证研究,但是为了说明在本章提出的论点,选取了新加坡、日本和中国的几个案例,并以其他学者研究的几个具有可比性的实例来作为补充。因篇幅有限,这些参考和原始实证案例必须保持在最低限度。

在本章中,"离散"被宽泛地定义为"被国家边界分隔开来的移民族群共同体"。[1] 然而,国家在移民社群及其企业的发展中依然是一股不可或缺的力量。

二、有关(华商)族群的研究取向

有关华商的研究受到族裔企业家社会学的影响。相关文献可分为供给侧观点和需求侧观点。[2] 前者强调"由适当的人来扮演企业家的角色",并重点关注企业家的个人特点,来考察创业。对于族群性与创业之间的相互关系,学者们考虑了群体特点的作用,包括"各种诱发性因素,例如选择性迁移、文化、期望水平等"。[3] 供给侧观点似乎类似于用于华商企业的文化主义方法。该方法认为,华商创业成功的关键在于其独特的文化特点,诸如崇尚儒家价值观,鼓励勤奋工作、恪守纪律,以及重视家庭和个人关系等。这些价值观使得一种与众不同的合作形式合法化,即商业、社会和政治组织之

---

[1] Dufoix, Stéphane. *Diasporas*. Berkeley: University of California Press, 2008, p. 30.

[2] Thornton, Patricia. "The Sociology of Entrepreneurship." *Annual Review of Sociology*, 1999, vol. 25, pp. 19-46.

[3] Aldrich, Howard, and Roger Waldinger. "Ethnicity and Entrepreneurship." *Annual Review of Sociology*, 1990, vol. 16, pp. 111-135.

间的合作。①

　　与供给侧观点强调静态和个人特点相反,需求侧观点考察企业家实际做些什么,他们在社会环境中作出的决定随着时间的推移而变化。它更加感兴趣的是"环境的推拉效应",例如国家政策、市场发展和技术变革的出现。族裔企业的学者密切关注机会结构(可能有利于面向共同种族的产品或服务的市场状况和服务于更加广泛的、非种族市场的情形)和种族策略(源自机会和群体特点的相互作用)。在不断增加的市场社会学文献中,存在一种共识,即市场具备以企业、员工、供应商、客户和政府之间的广泛社会关系为特征的社会结构。②

　　需求侧观点可等同于结构主义对海外华商企业创业的认知。这种认知主要涉及海外华人经营业务的外部(通常是敌对的)环境,以及他们与政治精英建立的各种联盟。换句话说,这种方法强调东亚政治经济的结构性要素,与国家战略、国际分工及其体制框架相联系。虽然包括阿里夫·德利克、王爱华和唐纳德·诺尼尼在内的学者此前对华商企业发展的文化主义解释提出批评,③但是1997—1998年的亚洲金融危机为结构主义的论点提供了更多证据。批评家认为正是华商企业的黑暗面,例如缺乏透明度和任人唯亲,导致了危机的发生。托马斯·门霍夫和道格拉斯·斯考斯基声称亚洲经济危机提供了"一个及时的机会,来重新审视全球化时代被视为理所当然的各种假设,即'华人'资本主义的优点和独特性,及建立在各种关系和组织行为基础上的儒家家族价值体系的特殊网络"④。

　　总之,以上两种主要解释方法有助于更好地理解亚太地区的华人经济,以开展建设性对话和进行全球比较。随着东亚社会经济环境的迅速变化,

① Yeung, Henry, and Chris Olds. "Globalizing Chinese Business Firms: Where Are They Coming from, Where Are They Heading?" in idem, eds. *Globalization of Chinese Business Firms*. London: Macmillan, 2000, pp. 1-27.

② Fligstein, Neil, and Luke Dauter. "The Sociology of Markets." *Annual Review of Sociology*, 2007, vol. 33, pp. 129-156.

③ Dirlik, Arif. *The Postcolonial Aura: Third World Criticism in the Age of Global Capitalism*. Boulder: Westview Press, 1997. Ong, Aihwa, and Donald Nonini, eds. *Ungrounded Empires: The Cultural Politics of Modern Chinese Transnationalism*. New York: Routledge, 1997. Verver, Michiel, and Heidi Dahles. "The Anthropology of Chinese Capitalism in Southeast Asia: From Culture to Institution?" *Journal of Business Anthropology*, 2013, vol. 2, no. 1, pp. 93-114.

④ Menkhoff, and Sikorski. "Asia's Chinese Entrepreneurs between Myth-Making and Renewal," in Menkhoff, Thomas, and Solvay Gerke, eds. *Chinese Entrepreneurship and Asian Business Networks*. London: Routledge, 2002, pp. 23-25.

以及中国成为世界第二大经济体,我们对海外华人的研究范式亦需要新的
转向。

<h2 style="text-align:center">三、修正主义转向及其不足</h2>

在有关海外华商的研究中,这种修正主义转变集中反映在本章开头所
列的一些研究中。虽然学者们对所讨论的问题没有一致的看法(事实上,
即便是在同一期刊中也有不同的解释),但某些共识已经显现。修正主义方
法论的特点是解构海外华人企业并将之去神秘化,认为除了族裔和文化共
同性之外,还有更加复杂的因素,且族裔内部的竞争而不是合作是华人企业
的一个典型特点。鉴于修正主义论点甚为复杂,远非本章所能够充分说明
的,因此以下内容仅为粗略概述。

首先,修正主义论者对于有关华人创业的文化主义解释均持批评态度。
戈麦斯和萧新煌所编辑的著作开篇伊始就做出了总括性陈述:"第一,我们
对这种流行的观点提出质疑,即华人的制度、规范和实践是其企业发展的原
因。第二,对于华人企业家是否主要依赖基于共同身份的商业网络来发展
其公司基础,我们有疑问。"①李胜生认为有关海外华人网络的讨论依然"混
乱并有争议","就此类网络所做的说明往往是基于文化方面的陈词滥调或
轶事证据"。②

其次,在将有关华商的神话解构之后,修正主义论者将注意力转到华商
的内在的和结构性的脆弱性上。对于陈国贲和黄玫瑰来说,华人家族企业
的"结构弱点"在于所有权和管理权不分。他们呼吁人们注意关系的"黑暗
面",它可能造成"任人唯亲、腐败和裙带关系"。③ 马来西亚的案例研究显
示,"关于所有权模式,公司结构,商业战略,多样化形式,资金来源以及种族
内部商业合作程度的信息非常少"。这个说法得到了凯文·休伊森的响应。

---

① "Preface," in Gomez, Edmund Terence, and Hsin-Huang Michael Hsiao, eds. *Chinese Business in South-East Asia*: *Contesting Cultural Explanations*, *Researching Entrepreneurship*. London: Routledge, 2001, p. xi.

② Li, Peter. "Overseas Chinese Networks: A Reassessment," in Chan, Kwok Bun, ed., *Chinese Business Networks*: *State*, *Economy and Culture*. Singapore: Prentice Hall, 2000, p. 5, p. 261.

③ Chan, Kwok Bun, and Beoy Kui Ng. "Singapore," in Gomez, Edmund Terence, and Hsin-Huang Michael Hsiao, eds. *Chinese Business in South-East Asia*: *Contesting Cultural Explanations*, *Researching Entrepreneurship*. London: Routledge, 2001, pp. 38-61.

他在其有关泰国的案例研究中指出："几乎没有证据表明华人企业正在开展国内甚至是区域内的合作，来应对当前的危机。"[①]

再次，修正主义论者意识到有必要在广泛的理论概念化和实证研究之间形成创造性的结合。戈麦斯和萧新煌提出，可被用于创建长久商业联系的"最有用的概念"是互联的股份所有权和互联的董事职务；而三个广泛的主题，即国家、社会和资本，有必要被纳入分析之中。[②] 陈国贲呼吁使华人商业网络的研究回归主流社会科学研究之中。[③] 杨伟聪提出海外华人资本主义是一种混合资本主义形式，其"性质是开放和流动的"；它既趋同于"英美资本主义的某些规范和规则"，但同时又"不同于其关键制度和结构，反映了特定环境的动态和资本、信息、论述和技术的全球流动所产生的不平衡影响"。龙登高和韩其明认为，"华人创业的特点应当被视为某种形式的个性化交易，可采用制度经济学理论来加以说明"。[④]

最后，就地理范围而言，最近的研究超出了此前的重点，即开始关注海外华人对中国的投资，[⑤]更加系统地将中国纳入其分析之中，不仅将中国作为一个巨大市场和强大的政治实体来考察，而且还审视其与离散华人企业的多层次互动及其影响。吴维平主张："这两个（按：分别有关海外华人和中国的研究）流派应当整合起来，以便找到一种解释华商网络的通用方法，无

① Loh, Wei Leng, Gomez, and Kam Hing Lee. "Malaysia," in Gomez, Edmund Terence, and Hsin-Huang Michael Hsiao, eds. *Chinese Business in South-East Asia: Contesting Cultural Explanations, Researching Entrepreneurship*. London: Routledge, 2001, pp. 62-84. Hewison. "Pathways to Recovery: Bankers, Business, and Nationalism in Thailand," in Gomez, Edmund Terence, and Hsin-Huang Michael Hsiao, eds. *Chinese Enterprise, Transnationalism, and Identity*. London: Routledge, 2004, p. 256. 相关的案例亦参看刘宏：《跨界亚洲的理念与实践：中国模式、华人网络、国际关系》，南京：南京大学出版社 2013 年。

② Gomez, Edmund Terence, and Hsin-Huang Michael Hsiao. "Introduction: Chinese Business Research in Southeast Asia," in idem, eds. *Chinese Business in South-East Asia*, pp. 1-37.

③ Chan, Kwok Bun. "Preface," in Menkhoff, Thomas, and Solvay Gerke, eds. *Chinese Entrepreneurship and Asian Business Networks*. London: Routledge, 2002, p. xiii.

④ Yeung, Henry. "Hybrid Capitalism: A New Breed of Chinese Entrepreneurship in a Global Era," in Wong, Raymond, ed., *Chinese Entrepreneurship in a Global Era*. London: Routledge, 2008, pp. 29-51. Long, Denggao, and Qiming Han. "Beyond Culture: Economic Analysis of the Characteristics of Overseas Chinese Business," in Wong, Raymond, ed., *Chinese Entrepreneurship in a Global Era*. London: Routledge, 2008, pp. 52-65.

⑤ Bolt, Paul. *China and Southeast Asia's Ethnic Chinese: State and Diaspora in Contemporary Asia*, Westport: Praeger, 2000. Peterson, Glen. *Overseas Chinese in the People's Republic of China*. London: Routledge, 2013. Huang, Yasheng, Jin Li, and Qian Yi. "Does Ethnicity Pay? Evidence from Overseas Chinese FDI in China." *Review of Economics and Statistics*, 2013, vol. 95, no. 3, pp. 868-883.

论其具体地点在哪里。"①方和卢所编辑的著作重点关注经济全球化的影响和跨国联系如何影响华人企业的运营。许多篇章研究了华人企业与中国的联系的复杂模式和对北美及澳大利亚华人企业所产生的影响。②陈志明的著作还包含主要关注中国的社会经济转型及其对中国跨国网络的影响的章节。③边燕杰巧妙地将香港和珠三角创业实证数据与对网络的社会学探究结合起来。④

这种整合式方法不仅反映了海外华人在中国日益扩大的商业活动,也体现了国家在前者的增长中不可或缺的作用。这些研究扩大了地理范围并将政治要素纳入进来,从而弥补了早期文献所缺乏的比较视角。对华人创业的研究引发文化及其与社会经济结构的相互作用提出了我们所熟悉的问题。有人认为:"中国的现代化和企业发展与深植于家庭、亲属关系和族群之中的传统价值观和社团主义结构有紧密的联系,而所有这些都是形成中国现代性的重要力量。"⑤华人企业家进入亚洲以外地区,例如银行业进军洛杉矶和马来西亚华人对英国的投资,凸显了华人创业过程中内部联系的

① Wu. Wei-ping. "Transaction Cost, Cultural Values and Chinese Business Networks: An Integrated Approach." in Chan, Kwok Bun, ed., *Chinese Business Networks: State, Economy and Culture*. Singapore: Prentice Hall, 2000, pp. 35-56.

② Salaff, Janet, Arent Greve, and Siu-Lun, Wong. "Business Social Networks and Immigrant Entrepreneurs from China," in Fong, Eric, and Chiu Luk, eds. *Chinese Ethnic Business: Global and Local Perspectives*. London: Routledge, 2007, pp. 99-119. Ip, David. "From Battlers to Transnational Ethnic Entrepreneurs? Immigrants from the People's Republic of China in Australia," in Fong, Eric, and Chiu Luk, eds. *Chinese Ethnic Business: Global and Local Perspectives*. London: Routledge, 2007, pp. 120-131.

③ Johnson, Graham. "Comings and Goings: Pearl River Delta Identities in an Era of Change and Transformation," and Yow, Cheun Hoe. "Transforming an Old *Qiaoxiang*: Impacts of the Chinese Diaspora on Panyu, 1978-2000," in Tan, Chee-Beng, ed., *Chinese Transnational Networks*. London: Routledge, 2007, pp. 23-48; pp. 49-70.

④ Bian. "Born out of Networks: A Sociological Analysis of the Emergence of the Firm," in Wong, Raymond, ed., *Chinese Entrepreneurship in a Global Era*. London: Routledge, 2008, pp. 166-182.

⑤ Tao, Julia, and Wai-Nang Ho. "Chinese Entrepreneurship: Culture, Structure and Economic Actors," in Scott, Alan, ed., *The Limits of Globalization: Cases and Arguments*. London: Routledge, 1997, pp. 143-177. Huang, Yasheng. *Capitalism with Chinese Characteristics: Entrepreneurship and the State*. Cambridge: Cambridge University Press, 2008.

相关性。①

　　毫无疑问,修正主义文献为理解华人创业的动态变化提供了宝贵的视角。进一步探索未来研究方向,我们需要仔细研究促使海外华人创业的基本因素,包括家庭主义和企业治理的角色转变、国家与网络之间的多层次相互作用、跨国主义和中国崛起的影响等。

四、海外华人企业的管理模式

　　如上所述,一些修正主义论者将联合所有权和董事职务视为华人创业中的关键要素。这两者的缺乏往往意味着共同族裔网络的不足。他们在这样做的同时就有意无意地、不加批判地接受了阿尔弗莱德·钱德勒在其颇具影响的《可见之手:美国商业管理革命》中所提出的模式,该理论将管理权与所有权分开作为进行从家族企业向现代公司的历史性转变中的准则。②钱德勒模式更加关心"谁控制企业"的问题,而不是"为什么华人企业仍然主要由家族控制"的问题。正如末广昭所指出的,这种模式无法回答以下关键问题,即"为什么东亚地区的家族企业能够在其母国中保持并巩固其地位。"③

　　以上问题应当构成一枚硬币的两面,不必相互排斥,而将它们之间的关系视为一种零和游戏。钱德勒的论点虽然解释力很强,但是因为它对于人际关系、国家和公共政策的作用不够重视,因此其在非美国背景下的适用性有限。④ 玛丽·罗斯认为,"真的很难将他(按:钱德勒)的看法适用于美国

① Li, Wei, and Gary Dymski. "Globally Connected and Locally Embedded Financial Institutions: Analyzing the Ethnic Chinese Banking Sector," in Fong, Eric, and Chiu Luk, eds. *Chinese Ethnic Business: Global and Local Perspectives*. London: Routledge, 2007, pp. 35-63. Gomez, "Intra-Ethnic Cooperation in Transnational Perspective: Malaysian Chinese Investments in the United Kingdom," in Gomez, Edmund Terence, and Hsin-Huang Michael Hsiao, eds. *Chinese Enterprise, Transnationalism, and Identity*. London: Routledge, 2004, pp. 109-147.

② Chandler, Alfred, Jr. *The Visible Hand: The Managerial Revolution in American Business*. Cambridge: Harvard University Press, 1977.

③ Suehiro, Akira. *Catch-Up Industrialization: The Trajectory and Prospects of East Asian Economies*. Singapore: National University of Singapore Press, 2008, p. 202.

④ Gardella, Robert, Jane Leonard, and Andrea McElderry. eds. *Chinese Business History: Interpretative Trends and Priorities for the Future*. Armonk: M. E. Sharpe, 1998. Carson, Mark, and Mary B. Rose. "Institutions and the Evolution of Modern Business: Introduction," in idem, eds. *Institutions and the Evolution of Modern Business*. London: Frank Cass, 1998, pp. 1-8.

以外地区以及竞争优势更多依赖于信息流的质量而不仅仅是依赖技术的资本密集型的行业"。[①]

更广泛地说,由于西方和亚洲的现代转型轨迹不同,我们需要在解读亚洲企业经验时采用其他分析工具。[②] 例如,自 19 世纪初以来,西方已经很好地建立了私有财产的法律保护机制,从而导致了"对制度的信任"的制度化。正式制度的存在和基于正式规则的非正式制约对工业化西方的经济增长做出了巨大贡献。[③] 但是,对私有财产的这种制度化的保护在很多亚洲国家基本上是缺乏的。[④] 海外华人不得不通过各种类型的正式和非正式的关系网来克服制度性障碍。正是在这种背景下,本身不断发展的华人价值观和实践在全球化的世界里仍然具有相关性。[⑤]

修正主义论者执迷于以西方经验为范本的华人企业的所有制模式,以致他们轻视其他商业网络模式的作用。例如,尽管戈麦斯认为缺乏证据来支持华人企业家的联合董事职位与相互联系合作存在关联,但是在他参与编纂的著作中,其他作者提供了有关网络存在的可信证据,这些作者并没有将研究局限于所有权领域。相反,他们扩大了搜索范围,包括供应商和买家

[①] Rose, Mary. *Firms, Networks and Business Values: The British and American Cotton Industries since 1750.* Cambridge: Cambridge University Press, 2000, p. 7. Rosa, Nelly Trevinyo-Rodríguez. "From a Family-owned to a Family-Controlled Business: Applying Chandler's Insights to Explain Family Business Transitional Stages." *Journal of Management History*, 2009, vol. 15, no. 3, pp. 284-298.

[②] Wong, R. Bin. *China Transformed: Historical Change and the Limits of European Experience.* Ithaca: Cornell University Press, 1997. Wang, Gungwu. *The Chinese Overseas: From Earthbound China to the Quest for Autonomy.* Cambridge: Harvard University Press, 2000. Arrighi, Giovanni, Takeshi Hamashita, and Mark Selden, eds. *The Resurgence of East Asia: 500, 150 and 50 Year Perspectives.* London: Routledge, 2003, pp. 259-333. Liu, Hong. "Introduction: Toward a Multi-dimensional Exploration of the Chinese Overseas," in Liu, Hong, ed., *The Chinese Overseas, Vol. 1: Conceptualizing and Historicizing Chinese International Migration.* London and New York: Routledge, 2006, pp. 1-30. Hamashita, Takeshi. *China, East Asia and the Global Economy: Regional and Historical Perspectives.* London: Routledge, 2008.

[③] North, Douglass. *Institutions, Institutional Change and Economic Performance.* Cambridge: Cambridge University Press, 1990. Tang, Jintong. "How Entrepreneurs Discover Opportunity in China: An Institutional View." *Asia Pacific Journal of Management*, 2010, vol. 27, no. 3, pp. 461-479.

[④] 刘宏:《社会资本与商业网络的建构:当代华人跨国主义的个案研究》,《华侨华人历史研究》, 2000 年第 1 期,第 1—15 页。

[⑤] 廖赤阳、刘宏:《网络、国家与亚洲地域秩序:华人研究之批判性反思》,《华侨华人历史研究》, 2008 年第 1 期,第 1—11 页。Liu, Hong, and Gregor Benton. "The Qiaopi Trade and Its Role in Modern China and the Chinese Diaspora: Toward an Alternative Explanation of 'Transnational Capitalism'." *Journal of Asian Studies*, 2016, vol. 75, no. 3, pp. 575-594.

关系等其他形式的网络,这更加与华人网络的灵活性和多维性以及整体经济网络的特征相结合。正如马修·杰克森提醒我们的那样,在研究社会网络经济学时,"企业有各种方法来形成影响市场结果的关系。它们可以携手开展研发;它们可以合并;它们可以生产联合产品;它们可以签订特定的供应商关系;它们可以共谋等"①。

对于了解海外华人企业家来说,文化是否如某些修正主义论者所说的那样已经成为一个不相关的因素?把这个问题放入在中国经济增长和区域转型背景下文化、社会和国家之间不断变化的相互作用的环境中,而不是回到早期的基于文化与制度两分法的争论中去,会更有成效。如马丁·怀特所证明的那样,在某些方面,"中国的传统文化遗产为近期的经济发展和市场竞争提供了沃土",例如促进社会流动、强力推动家庭经济改善、熟悉市场营销和私人商业活动、缔结合作伙伴关系和商业合同,以及现代市场经济的其他做法。②

在海外华人企业的背景下,研究表明家族主义作为华语世界的中心文化和社会制度之一,已被证明是有弹性的和适应性的。杨伟聪认为家族企业是"组织华人资本主义的核心要素",并且"可能继续作为关键组织平台或'组织模式'"。③ 在新加坡华人企业家蓝伟光的案例,有助于强调商业家庭主义仍然是华人企业中的一个关键要素,包括那些在科创板上市的跨国公司。④

蓝伟光,1964 年出生于福建农村,毕业于厦门大学化学系,后赴新加坡攻读博士学位。1995 年他加入凯发集团(新加坡最大的水处理公司),担任其在中国的技术与销售总监。次年他离开凯发集团,成立了厦门三达公司。该公司与他后来成立的其他公司一起成为在新加坡组建的三达膜技术集团

---

① Jackson, Mathew. "The Economics of Social Network," in Blundell, Richard, Whitney Newey, and Torsten Persson, eds. *Advances in Economics and Econometrics: Theory and Applications, Ninth World Congress*, vol. 1. Cambridge: Cambridge University Press, 2006, pp. 1-56.

② Whyte, Martin King. "Paradoxes of China's Economic Boom." *Annual Review of Sociology*, 2009, vol. 35, p. 386.

③ Yeung, Henry. "Change and Continuity in Southeast Asian Ethnic Chinese Business." *Asia Pacific Journal of Management*, 2006, vol. 23, no. 3, pp. 229-254.

④ 详见 Liu, Hong. "Immigrant Transnational Entrepreneurship and Linkages with the State/Network: Sino-Singaporean Experience in a Comparative Perspective," in Wong, Raymond, ed., *Chinese Entrepreneurship in a Global Era*. London: Routledge, 2008, pp. 117-148. 任娜、刘宏:《本土化与跨国性——新加坡华人新移民企业家的双重嵌入》,《世界民族》,2016 年第 2 期,第 44—53 页。

的一部分,专门从事膜系统的生产和安装。新达科技公司(Sinomem)于 2003 年首次公开募股,并在新加坡证券交易所上市,由蓝伟光家族持有 75% 的直接股份。在 2003 年福布斯中国前 100 名富豪榜上,蓝伟光位居第 75 位,资产达到 1.37 亿美元。一年后,新达科技收购了位于山东的瑞丰生物——一家生产能够提高作物产量的化学制品的公司,于 2007 年在新加坡证券交易所上市。

对于这样一个由新一代企业家在高技术行业建立的跨国公司,人们期待它走一条常规的路线,将所有权与管理权分开来,这并不奇怪,但是,商业家族主义和相关的文化价值观依然是该企业的核心。据蓝先生所说,为了能够进入中国市场,有必要深刻了解中国文化:"这一点之所以重要,主要是因为儒家思想对华人的思维方式依然有很大影响。"新达科技公司的内部治理结构反映了家庭主义的重要影响。作为创始人和董事总经理,蓝先生控制了公司 67.5% 的股权,并"负责制定集团的战略方向,监督总体管理和运营;此外,还牵头实施并监督所有研发活动"。他的妻子"作为联合创始人和执行董事,负责集团的总体行政工作和日常管理",持有 7.5% 的股权。弟弟蓝新光担任新达科技公司副总裁,并且从 2009 年开始兼任瑞丰生物首席执行官,负责"瑞丰公司及其子公司的总体管理和战略发展"。另一个弟弟担任新达科技公司副总裁和集团技术部总经理。

这种以家族主义为中心的商业案例并非独一无二。一些有关海外华人企业家的研究表明,家庭和亲属关系在经济活动中仍然具有相关性(以及与专业化相关的各种陷阱)。有些人认为,亲属团结和信任在保护财产权过程中发挥了重要作用。[①] 包括家庭联系在内的社会网络是形成海外华人创业的一个重要因素,而把跨国家庭作为积累经济和文化资本的策略使得华人

---

① Peng, Yusheng. "Kinship Networks and Entrepreneurs in China's Transitional Economy." *American Journal of Sociology*, 2004, vol. 109, no. 5, pp. 1045-1074. Zhang, Jianjun, and Hao Ma. "Adoption of Professional Management in Chinese Family Business: A Multilevel Analysis of Impetuses and Impediments." *Asia Pacific Journal of Management*, 2009, vol. 26, no. 1, pp. 119-139. Suehiro, Akira. *Catch-up Industrialization: The Trajectory and Prospects of East Asian Economies*. Singapore: NUS Press, and Kyoto: Kyoto University Press, 2008, pp. 200-230. 周敏、刘宏:《海外华人跨国主义实践的模式及其差异——基于美国和新加坡的比较分析》,《华侨华人历史研究》,2013 年第 1 期,第 1—19 页。

家族主义得以持续和扩大。① 因此,显而易见,文化价值观和制度依然是华人企业创建与管理中的不可或缺的因素,应当更加关注它们在改变国家、地区和全球环境过程中是如何演变的,以及这是否会导致所有权与管理权的分离。

五、朝向后修正主义的整合

在社会科学学科中对网络的研究已经取得了相当大的进展。在过去几十年,两大顶尖社会学期刊发表的将"网络"列为关键词的论文所占份额激增:1.2%（1980 年）、2.2%（1990 年）、7.8%（2000 年）、11.6%（2005 年）。② 经济学家马修·杰克森写道:"有关网络的文献正在快速增加。由于其多学科的性质,因此它成为一个令人兴奋的领域。很难想出还有其他研究领域能够如此自然而然地借鉴并适用于很多学科。"③

自从加里·汉密尔顿及其同事发表了其开拓性的著作以来,④亚洲经济活动中商业网络的重要性就受到极大的关注。即便对于商业网络的相关性还存在分歧,修正主义文献中也反映出同样的兴趣。海外华人社交和商业网络的新动态和不断变化的重组是什么? 国家和种族渊源在这个新的社会政治和经济环境中的作用是什么? 初步尝试去回答这些问题将有助于思考,不仅可以进一步发掘某些关键性的修正主义议题的可能性,而且还可以在未来搜寻后修正主义整合的可行性。

修正主义的支持者认为应当更加关注国家、社会和资本在华人企业中的作用,这一观点是正确的。但是有些作者喜欢将华人商业网络看成"无法

① Djankov, Simeon, Yingyi Qian, Gérard Roland, and Ekaterina Zhuravskaya. "Who Are China's Entrepreneurs?" *American Economic Review*, 2006, vol. 96, no. 2, pp. 348-352. Ma, Weihong, and Joseph Cheng. "The Evolution of Entrepreneurs' Social Networks in China: Patterns and Significance." *Journal of Contemporary China*, 2010, vol. 19, no. 67, pp. 891-911. Zhang, Ying, and André Van Stel. "Who Should Be Running Ahead? The Roles of Two Types of Entrepreneurship in China's Contemporary Economy." Harvard Business School Working Paper 16-86. 2016. Waters, Johanna. "Transnational Family Strategies and Education in the Contemporary Chinese Diaspora." *Global Networks*, 2005, vol. 4, no. 4, pp. 359-377.
② Rivera, Mark, Sara Soderstrom, and Brian Uzzi. "Dynamics of Dyads in Social Networks: Assortative, Relational, and Proximity Mechanisms." *Annual Review of Sociology*, 2010, vol. 36, pp. 91-115.
③ Jackson, Matthew O. "Networks and Economic Behavior." *Annual Review of Economics*, 2009, vol. 1, pp. 489-511.
④ Hamilton, Gary, ed. *Asian Business Networks*. Berlin: Walter de Gruyter, 1996.

量化和具有文化独特性的",或者看成"没有家庭基础的",主要是"创业关系网络"。① 不要将网络视为基于文化和种族共性的关系,而是必须在国家和社会之间配置网络,并将其概念化为一种关系,无论是在国内还是跨界地区,这不仅关乎发展海外华人商业,更广泛地说,关乎东亚政治经济。②

如本章开头所述,有关海外华商的研究在 20 世纪 70 年代后期经历了一次巨变,逐渐从关注不发达的原因转向探索东亚(包括海外华人)各经济体所获成功背后的因素。这一变化符合当时有关东亚政治经济的不同研究方法。结构主义观点强调用历史的、综合性的和结构式的方法,来解释东亚政治经济的动态,包括国家在引导成功的产业转型和市场干预中的关键作用。制度主义关注点较为狭隘,侧重于地区政治经济的利益集团和制度性方法,包括私营部门与公众的协作及其对经济增长的贡献。③ 但是,随着冷战结束和无国界资本主义的扩散,国家面临"自上以全球经济力量的形式出现的和自下以各种国家或民族复兴形式出现的"挑战。全球化导致了这一进程中"国家权威出现了向上、侧面和向下的泄漏"。东亚发展型国家的中心地位受到持不同观点的批评家们的质疑。④

正是在全球化带来不断改变的国际环境和国家作用面临与日俱增的挑战的关头,刚刚进入有关东亚政治经济辩论之中的网络能够在社会经济中发挥越来越重要的作用。本章试图将网络的三个不同方面结合起来:历史构建的关系实体、空间互联的节点、层结构与市场之间的综合。经济网络被定义为:"追求彼此之间重复、持久的交换关系的一群代理人,同时缺乏合法的组织权威来仲裁和解决在交换过程中可能发生的争议。"⑤虽然经济学家

① Gambe, Annabelle. *Overseas Chinese Entrepreneurship and Capitalist Development in Southeast Asia*. Munster: Lit Verlag, 1999, p. 121.

② Liu, Hong. "Transnational Asia and Regional Networks: Toward a New Political Economy of East Asia." *East Asian Community Review*, 2018, vol. 1, no. 1.

③ Hawes, Gary, and Hong Liu. "Explaining the Dynamics of the Southeast Asian Political Economy: State, Society and the Search for Economic Growth." *World Politics*, 1993, vol. 45, no. 4, pp. 629-660. Stubbs, Richard. "What Ever Happened to the East Asian Developmental State? The Unfolding Debate." *The Pacific Review*, 2009, vol. 22, no. 1, pp. 1-22. MacIntyre, Andrew. "Business, Government and Development: Northeast and Southeast Asian Comparisons," in Hicken, Allen, ed. *Politics of Modern Southeast Asia*. London: Routledge, 2010.

④ Hall, John. "Nation-states in History," in Paul, T. V., John Ikenberry, and John Hall, eds. *The Nation-State in Question*. Princeton: Princeton University Press, 2003, pp. 1-28.

⑤ Rauch, James, and Gary Hamilton. "Networks and Markets: Concepts for Bridging Disciplines," in Rauch, James, and Alessandra Casella, eds. *Networks and Markets*. New York: Russell Sage Foundation, 2001, pp. 1-29.

特别热衷于关注网络是如何形成并影响行为的,但是社会学家则把网络看作"层级与市场的综合"。曼纽尔认为,在跨国和社会背景下,"网络是一组相互关联的节点。节点是曲线与自身相交的点。网络是开放式结构,能够无限扩展,集成新的节点,只要这些节点能够在网络内进行沟通,也就是说只要它们共享相同的沟通代码"。[①]

在国家和社会之间建立多维度的弹性网络,有助于更好地理解海外华商网络。首先,社会的控制机制已经在很大程度上实现了多元化,国家不再是治理社会与市场的唯一中心实体,它必须与国家和其他跨国力量有效配合。例如,以官方为中心的网络对于华商交易制度化的重要性一直在下降,而集团内部网络和市场化网络却变得更加重要了。[②] 跨国界的商业运营和社会网络有助于克服各种非正式贸易壁垒,例如国际合约执行不力,难以获得市场信息等等。[③]

其次,作为一个动态和开放的结构,网络能够轻而易举地在国家和社会力量之间建立起沟通代码。这对于国家统治集团来说是一种优势。而在一个正式的组织中,这种高层集团处在一种由最高层占据的看门人的地位。这类组织的"构件内部连接一般比构件之间的连接更加牢固"[④]。

最后,市场既没有边界,又被利润追求所破坏,因此成为破坏国家与社会关系平衡的潜在的不稳定因素。与市场相比,网络更加具有组织性并以组织原则为中心,从原始纽带到现代联系,并通过既定的行为准则或制度安排受到各种限制。

总之,通过有意识和积极的努力使网络理论化和背景化以及它们与国家和社会的多层次相互作用,网络可以被用作解释海外华商动态变化的有力工具。

有关海外华商的最新研究所面临的基本问题之一就是跨国主义的作

① Castells, Manuel. *The Rise of the Network Society*. Malden: Blackwell Publishers, 2000, pp. 501-502. Grewel, David Singh. *Network Power: The Social Dynamics of Globalization*. New Haven and London: Yale University Press, 2008, p. 20.

② 刘宏:《跨国网络与全球治理:东亚政治经济发展的趋势和挑战》,《当代亚太》,2013 年第 6 期,第 4—29 页。Dongen, Els Van, and Hong Liu. "Diaspora and Migration: History of the Chinese in Southeast Asia," in Liu, Gracia Farrer, and Brenda Yeoh eds. *Routledge Handbook of Asian Migration*. London: Routledge, 2018, pp. 33-48.

③ Rauch, James. "Business and Social Networks in International Trade." *Journal of Economic Literature*, 2001, vol. 39, no. 4, pp. 1177-1203.

④ Considine, Mark, and Jenny Lewis. "Innovation and Innovators inside Government: From Institutions to Networks." *Governance: An International Journal of Policy, Administration, and Institutions*, 2007, vol. 20, no. 4, pp. 581-607.

用。跨国主义及其在华商研究中的应用被某些修正主义论者视为"危险地近于使种族本质化",因为它基于"一致行动的某个特定族群中个人之间的凝聚意识,而该行动通常是为了社区和'祖国'的经济进步。但该祖国并非他们出生时所在的国家,而是他们祖先的祖籍国"。① 但是,有关华人跨国企业家与国家的战略合作的各种案例都不断强调,新一代跨国华人企业家正在兴起,为重塑东亚政治经济作出贡献。②

跨国主义被定义为"移民形成和维持多元社会关系的过程,将他们的祖籍国与定居地连接起来"。③ 跨国主义在包括海外华人在内的海外研究中取得了重大进展。对跨国主义的重新阐述准确地指出了这一事实,即"这里"和"那里"之间的连接是受到多重政治约束的偶然结果;而且国家形成了移民和民族跨国社会行动的选择。国家正在重新回到新兴的跨国主义领域,重点是"移民与出发国和接收国的国家和民间社会行为者的互动","跨国移民'发生在不断变化的流动社会空间内',通过移民在一个以上的社会中同时嵌入"。

社会嵌入的跨国化已经成为新一代华人企业家的一个决定性特征。他们的商业网络受两个关键因素影响:他们自己的跨国教育和经验;以及与中国和移居国进行的大量协作。正如在别处根据对新加坡和中国的若干新兴企业家进行的详尽个案研究证明,④他们的跨国教育和全球经历决定了他们的公司治理策略和管理文化。换句话说,在相当数量的华人企业家当中,跨国性构成了一个内在特征,而不是通过与外国公司的交往和国际运作来获得该特性的。让我们来看新加坡和日本的几个实例。

就像蓝伟光一样,林玉程也是在 20 世纪 60 年代出生于福建。曾就读于南京大学和伦敦帝国理工学院。1991 年获物理学博士学位后,受聘于新加坡政府部门,担任一个研究中心的负责人。在此期间开始与中国国有企

① Gomez. "Intra-Ethnic Cooperation in Transnational Perspective," in Gomez, Edmund Terence, and Hsin-Huang Michael Hsiao, eds. *Chinese Enterprise, Transnationalism, and Identity*. London: Routledge, 2004. p. 111.
② 刘宏:《中国崛起时代的东南亚华侨华人社会:变迁与挑战》,《东南亚研究》,2012 年第 6 期,第 66—72 页;刘宏、张慧梅、范昕:《东南亚跨界华商组织与"一带一路"战略的建构和实施》,《南洋问题研究》,2016 年第 4 期,第 1—10 页。
③ Basch, Linda, Nina Glick-Schillier, and Christina Blanc-Szanton. *Nations Unbound: Transnational Projects, Post-colonial Predicaments, and De-terrirorialized Nation-States*. Langhorne, PA: Gordon and Breach, 1994, p. 6.
④ 刘宏:《跨国华人社会场域的动力与变迁:新加坡的个案分析》,《东南亚研究》,2013 年第 4 期,第 56-67 页;任娜、刘宏:《本土化与跨国性——新加坡华人新移民企业家的双重嵌入》,《世界民族》,2016 年第 2 期,第 44—53 页。

业的人员有联系。林先生开始创业,最初是和政府合作,后来是和新加坡本地出身的企业家合作。他们收购了几家公司来扩展企业,并于 2003 年成立了联合环境技术公司(简称"UE"),由林担任董事长和首席执行官。UE 的两项主要业务是环境工程解决方案和环境咨询解决方案。像新达科技公司一样,中国是 UE 的主要市场关注对象(见下述内容)。2004 年,UE 在新加坡证券交易所上市,首次公开发行了 6380 万股。林玉程把自己的部分股票出售后获得 520 万美元。他当时持有的公司 29% 的股份估值为 3400 万美元。

有关华人企业家跨国网络的极为类似的案例也可在日本找到。日本有越来越多的新移民,特别是高技术移民。日本于 1999 年成立了日本中华总商会(简称"CCCJ"),在其理事会的 27 名成员中,21 名是在中国大陆出生的新移民,其中 17 名在日本和中国各地(和其他国家)拥有企业。CCCJ 总裁严浩 1962 年出生于苏州,在中国和日本接受教育。1991 年,他创立了 EPS 公司,为医药产品和医疗设备提供全方位专业服务。公司于 2001 年在贾斯达克上市,5 年后在日本证券交易所上市。该公司不仅在中国的北京、上海、广州、台湾开展运营,还在新加坡和韩国拥有 3000 名员工和 18.7525 亿日元的资本。严浩在 2010 年宣布,公司"广泛的中国网络和技术"使其能够在中国快速扩展,从而使得"日本制药公司正在扩展到中国和合作的商业模式的创建 CRO(合同研究组织)"[1]。

像蓝伟光、林玉程、严浩这样的企业家的成功不仅表明了他们的商业敏锐和将技术知识转移至工业和服务行业的能力,而且还强调了中国在跨国华人网络的形成过程中的关键作用。朱镕基总理 2001 年在南京举行的第六届世界华商大会上致辞时,专门向具有专业资格和经验的海外华人呼吁:"遍布世界的华商朋友,有各领域的专业人才,既精通国际市场惯例,又熟悉中国传统文化,具有在中国发展业务的独特优势。不论是已经在中国投资的,还是正在寻找商机的华商朋友,都可以在中国这片热土上找到众多的发展机会,大展宏图。"过去十年间,地方和中央政府制定并实施了一系列奖励和优惠政策,不仅是为了吸引高技术中国移民回来"为国服务",而且还积极与新一代华人企业家合作,实现共同发展。[2]

① Liang, Morita. "A Comparison of Co-ethnic Migrants in Japan and Singapore." *Cogent Social Sciences*, 2016, vol. 2, pp. 1-17.

② Liu, Hong, and Els Van Dongen. "China's Diaspora Policies as a New Mode of Transnational Governance." *Journal of Contemporary China*, 2016, vol. 25, pp. 805-821.

林玉程就因为他与若干中国国企巨头紧密的个人和专业联系而受益匪浅,包括中国石化总公司(简称"中石化",世界 500 强公司之一)、中国石油天然气集团公司、中国海洋石油总公司以及多个大型工业园区,例如惠州大亚湾、广州南沙和天津经济开发区。单单中石化一家就占据 UE 公司 2003 年收入的 49%(近 1100 万美元)。2009 年,UE 公司获得了一份价值 2.45 亿元(5009 万新元)的合同(显然是从当地政府那里),以便在辽宁省建造并运营一个饮用水供水和废水处理厂。

移居国的移民政策有利于跨国华人创业的显著增长。新加坡总理李显龙 2006 年国庆节讲话时明确表明政府决心吸引全球人才,特别是来自华语世界的人才。他说:"如果我们想要我们的经济能够增长,如果我们想要在国际上变得强大,那么我们需要新加坡的人口增长,不仅是人数增加,而且还有每个领域中人才的增加。"他强调:"我们必须物色各类人才。不仅仅是数量。我们在物色有能力、有闯劲、有主动性、有创意的人。"[①]为了帮助新移民融入当地经济,政府实施了广泛的计划,例如为高技术行业企业家提供最高 1300 万新元的启动资金。

过去十多年来,日本对移民的态度更加开放。据法务省 2009 年 7 月公布的统计数据,有 70 多万华人合法居住在日本,构成该国最大的外国出生人口。在 2007 年题为"追逐日本梦"的封面故事中,《时代》杂志称"高技术中国劳动力的涌入正在改变日本"[②]。

总之,由于人口和资本的跨国流动和国家在华人商业网络形成过程中的直接参与,社会嵌入实践相应地走出了国家边界的范围,促进了新一代华人企业家的发展。我们的案例可与杨伟聪所定义的跨国华人企业家相比,后者被定义为"一个学习过程,因为跨国企业家是从通过逐渐参与外国经营而获得的经验和学习逐步发展起来的"[③]。新一代跨国华人企业家的独特之处是他们通过持续的和制度化的跨境活动在移居国和祖籍国的广泛参与和运营。他们从经济上和精神上都能够融入地理、文化、经济和政治领域之中。这不仅体现在严浩有意识地建立"日本和中国之间协作的商业模式",而且也体现在他们多重身份的形成上。蓝伟光把自己的时间几乎平均地分配于新加坡、中国和其他地方。2003 年,蓝伟光已经成为新加坡公民六年,

---

① 刘宏、王辉耀:《新加坡人才战略与实践》,北京:党建读物出版社 2015 年。
② *Time*(Asian edition),December 6,2007.
③ Yeung, Henry. *Chinese Capitalism in a Global Era:Towards Hybrid Capitalism*. London:Routledge, 2004, p. 118.

他说他在中国设立企业是想"用我的能力为我的国家（中国）做些事情"。与此同时,他也想让新加坡人知道"我们是一家新加坡公司,但是以中国作为重点开展业务"①。

这种双重身份为跨国企业家提供了巨大的比较优势,包括在祖籍国和移居国都能够获得资本、市场和政策激励,从而使得他们能够有与只能够在一个国家获得资源的其他企业家进行有力竞争。我们的案例可能使得某些修正主义论者重新思考这样的论点,即"共同的民族认同和种族内部的商业网络对于此类企业的发展方式至关重要。"②如同我们在其他地方所证明的那样,甚至在 20 世纪 50 年代以前,华人文化和制度对于跨国华人资本主义的形成和发展具有关键性作用。商业家庭主义、社会网络及其相关的文化价值观至少在某些时期和背景下已被证明通过提高社会流动性、促进家庭利益、建立合作伙伴关系、为合约提供便利、促进适应现代市场经济的其他做法而协助了中国和国外华人社会的经济发展,远不是经济增长和技术创新的一个障碍。③

六、中国崛起及其影响

过去十多年亚太地区最重要的变化无疑是中国作为世界第二大经济体的强劲崛起。这不仅影响了地区政治和经济环境,而且还影响了海外华人的创业。

我们已经提到,此前有关海外华商与中国之间的联系的研究往往将重点放在中国的外国直接投资上(在中国改革开放初期,这是主要集中在华人的祖籍家乡的常态)。有些修正主义论者开始呼吁通过扩大其创业研究中的地理范围和主题相关性,将中国更加系统地纳入他们的分析中。中国崛起产生了巨大的连锁效应,近来变得更加明显,但是尚未被大多数修正主义论者所充分解释。因此,在解读海外华人创业的动态变化方面能够做的工

---

① *Straits Times*, September 14, 2009.

② Gomez, Edmund Terence and Gregor Benton. "Introduction: De-Essentializing Capitalism: Chinese Enterprise, Transnationalism, and Identity," in Gomez, Edmund Terence, and Hsin Huang Michael Hsiao, eds. *Chinese Enterprise, Transnationalism, and Identity*. London: Routledge, 2004, pp. 1-19.

③ Liu, Hong, and Gregor Benton. "The *Qiaopi* Trade and Its Role in Modern China and the Chinese Diaspora: Toward an Alternative Explanation of 'Transnational Capitalism'." *Journal of Asian Studies*, 2016, vol. 75, no. 3, pp. 575-594.

作有很多。

第一个值得注意的研究领域是中国发挥主导作用的亚洲区内贸易的制度化将如何对跨国华人创业产生影响。目前,亚洲区域内贸易和经济活动占东亚贸易总额的50%以上,与20世纪70年代后期相比大幅增加,当时亚洲各经济体之间的出口贸易额仅占总额的20%。[1] 在21世纪的头几年中,中国与东盟的贸易以每年超过30%的速度增长。中国在2008年成为东盟第三大贸易伙伴,占其贸易总额的11.3%。同年,双方之间的贸易占全球贸易的13.3%,亚洲贸易总额的一半。于2010年1月成立的中国—东盟自由贸易区形成了19亿的总人口和4.3万亿美元的总贸易额。[2] 亚洲区内经济活动的制度化体现了货币区域主义,例如清迈倡议和自由贸易协定的扩散,后者得到正式的跨国机制的补充。中国和东盟已经建立了46个不同级别的对话机制,包括12个部级的。[3] 随着东南亚成为主要目标地区之一和贸易服务的集中地,中国政府也成为对外贸易不断升级的主要推动力,从而为跨国华人企业的网络提供了更大的发展空间。[4]

研究证明商业和社会网络对国际贸易有"很大的量化影响"。詹姆斯·劳赫和维托·特林达迪在详尽的统计分析中得出结论:"对于那些华裔人口比例达到东南亚地区普遍水平的国家之间开展的差异化产品贸易,我们的最低估计(1990年的保守总计数)是华人网络使双边贸易增加了近60%。"[5]华人将如何对前所未有的巨大机遇作出反应并重新配置其社会和商业网络是未来的研究问题。

第二个值得注意的研究领域是海外华人在华直接投资对其融入中国经

---

[1] Das, Dilip K. "A Chinese Renaissance in an Unremittingly Integrating Asian Economy." *Journal of Contemporary China*, 2009, vol. 18, no. 59, pp. 321-338. Yoshimatsu, Hidetaka. "The Rise of China and the Vision for an East Asian Community." *Journal of Contemporary China*, 2009, vol. 18, no. 62, pp. 745-765;刘宏:《越境アジアと地域ガバナンス:東アジアにおける歴史・政治経済の発展の新たな分析》,载田中仁主编:《21世紀の東アジアと歴史問題:思索と対話のための政治史論》,京都:法律文化出版社2017年。

[2] ASEAN Secretariat, "ASEAN-China Free Trade Area: Not a Zero-sum Game," January 7, 2010. http://www.aseansec.org/24161.htm.

[3] Kang, David C. *China Rising: Peace, Power and Order in East Asia*. New York: Columbia University Press, 2007, pp. 132-33. Shujiro, Urata. "The Emergence and Proliferation of FTAs in East Asia," in Abe Shigeyuki and Bhanupong Nidhipraba, eds. *East Asian Economies and New Regionalism*. Kyoto: Kyoto University Press, 2008, pp. 39-81.

[4] Hoadley, Stephen, and Jian Yang. "China's Cross-Regional FTA Initiatives: Towards Comprehensive National Power." *Pacific Affairs*, 2007, vol. 80, no. 2, pp. 327-348.

[5] Rauch, James, and Vitor Trindade. "Ethnic Chinese in International Trade." *Review of Economics and Statistics*, 2002, vol. 84, no. 1, pp. 116-130.

济和社会的影响。当然,海外华人在华投资的问题并非新的研究课题,但最近外商对中国直接投资的变化值得学术界重新关注,尤其是对中国经济一体化的潜在影响。最近的一项研究表明学者们可能低估了外国直接投资对中国最近的经济快速增长起到的作用。在 2003 年和 2004 年,外资企业占中国出口的 50%、进口的 60%,为中国经济增长的贡献可能超过了 40%(如果没有这些外国直接投资,中国的总 GDP 增长率可能会下降 3.4 百分点左右)。[1] 另外,随着"一带一路"倡议的全面实施和中国企业大规模"走出去",新兴的华商模式如何与东南亚政治经济结构相联系,也是一个重要的研究领域。[2]

这些新发展具有深远的影响,它们不仅将进一步整合海外华商与中国市场,缩小两者之间的地理与心理鸿沟,而且还有利于海外华人和中国创业两种学术研究范畴的相互促进,因为这些课题迄今为止大多是被分开对待的,即便在某些课题上日渐趋同,例如文化与制度之间的关系、商业与国家之间的互动等等。作为对这种整合的部分反映,中国政治和外交中有关海外华人的制度化陈述近年来不断增加,这种陈述也与华商的全球扩展有内在联系,反过来又通过海外华人政策的实施促进了新型跨国治理的兴起。

总而言之,全球视野、跨文化敏感性和技术优势的整合为新一代海外华人跨国企业家提供了巨大优势,他们的企业由于国家与族群网络的多层次互动而受益。中国崛起为海外华商的发展及其与中国经济的协同增长提供了另一个重要的制度性框架。因此,在中国崛起背景下,权力、技术和网络在跨国领域的交汇与整合,是一个值得关注的领域。

七、结语

本章观察到在过去 15 年中,有关海外华商研究的范式发生了转变。从比较的视角来看,修正主义长期以来一直是追求学术知识的必不可少的要

[1] Whalley, John, and Xian Xin. "China's FDI and non-FDI Economies and the Sustainability of Future High Chinese Growth." *China Economic Review*, 2010, vol. 21, no. 1, pp. 123-135.

[2] Liu, Hong, and Guanie Lim. "The Political Economy of a Rising China in Southeast Asia: Malaysia's Response to the Belt and Road Initiative." *Journal of Contemporary China*, 2019, vol. 28, no. 116, pp. 216-231. Liu, Hong, and Yishu Zhou. "New Chinese Capitalism and ASEAN Economic Community," in Santasombat, Yos, ed. *The Sociology of Chinese Capitalism in Southeast Asia: Challenges and Prospects*. New York: Springer, 2019, pp. 55-75.

素。例如,在美国冷战史学中,自 20 世纪 50 年代初以来连续涌现了三种解读,从正统的解读(将冷战的开始归咎于苏联)到 20 世纪 60 年代中期的修正主义论点(将美国作为导致冷战的原因)到 20 世纪 70 年代的后修正主义(超越了对任何一方的指责,提出误解与误判导致冷战开始)。政治、外交和意识形态因素的影响以及新档案的开放,在一定程度上加速了研究方法的转变。① 相比之下,虽然在 20 世纪 70 年代之前有一些关于海外华商的重要著作,但是,只是在东亚经济起飞之后,这个领域才受到重视,并受到海外华人的人口结构和全球环境的影响而不断发展。现在谈论后修正主义的可能性还为时过早。但是,我们能够在分析修正主义方法及其贡献和不足的过程中受益。文化、种族渊源与制度仍然与海外华商的活动相关,而多重身份被用作创业的创造力来源。作为新兴的海外华商创业产生过程中的关键要素,家族主义构成跨国商业组织的重要结构基础,它质疑了钱德勒关于现代企业转型的论点。

更重要的是,跨国主义在塑造新一代华人企业家过程中发挥了关键作用。这些企业家的跨国教育和视野已被融入他们的商业活动中,无论是在移居国,还是在中国。中国政府与多层网络的积极互动以及社会嵌入的跨国化促进了这种整合。在跨国环境下,国家与海外华人企业家的互动不仅对双方都有利,也是东亚地区不断变化的政治经济的产物。东亚地区已经开始脱离 20 世纪 70 年代和 80 年代的发展型国家的模式。发展型国家的"市场友好战略"及其介入主义立场的特点是将经济技术官僚与政治影响隔绝开来,以及高效率的公共治理机构通过公私联营来管理;而新兴的跨国主义不仅通过政治激励措施与族群网络直接接触,而且也与跨境企业本身交织在一起。

中国和东亚新兴经济区域主义的崛起是一种新现象,在 30 年前,对于大多数作者来说或许是不可想象的。未来的研究议程应当仔细研究新的制度框架,例如中国—东盟自由贸易区的转型经济、"一带一路"对海外华商的影响及其后者的反响等。此外,对海外华商在中国直接投资中角色转变的研究,也将有助于更好地了解在快速变化的地区和全球环境中文化、种族渊

---

① Gaddis, John Lewis. *We Now Know*: *Rethinking Cold War History*. New York: Oxford University Press, 1997. Szonyi, Michael, and Hong Liu. "Introduction: New Approaches to the Study of the Cold War in Asia," in Zheng, Yangwen, Hong Liu, Michael Szonyi, eds. *The Cold War in Asia*: *The Battle for Hearts and Minds*. Boston and Leiden: Brill, 2010, pp. 1-11.

源和商业之间的相互作用。归根到底,所有这些努力都将不仅帮助海外华商研究更加贴近中国和移居国社会,而且还将促进它与国际主流学术界有关少数族群企业家研究开展建设性的对话。

第二章　侨易学及其对海外华人研究的启示

一、因侨而易:侨易学之新视角

侨易学是由叶隽教授综合中、西方哲学思想所提出的一套学术观念。①叶隽教授长期以来一直专注于西方与东方在文化、学术、哲学等方面的接触及融合等课题。② 在多年研究的基础上,他总结出侨易学这样一种治学体系。侨易学的基本理念就是因"侨"致"易",其中包括物质位移、精神漫游所造成的个体思想观念形成与创生。他认为,"侨"有四义:一为位置迁移;二为质性升高;三为侨扮仿拟;四为侨侨相通。"易"来源于《易经》,也有四义:一为变易;二为交易;三为简易;四为大道不易。它关注的正是这样一种"关联性""互涉性""变迁性",乃至一种知识谱系上的"链性生成史"。

其思路则在于通过探索一种有效的观念、理论、方法的整体形成,通过检验实证性的可操作性,来考察具有关键性的文化、思想、精神的具体形成问题。③ 长期以来,中国的学术研究都以"中国"为中心,将问题的中心点定位于"中国"。然而,仅此作为理论探讨的出发点,未免局限了一国学术的气象。中国现代学术之规模确立与范式形成,必须以世界为胸怀,不分畛域,将世界文明史的整体进程作为自身治学的客观对象。④ 很多学者也开始关注到这一问题,开始将自身研究放于世界范围,用变创的角度来思考,而侨易学正是其中的一种研究趋向。

侨易学就是研究侨易现象的学问,在很多研究领域,研究对象都具有侨易现象。若是将研究对象当作一个独立的个体,置于某一个孤立的区域来进行研究,则可能忽略了研究对象由于位移而受到的外在环境、文化的影

---

① 关于侨易学的具体阐述,参阅叶隽:《变创与渐常——侨易学的观念》,北京:北京大学出版社 2014 年。

② 参阅叶隽:《另一种西学——中国现代留德学人及其对德国文化的接受》,北京:北京大学出版社 2005 年;《德语文学研究与现代中国》,北京:北京大学出版社 2008 年;《异文化博弈——中国现代留欧学人与西学东渐》,北京:北京大学出版社 2009 年。

③ 叶隽:《变创与渐常——侨易学的观念》,北京:北京大学出版社 2014 年。

④ 叶隽:《侨易学的观念》,《教育学报》,2011 年第 7 卷第 2 期,第 1—14 页。

响,或与其他对象之间产生交互影响所带来的本质的改变。从学科建构的角度来看,对于一些研究课题,单一学科的研究理论已无法进行全面分析与探讨,充分结合跨学科的方法论,才可能揭示研究对象的真实面貌。而侨易学正是以基本的学术规训为基础,即以历史学为根基,以社会学为手段,充分考虑人类学等社会科学的方法论功用。

从学术史的角度看,对一些研究文献、研究观点的审视,不仅要关注其本身,同时也不能忽略呈现这些研究理念的研究者的经历和背景。在全球化日益深化的今天,很多研究者都有迁移的经历,无论是在一国之内迁移,还是在国与国乃至多国之间迁移。研究者的这种迁移经历,以及对异文化的接触和吸收,无可避免地会影响到他们的问题视角、学术观点的形成。而这也正是侨易学所关注的现象之一。

因此,侨易学的提出,对学术界具有相当的意义。它带来的不仅是一种新的思维方式,也是一种新的观察角度。它的重点所在——由侨而易,即由位移所带来的变化,恰巧是以前学术界所忽略的现象。然而,这种现象却十分普遍。其不仅体现在研究现象本身,也体现在多学科的整合及互相借鉴,同时还体现于研究者的自身经历上。侨易学能够引发学界对这一现象的再思考,正如叶隽博士所指出的:侨易学的出现,乃是为了给我们更好地观察变动不居的大千世界、纷繁复杂的人事兴替,提供一种理论与学理上的支持,同时搭建更高的学术平台。①

侨易学的研究适用范围广泛,如留学史、移民史、中外文化交流、比较文学研究等课题。而移民史中,海外华人移民现象是其中最重要的移民现象之一,因此,侨易学对于海外华人研究的课题也能提供一种思考的可能和方向。笔者认为,侨易学可以从两方面为海外华人研究提供启示:一是海外华人移民现象本身;二是海外华人研究的学术史。下文将从这两个方面进行详细阐述。

二、侨易学与海外华人移民现象

研究对象(侨易过程之主体)通过物质位移导致的"异质相交"过程,发生精神层面的质性变易过程。② 这一过程在海外华人移民现象中是最显而

---

① 叶隽:《侨易学的观念》,《教育学报》,2011年第7卷第2期,第1—14页。
② 叶隽:《侨易学的观念》,《教育学报》,2011年第7卷第2期,第1—14页。

易见的。华人移民通过移民海外,在居住国与其他族群产生物质上和精神上的交互,从而带来自身的改变,这一改变不仅影响到移民本身,也影响到他们在家乡的亲人。然而,长久以来,海外华人的研究都被置于国别史框架下,国家与民族构成了历史建构的基本单元。① 就研究对象而言,华文语圈所使用的"华侨""华人""华裔"由于其含义之简单明快而被普遍接受。对于同一研究对象群体,以不同标准加以区别,更凸显了国民、国家在相关研究中的敏感性和重要性。就空间分布而言,华人研究被人为地划分为各个国别的华人研究,以此为基干,向上延伸,统合为某一特定区域的华人史(如东南亚华人史,或东南亚华人经济、教育等专题研究),乃至世界华人通史。向下细分,衍化出国别华人经济、文化、教育等专题研究。从时序结构而言,最重要的时代分期,被设定在 20 世纪 40 年代后期至 50 年代初期,因为这是区别华侨与华人的分水岭。但无论华侨还是华人,都是以民族国家指向性为根据的。前者为中国导向,而后者为新兴民族国家导向。然而,这种以国家史观为中心、界限分明的华侨华人史观,恰恰忽略了华人移民最显著的特点,即迁移及交互影响,这种迁移可能是区域性的,也可能是世界性的,同时也可能是多次迁移。侨易学的观念,正是提倡关注研究对象的这种迁移性和变易性,因此其对海外华人移民现象的研究也能有所启发。

三、侨易学与海外华人研究学术史

在两千多年前,就已经有中国人移居海外。然而,在早期的文献论述中,这一群体鲜少被提起。之后,在西方国家的文献中,开始出现零星描述。但在 20 世纪之前,海外华人社会还不是中国国内的历史学家们研究的一个课题。其真正被关注,发端于 20 世纪初期一系列有关海外华人效忠问题的出现。这一时期开始的海外华人研究,带有很强的政治性,很多研究都将海

---

① 笔者对相关观点的详细分析,可参阅刘宏:《中国—东南亚学:理论建构·互动模式·个案分析》,北京:中国社会科学出版社 2000 年;刘宏:《跨界亚洲的理念与实践——中国模式·华人网络·国际关系》,南京:南京大学出版社 2013 年;刘宏:《海外华人研究的谱系:主题的变化与方法的演进》,《华人研究国际学报》,2009 年第 2 期,第 1—28 页;刘宏、廖赤阳:《ネットワーク、アイデンティティと華人研究:二十世紀の東アジア地域秩序を再検討する》,《東南アジア研究》,2006 年第 43 卷第 4 期,第 346—373 页。

外华人置于国别史的框架下进行研究。①

　　直到最近几十年，海外华人研究有了翻天覆地的变化。首先，在地域上，打破了国与国的界限，新的地域概念如区域、跨国、网络等开始被引进。其次，在学科上，打破了单一学科研究的局限，多学科的融合非常显著，历史学、经济学、政治学、社会学、文化学、考古学、人类学、民族学、宗教学、民俗学和心理学等学科都被引进这一领域的研究。最后，在研究课题上更加多元化，除了传统的研究课题外，一些新的课题也陆续出现，如华人妇女、华人文学、华人风俗等。

　　纵观海外华人研究学术史在很长一段时间内的发展演变历程，影响其演变的因素，固然与历史的发展，物质、文化环境的改变有密切的关联，但另一个不容忽略而可能往往不被重视的因素，就是研究学者背景经历的改变。侨易学所关注的一点，正是影响学者思想形成的人文底蕴、社会场域与文化地理。学者的迁移现象对他们学术思想的形成和变迁，有着重要的作用。迁移轨迹的不同，也使得他们的学术思想有所不同。

　　一方面，在早期中国国内的海外华人研究学者中，除了很少数的学者具有海外留学背景（如陈达、田汝康），大部分都是成长于本土的学者，由于缺乏海外游历或留学经验，他们对海外华人的观察和思考，大都是立足于中国，所以国家的概念在其研究中非常明显，相对缺乏互动、变迁的角度。另一方面，这一时期的西方学者，很难深入了解中国国内的情况，所以他们对于海外华人的研究，大多是从西方的角度去考察。东西方的学界之间也缺乏沟通与交流，而各自去描述自己视野里的海外华人移民场景。

　　到了 20 世纪 90 年代，随着中国的日益开放，越来越多的中国学者走出国门，他们或在国外进行短期研究，或在国外接受专业的学术训练。这一经历让他们了解到西方社会如何看待亚洲、看待中国，并将西方的社会科学理论引入海外华人研究领域，加之自身的学术背景，更全面地去诠释海外华人。同样，西方的学者也有更多的机会接触中国的文献，甚至进行实地的田野调查。与东方学者的交流，也让他们可以更加真实地了解中国、了解亚洲、了解海外华人。这种学者本身的迁移，学者之间的交互，对他们学术思想的转变起了非常重要的启发作用，并引领整个海外华人研究学术史的

---

① 王赓武：《海外华人研究的地位》，《华侨华人历史研究》，1993 年第 2 期，第 1—8 页；Liu, Hong. "Introduction: Toward a Multi-dimensional Exploration of the Chinese Overseas," in Liu, Hong, ed., *The Chinese Overseas*, Vol. 1: *Conceptualizing and Historicizing Chinese International Migration*. London and New York: Routledge, 2006, pp. 1-30.

转型。

　　论及学者的背景经历对学者学术思想形成及变迁的影响,一个典型的例子就是著名的中国历史及海外华人研究学者王赓武教授。[①] 王赓武教授出生于印尼泗水的书香世家,父亲毕业于东南大学,也是泗水第一所华校的校长。其后他转赴马来西亚,王教授也在怡保度过了他的少年时期。中英双语的家庭教育,让王教授从小就接触到两种不同文化及其长处。少年时期,他就用英文发表文章,探讨儒家思想,比较中西文化。中学毕业后,王教授赴南京中央大学就读,开始与中国本土文化与社会有了直接的接触。1948年,由于中国内战爆发,他回到马来亚,先就读于新加坡的马来亚大学,之后又赴英国伦敦大学攻读博士学位。1957年,他回到马来亚大学任教。1985年起,他担任香港大学校长。之后又回到新加坡,继续他的学术生涯。王教授这种东西方迁移的经历,让他对于海外华人的研究,比起同时期的学者,更能形成自己独特的见解。例如,当时有关的研究,大多是以中国为出发点或中心的论述。但王教授对海外华人的研究,是从中国与东南亚的双边关系开始的,并立足于对当地华人社会的关注。他对于二战后亚洲和海外华人社会变化的阐释,是与他的双重定位和移动视野密不可分的,他同时站在研究的主体和客体的立场上来审视战后的东南亚华人的嬗变,可以说,他既是旁观者,也是参与者。在学科的运用方面,王教授接受的主要的学术训练虽然为历史学,但他的学术研究却具有明显的跨学科视野,他也有选择地采用社会科学的一些思考方法与研究范式。如果说历史学的训练使他注重纵向的长时段进程、因果关系、阶段性变迁等因素,社会科学的影响或许表现在他对横向的社会阶级分层与类型的关注上。

　　侨易学的基本观念就是主体在空间上位移,在思想上变易,可以借助其变化的表象来把握其不变与变异的本质。这一观念同样适用于海外华人研究学者的身上。海外华人研究学者通过空间的位移如游学、留学或田野考察,引发原有学术观点的变迁,并融入新的理念、看法,由此影响整个学科学术史的走向。若用这一观点来审视海外华人研究学者及这一学科的学术发展趋向,将会让我们有新的理解。

---

① 有关王赓武教授的学术经历介绍,请参阅刘宏:《王赓武教授与海外华人研究:方法论的初步观察》,《华侨华人历史研究》,2003年第1期,第62—69页;刘宏主编:《坦荡人生·学者情怀——王赓武访谈与言论集》,新加坡:八方文化企业公司2000年;Zheng, Yongnian, and Litao Zhao, eds. *Chineseness and Modernity in a Changing China*: *Essays in Honor of Professor Wang Gungwu*. Singapore: World Scientific, 2020。*Home is Not Here*（Singapore: NUS Press, 2018)是王赓武的自传(到1950年代初为止)。

四、超越侨易学之外的海外华人研究

侨易学从宏观上为海外华人的研究提供了可供参考的思考范式。然而，每个研究领域都有其特殊性，在一种整体的思维牵引之外，还需要适用于这一领域的具体理论和方法。

以海外华人移民这一研究对象而言，其迁移区域和过程是复杂及多变的，他们经常跨越国界和文化疆界，具有明显的流动性和跨界性，因此必须通过跨国的架构对他们进行界定和解析。对于海外华人移民的研究，首先应从本土、区域、全球三个维度出发，这三个维度又可进一步引发关于网络与国家、地方化与全球化的思考，并在研究过程中根据不同的移民现象进行修正与完善。笔者曾提出三个思考海外华人移民现象的跨界理论，即中国—东南亚学、跨国华人、跨界亚洲，这三者之间彼此关联，视野从区域到全球，每一个理念都是前一个理念的延伸和发展。中国—东南亚学是反思民族国家这一传统研究范式的开始，关注中国与东南亚在政治、经济、外交、社会、文化等方面的长期跨国互动。跨国华人则将区域空间进一步扩展。在全球化时代，华人移民在中国及移居地之间的流动更加便利及频繁，从而带动资本、技术、文化、观念等的流通，对中国及移居地的发展起了重要的作用。最后，跨界亚洲是在前面两个理念的基础上的完善和提升，其核心内涵是机构、群体和个人在跨越民族国家疆界过程中所形成的观念、认同、秩序、模式，以及亚洲现代性。跨界亚洲并非仅仅是一种开放的地理和文化空间，它同时也提供了一种理解全球化和区域变迁的新路径和新视野。它以历史性，以及网络、移民、跨国场域下社会与国家的互动，市场与组织、跨国婚姻、跨界企业家精神等不同的机制和想象为主要着眼点，注重其在制度上、文化上和空间上的相互联系。它有助于了解海外华人移民迁移、再迁移的复杂现象，关注空间、制度、文化、社会、经济等方面的交互现象，由此考量了海外华人移民现象的多样性及交织性的特点，突破了单一区域位移及单向影响的局限。①

海外华人的这种变化性和多面性使得相关的学术研究充满挑战性，不

---

① 对笔者的学术尝试的评论，参看王子昌：《网络视野下的华侨华人：刘宏及其海外华人研究》，《暨南大学学报（哲学社会科学版）》，2013 年第 8 期，第 13－17 页；任娜：《在跨界中寻求突破——刘宏对海外华人研究的理论、方法与实证的探索》，《华侨华人历史研究》，2014 年第 1 期，第 61—69 页。

同学科、不同文化背景的学者共同展开研究(包括合作研究),是应对这种多样性及了解其潜在的一致性的有效途径。对于海外华人研究学术史的发展,就不单单是考量研究者的迁移经历。研究者本身的研究课题,其语言知识、学术训练等至关重要。很多的研究者都有多国迁移及学术训练的背景,他们掌握多国的语言,与世界各国的学者有密切的联系。同时,每年都有多场世界性的海外华人学术研讨会,这一平台是各国学者互相交流、进行脑力激荡的重要平台,很多新的理论、新的想法都在此平台上得到呈现或被借鉴。此外,在海外华人研究领域,还有一个其他研究领域所没有的独特性,即很多研究者本身就是移民,他们既是旁观者,又是参与者,因此他们能够对海外华人移民的某些课题有深入的理解。

在海外华人研究的发展过程中,经历了巨大的变化,从完全以民族国家的视野审视某个特定区域的华人社会和文化,到当今从全球的角度,结合"在地性"和变化性来思考海外华人的特殊性和普遍性,并将海外华人的经验同其他移民群体的经验相比较,运用相关的社会科学理论进行分析。随着中国的日益崛起和强大,海外华人同祖籍国和居住国的关系将变得更为复杂,这也使该领域的研究更加充满活力。① 因此,多学科研究者、多元理论及研究取向的相互结合,将推动海外华人研究的进一步发展。

五、结语

综上所述,侨易学注重空间维度的整合和时间维度的演进,关注物质位移、精神漫游所造成的个体思想观念的形成与创生,以及不同文化子系统的相互作用与精神变形。侨易学的提出,引起了学术界的广泛关注和讨论。侨易学是一个宏大构想,提出了一种新的观念和概念体系,而人文学科创新的标志之一就是提出新的观念。② 作为海外华人研究的学者,笔者尝试从自身领域出发,探讨侨易学对这一领域所提供的启示。笔者倾向于将之作

---

① 详见笔者的相关研究:刘宏《作为新政策领域的跨国华人:20世纪末21世纪之初的中国与新加坡》,《中国研究》,2008年第5/6辑,第252—274页;刘宏《中国崛起时代的东南亚华侨华人社会:变迁与挑战》,《东南亚研究》,2012年第6期,第47—54页;Liu, Hong. "An Emerging China and Diasporic Chinese: Historicity, the State, and International Relations." *Journal of Contemporary China*, 2011, vol. 20, no. 72, pp. 813-832; Liu, Hong, and Els Van Dongen. "China's Diaspora Policies as a New Mode of Transnational Governance." *Journal of Contemporary China*. 2016, vol. 25, no. 102, pp. 805-821.

② 北京大学哲学系韩水法教授在"侨易观念的意义与问题"学术讨论会提出之观点。

为一种新的思考方式,它对于这一领域中的一些现象如迁移、交互、变迁等,能够提供思考和解释的方向,并引领学者关注一些容易被忽略的思考点。

侨易学是一种观念和思维方式,它涵盖很多课题的研究,但如何把观念贯彻到具体的研究领域中,还需要学者的思考和实践。以海外华人研究为例,这一领域有其独有的特性和发展历程,因此也需要全方位比较的视角、多元化的理论框架、多学科学者的参与,才能全面理解海外华人的多元性和多变性。

本章初稿为刘宏、张慧梅:《侨易学及其对海外华人研究的启示》,载《安徽大学学报(哲学社会科学版)》,2017 年第 1 期。

第三章　陈嘉庚精神及其当代跨界意义

一、导言

陈嘉庚(1874—1961 年)是近代东南亚和中国的一位著名侨领。他的历史事迹在东南亚社会及中国社会被广为流颂,对于陈嘉庚的研究可谓汗牛充栋,还有学者将他的《南侨回忆录》翻译成英文出版。[①] 多年来,研究者关注的课题包括:教育思想及教育贡献、政治思想及对抗日战争的贡献、商业发展及企业经营、陈嘉庚精神。[②] 其中,陈嘉庚精神是最被关注的课题之一。对于陈嘉庚精神的探讨,学者们从不同角度切入来剖析嘉庚精神的内涵及意义。例如,赵纯均以陈嘉庚的创业精神为切入点,探讨中国的管理教育如何借鉴这一精神。[③] 殷小平则认为,陈嘉庚对社会影响最深和最受称

① Ward, A. H. C, Raymond W. Chu, and Janet Salaff ,ed. & trans. *The Memoirs of Tan Kah Kee*. Singapore: Singapore University Press, National University of Singapore, 1994.

② 如王增炳、陈毅明、林鹤龄:《陈嘉庚教育文集》,福州:福建教育出版社 1989 年;周远清主编:《陈嘉庚教育思想研究论文集》,厦门:厦门大学出版社 2008 年;陈毅明:《华侨旗帜民族光辉》,北京:中国大百科全书出版社 1998 年;林少川:《陈嘉庚与南侨机工》,北京:中国华侨出版社 1994 年;陈共存主编:《南侨魂:陈嘉庚与南洋华侨机工回国抗日服务纪实》,昆明:云南美术出版社 2006 年;毛瑞明:《抗日战争时期陈嘉庚的贡献》,《江西师范大学学报(哲学社会科学版)》,1995 年第 4 期,第 17—21 页;费卓绍:《陈嘉庚的企业经营哲学观》,《八桂侨刊》,2004 年第 2 期,第 43—44 页;杨阳腾:《陈嘉庚的经营之道》,《金融信息参考》,2002 年第 2 期,第 46 页;庄敏琦主编:《嘉庚精神》,北京:北京航空航天大学出版社 2011 年;郑力强主编:《陈嘉庚与陈嘉庚精神》,厦门:集美大学诚毅学院 2005 年;杨建华、孙芳芝:《陈嘉庚教育思想与实践研究的历史及特征》,《集美大学学报(教育科学版)》,2013 年第 14 卷第 1 期,第 65—71 页;张培春:《陈嘉庚精神的内涵、表现及其时代价值》,《集美大学学报(哲学社会科学版)》,2015 第 18 卷第 1 期,第 1—7 页;黄坚立:《陈嘉庚与南洋富商李光前之翁婿互动》,《华人研究国际学报》,2016 年第 8 卷第 2 期,第 31—48 页;Wang, Cangbai. "The Turtle Garden: Tan Kah Kee's Last Spiritual World." *International Journal of Heritage Studies* 22, 2016, no. 7, pp. 530-542; Lim, Jin Li. "New Research on Tan Kah Kee: The Departure of 1950, and the 'Return' of 1955." *Journal of Chinese Overseas* 13, 2017, no. 1, pp. 119-142. 有关陈嘉庚最权威的研究是 Yong, C. F. (杨进发), *Tan Kah-Kee: The Making of an Overseas Chinese Legend* (Oxford: Oxford University Press, 1987)。

③ 赵纯均:《中国的管理与现代教育》,载潘国驹、丘才新、王俊南主编:《今日陈嘉庚精神——陈嘉庚基金廿周年纪念庆典研讨会文集》,新加坡:陈嘉庚基金、陈嘉庚国际学会 2003 年,第 121—136 页。

道的是他一生热心教育、倾资办学的慈善之举。中国教育慈善事业的发展需要更多的陈嘉庚式的教育慈善家。[①] 陈嘉庚与厦门有着很深的渊源,他在中国的教育事业以厦门及周边地区为主。林德时指出,"嘉庚精神"是"厦门文化"的组成部分,是厦门城市发展的一大竞争优势及独特的"软件"资源。因此,应该把"嘉庚精神"与厦门发展的实际结合起来。[②]

杨进发将陈嘉庚的一生置于历史的大背景中进行考察,探究他的思想在不同历史时期的变化,以及他在商业、教育、政治、社会等领域中的行为表现。他指出,从心理上看,陈嘉庚是一个复杂的人物,这体现在他对于社会及对于家庭的不同态度上。同时,他也认为,陈嘉庚受到儒家思想的影响,如他推崇"勤""俭""克己""廉""忠""诚"和"毅"等。[③] 颜清湟也认为,陈嘉庚的商业经营模式受儒家思想的影响。他实行的是家长式的管理,决策权高度集中,自上而下推行。这并不是源自西方的"权力"概念,而是受中国传统中"责任"观念的影响。[④] 林大伟认为,陈嘉庚在商业经营中所体现出来的一些特性,与现代商人的行为及商业王国的运作仍有一定的关联及相似性。这些特性包括:相对于教育背景,经验的积累更为重要;拥有庞大的关系网络;对于科技运用的重视;具创新意识并进行自我实践。[⑤]

可见,陈嘉庚精神是多层面的,在其精神的形成过程中所受到的影响因素也是多方面的,例如有传统的儒家思想,也有现代的科技及创新意识。而纵观多年来讨论陈嘉庚精神的相关文献,学界将嘉庚精神主要归结于以下几点:商业上的诚信创业;教育上的倾资办学;政治上的爱国救亡。若再深入阐述,则为:公——无私奉献;忠——爱国情怀;诚——诚实守信;毅——坚忍不拔;闯——勇于开拓。[⑥] 近年来,也有学者对陈嘉庚精神提出了新的见解,认为政治环境的不同,也影响到各地对于陈嘉庚的认同和记忆。例如在新加坡1965年建国初期,政府采取"去中国化"政策,陈嘉庚被政治敏感

---

① 殷小平:《构建和谐社会与教育慈善事业的发展——兼论中国呼唤更多的陈嘉庚式的教育慈善家》,《高教发展与评估》,2006年第22卷第1期,第1—3页。

② 林德时:《嘉庚精神及厦门发展》,厦门:厦门大学出版社2010年,第137—146页。

③ Yong, C. F. Tan Kah-Kee: The Making of an Overseas Chinese Legend. Oxford: Oxford University Press, 1987.

④ Yen, Ching-Hwang. Ethnic Chinese Business in Asia—History, Culture and Business Enterprise. Singapore: World Scientific Publishing, 2014.

⑤ Lim, Tai Wei. "Tan Kah Kee: The Entrepreneur Exemplified", in Leo, Suryadinata, ed., Tan Kah Kee and Lee Kong Chian in the Making of Modern Singapore and Malaysia. Singapore: Chinese Heritage Centre, Tan Kah Kee Foundation, National Library Board, 2010, pp. 36-56.

⑥ 庄敏琦主编:《嘉庚精神》,北京:北京航空航天大学出版社2011年。

化和边缘化,在之后的二三十年间,被政府和民间有意识地"遗忘"。20世纪 70 年代之后,新加坡国民以国家认同为归宿的本土化进程告一段落,陈嘉庚渐次"回归"新加坡,先贤的实干、勤奋、勇于开拓的精神再次被倡导。①

陈嘉庚精神的提出与倡导是基于一定的政治因素及历史背景。然而,若是将这些因素淡化,并超越陈嘉庚的个人影响,而将其当作一个群体的社会行为并由此来探讨其所体现的精神实质,那么陈嘉庚精神对于过去或现在,尤其是对现代社会,将具有超时代的重要意义。本章将关注陈嘉庚精神中的三个重要的时间和空间的特质,即跨地域的商业经营理念、跨文化的教育发展模式和跨帮派的华人社团领导方式,并进而分析包括陈嘉庚在内的华商群体的商业网络,对于经济、教育、社会发展所起的重要的辅助作用。

二、跨地域的商业经营理念

陈嘉庚出生于福建省同安县集美村(今厦门市集美区),父亲陈杞柏是新加坡商人。1890 年,陈嘉庚奉父亲之命,第一次出洋新加坡。在此之前,他都在家乡的南轩私塾就读。到达新加坡后,陈嘉庚先是在父亲经营的米店做工。父亲晚年时,生意失败,陈嘉庚接手家业。刚开始,他主要经营菠萝种植和罐头制作的行业。1906 年,他开始将事业重心转到橡胶业,逐渐建立起以经营橡胶业和橡胶种植业为重点,集农工商于一体的综合型企业实体。之后,他发现战时航运业大有可为,就在 1915 年租入轮船,并随即在 1916 年及之后购置多艘轮船,重点经营海上运输业,运输企业原料、产品等。同时,他也没有放弃橡胶事业,在 1920 年创立橡胶熟品制造厂,逐步建立世界性的胶制品销售网络,向全球推销。陈嘉庚在食品加工、航运、橡胶等行业都有显著发展,创建了庞大的家庭跨国企业集团,业务遍布亚洲、欧洲、美洲的 10 多个国家和地区。②

---

① Hong, Lysa, and Jianli, Huang. *The Scripting of a National History: Singapore and Its Pasts*. Hong Kong: Hong Kong University Press, 2008. 李勇:《当代新加坡陈嘉庚从边缘到回归——兼论陈嘉庚精神的"本土化"》,《河南师范大学学报(哲学社会科学版)》,2012 年第 39 卷第 2 期,第 61—65 页。

② 关于陈嘉庚的生平及发展,本章主要参阅杨阳腾:《陈嘉庚的经营之道》,《金融信息参考》,2002 年第 2 期,第 46 页;陈国飚、陈慎:《以软实力视角看福建海洋文化——以陈嘉庚为例》,《福建省社会主义学院学报》,2014 年第 3 期,第 60-63 页;Landa, Janet Tai, and Janet W. Salaff. "The Socio-Economic Functions of Kinship and Ethnic Ties in the Establishment and Growth of the Tan Kah Kee Family Firm in Singapore: A Transaction Costs Approach." in *Economic Success of Chinese Merchants in Southeast Asia*, Berlin, Heidelberg: Springer, 2016, pp. 249-276.

陈嘉庚的商业之路与大部分华商的商业轨迹是大致相同的。他们具有开放、包容与国际化的经营理念,不受国界、地域的限制,凭借自身的商业触角及所在地的地理优势,建立起跨国界、跨地域的全球商业网络。① 作为东南亚的金融和转口贸易中心,新加坡有着得天独厚的地理位置。其海岸线总长 200 余公里,地处南洋群岛之中心,为欧亚航行必经之地,在历史上就是重要的中转口岸和航运中心。随着现代航天技术的发展,新加坡到东南亚各国的飞行时间都不超过 4 小时,而到其他国家的旅程也相当的方便。因此,现代新加坡的地理优势更为突出。一直以来,在新加坡转口贸易中起关键作用的华商,凭借其自身的跨国性和新加坡的地理优势,构筑起以新加坡为中心的全球商业网络,这一网络,推动新加坡迅速成为世界的金融和贸易中心。正如李显龙总理在 2011 年举行的第十一届世界华商大会的开幕致辞中提到的:"各地华商之间建立广泛的人脉关系和商业联系,成为国际上一股不容忽视的商业力量。"②

如果说跨国性、跨地域性是现代华人企业家的主要特征,其实这一特征在老一辈华人企业家身上已经开始突显。今天,当我们重新审视陈嘉庚的商业经营理念时,可以发现,在他身上已经开始萌发现代经常提及的跨国企业家精神。他的商业网络不仅限于新加坡本地,而是遍及世界各地。在航天业尚未十分发达的时候,轮船成为其商业网络中的主要交通工具。持续与经常性的跨界交往成为他谋生的重要手段。这样的一种跨国企业家精神,在现代社会具有更重要的意义。一方面,只有具备开放与兼容的跨地域经营理念,才可能在当今全球一体化的经济发展中占据先机地位。另一方面,重视并借助所在国华商的商业网络,能够推动该国的经济快速发展。

三、跨文化的教育发展模式

与其商业发展模式一样,陈嘉庚对于教育的资助及推动也不仅仅局限

---

① 相关的研究可看刘宏:《新加坡中华总商会与亚洲华商网络的制度化》,《历史研究》,2000 年第 1 期,第 106－118 页;刘宏:《中国—东南亚学:理论建构·互动模式·个案分析》,北京:中国社会科学出版社 2000 年。Kuo, Huei-Ying. *Networks beyond Empires*: *Chinese Business and Nationalism in the Hong Kong-Singapore Corridor*, 1914-1941. Leiden-Boston: Brill, 2014. Choi, Chi-Cheung, Takashi Oishi, and Tomoko Shiroyama, eds. *Chinese and Indian Merchants in Modern Asia*: *Networking Businesses and Formation of Regional Economy*. Boston: Brill, 2019.

② 第十一届世界华商大会李显龙总理开幕致辞,详见:http://www. wcec-secretariat. org/cn/index. php/event/182-lixianlong-zongli。

于新加坡本地。从 1894 年开始创办惕斋私塾到 1956 年间,他在福建集美陆续创建各级(类)学校和附属设施,形成各校舍林立、设备齐全的教育体系,即集美学校。1921 年,他创办了福建省第一所大学——厦门大学。同样,在新加坡,陈嘉庚带头创办了五所华文中小学、两所中专学校,并资助过其他的一些华侨学校。[①] 虽然陈嘉庚的办学范围主要集中于其祖籍地福建和侨居地新加坡,但也是跨文化教育理念的交流与碰撞。陈嘉庚本身的受教育程度不是很高,但他在新加坡居住多年,接触到先进的办学理念和模式甚至包括来自西方的教育模式,他也将这一教育发展模式带入中国。他在福建所办的学校都经过整体规划,具备完整的体系,并重视师资的选择和严格的管理,可以说,其管理模式已经是现代化的管理模式。同时,他也将"诚毅"作为集美学校的校训,希望学生在学知识的同时也要学做人。可见,当时的陈嘉庚对于教育的发展已具有先进的理念和长远的眼光。

在华商的商业网络流动要素中,除了资本的流动外,就是信息、观念的流动。很多华商借助这一商业网络,将先进的理念带回祖籍地,帮助祖籍地发展教育、文化事业。在祖籍地还相对落后,移居地比较发达的时代,这种先进观念的流动可能是单向的。而在现代社会,这种观念则是双向甚至是多向的。以教育为主,不同文化体系下的社会都可能发展出独具特色的教育发展模式。不同国家与地区之间的教育交流也日益频繁,而这些交流大多是由政府、教育机构、华人企业家或社团所促成的。例如,在近十年来,有数万名中国政府官员到新加坡进行培训,学习新加坡各方面的先进经验。[②]促成这些交流的力量就来自政府(如中国政府)、大专学府(如南洋理工大学)、华人社团(如新中友好协会)等。

在陈嘉庚的时代,虽然更多的是靠他个人的影响来在两地发展教育事业,但仍然借助了各种资源,如他的商业网络、华人社团等。而今天,教育的交流与互动,则更应善借各种资源及各方力量,其中,华人商业网络中的经济资源、人脉关系是不可忽视的。

---

① 陈嘉庚创办教育的事迹,参阅自庄敏琦主编:《嘉庚精神》,北京:北京航空航天大学出版社 2011 年。

② Liu, Hong, and Tingyan Wang. "China and the Singapore Model: Perspectives from the Mid-Level Cadres and Implications for Transnational Knowledge Transfer." *The China Quarterly*, 2018,no. 236,pp. 988-1011.

四、跨帮派的华人社团领导方式

在早期东南亚华人社会里,族群和帮派的区别非常明显,有学者称之为帮权社会。当时,闽南帮的势力最大,潮帮第二,另外还有广帮、客帮、琼帮等。生活于这个年代的陈嘉庚,虽然带有一定的闽侨情怀,但他也具有跨越帮派的远见和贡献。他在 1923 年接任怡和轩总理后,便广开门户,不分籍贯,接纳各帮会员,使之成为一个超帮组织,并借此平台推动社会公益、文化、教育等事业的发展。① 不仅如此,在动荡的年代,陈嘉庚领导华人社团团结起来,参与筹赈及政治事业,这一系列的活动,不单具有明显的跨帮派特征,同时也体现了跨地域的关怀,既包括中国地区,也包括东南亚地区。例如,在中国全面抗战开始后,陈嘉庚联合各界侨领,于 1938 年成立"南洋华侨筹赈祖国难民总会"并任主席,以财力、物力、人力支援中国抗战。此外,在 1947 年 2 月举行的新加坡侨民大会上,他发表演讲,代表各属华侨抗议荷兰武装炮击杀害印尼巨港侨民的暴行,号召印尼华侨和印尼人民一起驱逐荷兰的殖民,与荷兰当局的代表进行针锋相对的斗争,迫使荷兰道歉并赔偿损失。可见,当时的陈嘉庚,无论在何种事务上,都具有跨帮派和跨地域的胸怀。

陈嘉庚曾担任福建会馆主席 21 年。福建会馆虽然是闽帮团体,但其所从事的事业尤其是教育事业,同样具有跨帮派的特点。福建会馆首先将闽帮道南、爱同、崇福三校纳入会馆统筹统办,并在战后发起创办南侨女中,从而开启福建会馆的教育事业。② 会馆的教育事业,惠及的不仅仅是闽帮的后代,也包括其他帮派的后代。此外,福建会馆还连续 4 年(1930—1934年)主导实施新加坡华校会考,试图从统一考试入手,实现华侨教育的统一。会考的举办,直接推动了全马来亚华校会考的制度化。正是陈嘉庚这种跨帮派的远见,使得今天福建会馆的教育事业版图更为完善与成功。如今的福建会馆属下,除了道南学校、爱同学校、崇福学校、南侨中学、南侨小学和

① 陈嘉庚对于新加坡华人社会的贡献,参阅梁元生:《典型在夙昔:陈嘉庚精神与当代华人》,载潘国驹、丘才新、王俊南主编:《今日陈嘉庚精神——陈嘉庚基金廿周年纪念庆典研讨会文集》,新加坡:陈嘉庚基金、陈嘉庚国际学会 2003 年,第 137—154 页;《陈嘉庚言论集》,新加坡:怡和轩俱乐部、新加坡:陈嘉庚基金、厦门:集美陈嘉庚研究会 2004 年。

② 有关陈嘉庚在新加坡的办学理念和实践,参看刘宏:《战后新加坡华人社会的嬗变:本土情怀·区域网络·全球视野》,厦门:厦门大学出版社 2003 年,第 118—121 页。

光华学校六所学校,会馆还新创建幼儿园,为新加坡的学前、小学、中学教育都作出了重要的贡献。

陈嘉庚对于华人社会的跨帮派领导方式亦值得今天华人会馆社团借鉴。华人会馆社团只有摈弃帮派偏见,打破彼此之间的界限,关怀各族群利益,共同合作与发展,才可能在更大的领域里对当地社会的发展产生影响,从而带动自身长久持续地前行。

五、以华商网络为依托的社会发展轨迹

陈嘉庚精神在不同的历史年代、政治环境里被赋予各种象征意义。今天,如果我们抛掉这些被时代所限的象征意义,而以一种全球化、跨界性的角度去重新审视陈嘉庚精神,可能会有新的理解和启发。

陈嘉庚及那些与其类似的华商,他们的商业及社会活动,都或多或少具有跨界的特征。他们虽移居他国,但仍与家乡维系着不同形式的联系(商业、文化、政治等)。他们在跨国活动的进程中,将其祖籍地联系起来,并维系起多重关系。他们的社会场景是以跨越地理、文化和政治的界限为特征。他们所建立起来的华商网络,具有强大的互通性和无限的可能性,以这一网络为依托及媒介的经济、教育、文化交流与互动十分频繁,借助这一华商网络,祖籍地、移居地之间乃至区域社会之间的经济、教育、文化都获得了更大的发展空间。

在现代社会,重视和善用这一华商网络更具重要意义,尤其是关注这种网络联系的跨国性特点。随着现代交通、互联网等技术的发展,华人商业网络的跨国性更为显著。在这些跨国华人移民当中,大多数都具有跨国教育和生活、工作经历,他们不仅在商业运作方面具有明显的跨国特征,而且在此基础上所开展的教育、文化等活动,其跨国色彩也十分浓厚。只有善用这一华人商业网络,通过华人移民企业家与国家和网络的有机互动,才能使各方都获得最大的益处。

王赓武教授在陈嘉庚逝世50周年纪念研讨会上的发言指出,今天的中国对东南亚有史无前例的兴趣,各国的华人社群也更有责任维系和适应东南亚与中国之间变化中的联系。他认为,华侨华商之所以如此成功,是因为他们保留了华人身份。事实上,他们之间的网络正是建立在他们身为华人、

秉持华人经商原则的基础上。① 其实,今天的东南亚乃至世界,又何尝不是对中国有着浓厚的兴趣。以更多领域的国际经济合作带动双赢的发展趋势,成为各国考量的重点。华人商业网络的"非地域性",即在全球化过程中生产、消费以及政治、群体和认同逐渐与地方分离的趋势,使华人商业网络成为一个更为直接及便利的平台,有利于进一步开展各国间的经济、文化、教育交流。这一华商网络在历史上就开始凸显其重要性,随着时代的发展,它将彰显更为强大的生命力和跨国性,以此为依托的经济、教育、社会交流与发展,将使国与国之间的互惠互利具有更多的可能。

另外,陈嘉庚移居新加坡后,虽然与祖籍地一直保持着密切的联系,甚至直接参与中国的政治事务,但在新加坡生活期间,他仍然以移居国为重心,积极融入本地社会。他的事业重心是以新加坡为基础进而扩展到世界各地。同时,他也参与并领导新加坡本地的华人社会,积极参与移居地的教育、文化、社会事务。正因如此,陈嘉庚才成为新加坡发展历史中一个广为人知的侨领。同样借由在移居地的发展和所建立的强大网络,陈嘉庚才具有雄厚的资本参与到祖籍地的各项事务,并与祖籍地建立长期密切的联系。②

在今天,也有大量的跨国华人居留海外。他们大多数在海外接受教育并工作生活多年,相比于老一辈华人,他们更容易融入所在国生活。首先,与所在国的密切商业联系是这些跨国华人企业家的成功因素之一。他们的事业发展大多起源于所在国,并借所在国的优势和资源向外扩展。其次,华人商业网络的建构得益于华人社团。虽然在科技发展的时代,它们的重要性已不如过去,但仍然有一定的影响力,而且被赋予了一些新的角色。例如,在新加坡一些成功的跨国华人企业家,大多是新加坡中华总商会、天府会、华源会等重要华人社团的成员。③ 在现代社会,这些华人社团的作用发

---

① 王赓武教授在 2011 年所举办的陈嘉庚逝世 50 周年纪念研讨会上,发表题为《变化无穷的南海贸易》的演讲,取自:http://www.eehoehean.org/index.php? ctl＝Web&act＝NewsView&id ＝99。

② Lu, Hu. "Changing Roles, Continuing Ideas: Tan Kah Kee in 1949 and 1950." *Journal of Chinese Overseas* 4, 2008, no. 1, pp. 1-19.

③ 详细事例请参看 Ren, Na, and Hong Liu. "Traversing between Local and Transnational: Dual Embeddedness of New Chinese Immigrant Entrepreneurs in Singapore." *Asian and Pacific Migration Journal*, 2015, vol. 24, no. 3, pp. 298-326. Zhou, Min, and Hong Liu. "Homeland Engagement and Host-Society Integration: A Comparative Study of New Chinese Immigrants in the United States and Singapore." *International Journal of Comparative Sociology*, 2016, vol. 57, no. 1, pp. 30-52.

生了重要转变,它们协助南来宗亲安顿生活的功能淡化了,而成为跨国华人企业间建立联系、传播信息的重要渠道。在今天,积极融入所在国社会,并借助当地资源和华人社会来建立及拓宽自己的跨国商业网络,变得更为重要,并具有了新的意义。他们通过在所在国的发展及与当地企业或政府的合作,在更短时间内取得更大的经济效益。而借助这样一种双边优势,他们也与祖籍国保持密切联系,甚至实现国家层面的合作,从而也为自身在国际经济领域的发展打造一个崭新的平台。

六、结语:陈嘉庚与海外华人跨界认同

华商、华商网络、华人社团,是海外华人社会发展中的几个重点,而陈嘉庚正是这几个方面的代表人物之一,他的经历也反映了在历史变迁大背景下的多元和跨界身份认同的特殊性。华商的移民背景使得他们有条件和资源建立起一个遍布各地的强有力的商业网络,而华人社团是他们借以巩固其商业网络,同时回馈社会的平台。但是这几个方面要长久、持续地发展,就必须有跨地域、跨文化、跨帮派的视野。这几个方面的相互运作成为国家经济发展的重要推动力。可以说,华商、华商网络、华人社团既超越国家界限,又回归国家。怎样平衡国家与三者之间的关系,借助它们的特性,变劣势为优势,淡化纠纷,推动各国间经济、教育、文化更为密切的交流与合作,是我们今天应该重新思考的问题。[1] 正如今天的陈嘉庚科学奖基金会,设有高级学位奖学金,举办青少年发明比赛,开展学术讲座,赞助高等教育学府的教育基金等。它的影响,已经超越了新加坡和中国的地域范围,并且遍及教育、科技、文化、学术等领域。也许,这正是陈嘉庚精神中的跨地域、跨文化、跨帮派精髓的传承与发展。1990 年 3 月,国际小行星命名委员会将一颗由中国南京紫金天文台发现的小行星正式命名为"陈嘉庚星",从此,"陈嘉庚星"将长久翱翔于浩瀚的宇宙中,这也正与陈嘉庚的精神遥相辉映。

本章初稿为张慧梅、刘宏:《陈嘉庚精神及其现代意义》,《华侨大学学报(哲学社会科学版)》,2015 年第 3 期。

---

① 关于这个部分的相关详细讨论,参看刘宏:《跨界亚洲的理念与实践:中国模式·华人网络·国际关系》,南京:南京大学出版社 2013 年。

第四章　侨批贸易及其在近代中国与海外华人社会中的作用
——对"跨国资本主义"的另一种阐释

一、导言

侨批是指海外华人移民通过民间渠道寄回侨乡且附带家书或简单留言的汇款。侨批一般包括侨汇与侨信。随着 2013 年中国侨批档案成功入选联合国教科文组织《世界记忆名录》，有关侨批的研究也蓬勃发展。侨批资料的收集和汇编是侨批研究领域最早的成果。早在 20 世纪末和 21 世纪初，潮汕历史文化研究中心就从民间收藏家手中收集了一批珍贵的侨批资料。之后，东南沿海的一些侨乡如福建、广东的五邑等地区也陆续进行了侨批资料的收集和出版。其中最早出版而且比较齐全的是潮汕历史文化研究中心所出版的《潮汕侨批集成》（总共为 108 册）。近几年，福建人民出版社出版了类似的资料汇编《闽南侨批大全》。侨批申遗成功后，在中国各地举办了多次与侨批课题相关的研讨会，并出版了一些论文集。一些著名侨乡如福州、汕头和五邑等地区都举办过有关侨批的研讨会，并将研讨会论文集结出版。除此之外，从 2013 年开始，几乎每年都有关于侨批的中文著作面世。除了中国学者外，当中也不乏外国学者。例如日本学者山岸猛的著作中译本《侨汇：现代中国经济分析》。滨下武志教授的近著《华侨、华人与中华网络：移民、交易、侨汇网络的结构及其展开》对侨汇进行了深入分析。①

在大量有关侨批的研究中，侨批贸易顺带被提及，而一些着重于侨批贸易的研究也陆续出现。在中国大陆学者的研究中，较少以侨批贸易称之，更多的是以侨批业为研究中心。当中既有人探讨侨批业本身及其制度的演变，又有人通过侨批业探讨海外华人与中国的关系，以及侨批业的跨国经营

---

① 滨下武志：《华侨、华人与中华网络：移民、交易、侨汇网络的结构及其展开》，东京：岩波书店 2013 年。

网络等。① 另外,也有学者以侨批局为个案来研究侨批业的运营,其中最为著名的就是下文所将提及的天一侨批局。②

　　本章主要是希望回应莱恩·哈里斯(Lane J. Harris)2015 年在《亚洲研究杂志》(*Journal of Asian Studies*)的文章《19 世纪 50 年代到 20 世纪 30 年代海外华人的侨批公司:国家主权的限制与东亚及东南亚的跨国资本主义》,特别是对他的结论提出异议。哈里斯这篇文章的结论认为,"跨国资本主义"的一种现代形式,是依赖于非个人规则的信任,而不是一种依靠文化和家族血缘关系的"'华人资本主义'的独特形式",侨批商人是通过有效的商业实践来实现跨国经营。③ 国内外的许多学者都希望对于现代资本主义做出一些其他的解释,他们希望"现代性"可以通过这些世界主义的解释展现出多元而非模式化的样态,本章也是其中的一项努力。笔者认为族群及身份认同对海外华人商业文化有重大影响,是华人企业家适应能力和创造力的来源,尤其在海外华人社会形成的早期阶段,即对中国没有强烈的个人和文化认同的土生华人力量崛起以前。④ 商业家族主义、社会网络和与之相关的文化价值并不会成为经济增长和技术创新的阻碍。相反,至少在一些时期和环境中,这些因素通过促进社会流动、发展家族利益、建立合作关系、促进合同的签订以及其他适应现代市场经济的行为,帮助华人在中国和海外实现经济发展。

① 相关研究可参见:程希:《华侨华人与中国的关系:侨批业之视角》,《东南亚研究》,2016 年第 4 期,第 80—96 页;陈春声:《近代华侨汇款与侨批业的经营——以潮汕地区的研究为中心》,《中国社会经济史研究》,2000 年第 4 期,第 57—66 页;刘伯孳:《20 世纪上半叶菲律宾华人与侨批业的发展》,《互动与创新多维视野下的华侨华人研究》(第四届海外华人研究与文献收藏机构国际会议论文集),2009 年,第 453—467 页;戴一峰:《网络化企业与嵌入性:近代侨批局的制度建构(1850s—1940s)》,《中国社会经济史研究》,2003 年第 1 期,第 70—78 页;焦建华:《试析近代侨批跨国网络的历史变迁》,《中国社会经济史研究》,2015 年第 3 期,第 87—95 页。

② 有关天一侨批局的研究可参见:蔡良才、黄辉、王文强、林振赐、朱佳佳:《天一信局与闽南金融信用文化》,《福建金融》,2015 年第 6 期,第 60—63 页;郑云:《闽南侨批业与天一信局的兴衰》,《漳州职业大学学报》,2004 年第 4 期,第 53—55 页;郑晓光:《华侨华人与近代海上丝绸之路——基于天一信局的个案考察》,《淮南师范学院学报》,2016 年第 3 期,第 59—64 页。

③ Harris, Lane Jeremy. "Overseas Chinese Remittance Firms: The Limits of State Sovereignty, and Transnational Capitalism in East and Southeast Asia, 1850s-1930s." *Journal of Asian Studies*, 2015, vol. 74, no. 1, pp. 129-151.

④ 这里我们不考虑更宽泛的种族和身份认同所扮演的角色问题,这种角色是随着族群的繁衍而在成熟的海外华人商业文化之中愈加巩固的。

二、侨批贸易及其商业模式

支撑侨批贸易的商业文化是建立在亚族群而非广义的中华民族基础之上的。① 这种商业文化顺应了对本地族群的依赖,也是对于族群内部分裂的一种回应,而这种分裂是伴随着移民链从中国带来的。除了在面对战争和政治危机的情况下,这种文化很少采用泛华人的形式。即使是为了抵制国家干预而成立的行业协会,也无法取代以"方言"为基础的协会,它们只是作为补充或仅仅充当门面。我们认为,哈里斯高估了他们对于非法"传统"部分的重建,尽管他承认他们内部的结构"仍旧显示出一些基于籍贯社群的分裂"。②

哈里斯意识到了侨批贸易的独特性,值得称赞的是他对其中本质主义的减少进行了批判。他拒绝将其描述为"传统中国的",并认为这是一个属于东方研究学者的错误论述。他指出,尽管侨批局最初建立在相互信任和"地缘、血缘关系"的基础上,但是到了 19 世纪 70 年代,由于出现新的通信手段、运输方式和银行设施,这些侨批局已经发生变化,并逐渐发展成现代商业模式(他称之为"殖民现代"③)。根据哈里斯的观点,这种模式代表着文化主义商业实践与资本主义盈利策略的融合,并且能在民族国家、殖民地和帝国三者的间隙中茁壮成长。

哈里斯将侨批贸易定义为一种特殊类型的现代资本主义,对此,我们认为可以在几个方面再做商榷。他的观点中最值得质疑的一条是:这种贸易在 19 世纪 70 年代出现了一个与过去的断裂,而由于出现新的通信手段、运输方式和银行设施,这种断裂随之催生了一种新的商业模式。

---

① 有学者在 2004 年对华人种族身份中的亚种族进行了讨论,参见 Gomez, Edmund Terence, and Gregor Benton. "Introduction: De-essentializing Capitalism: Chinese Enterprise, Transnationalism, and Identity", in Gomez, Edmund Terence, and Hsin-Huang Michael Hsiao eds. *Chinese Enterprise, Transnationalism, and Identity*. London: Routledge, 2004, pp. 1-19. 亚种族概念源于一种人类学的观点,有人曾在 1992 年提出疑问,此处仅是为了方便解释而使用,参见 Honig, Emily. *Creating Chinese Ethnicity: Subei People in Shanghai, 1850-1980*, New Haven: Yale University Press, 1992.

② Harris, Lane Jeremy. "Overseas Chinese Remittance Firms: The Limits of State Sovereignty, and Transnational Capitalism in East and Southeast Asia, 1850s-1930s." *Journal of Asian Studies*, 2015, vol. 74, no. 1, pp. 129-151.

③ Harris, Lane Jeremy. *The Post Office and State Formation in Modern China, 1896-1949* (PhD thesis). Urbana: University of Illinois at Urbana-Champaign, 2012, pp. 32-33, p. 181.

从方法论的角度来看,这种主张似乎意味着现代技术与"传统的"结构和价值观是不相容的。这种技术决定论观点认为技术发展推动并决定着社会和经济结构的变化。但是,与哈里斯所否定的文化决定论相比,技术决定论同样是一种本质主义。

为了印证他的理论,哈里斯将早年处理汇款的水客与后来更有组织且更复杂的侨批局划分开来。然而,正如他所暗示的那样,这两种商业形式之间的区别并不是绝对的或者是定性的。从一个到另一个的过程事实上应该是渐进的、累积的以及双向的。在从水客到侨批局的过渡中,顾客信任与否是一个重要的环节,不过水客也明白顾客的担忧,并竭尽全力去解决问题。在巴达维亚,水客由当地的担保制度监管问责①,这种担保制度规定由殖民地的华人社团代表其客户来进行贸易监管。在侨批局出现以前,很多水客已经开始给客户开具收据了。黄挺对巴达维亚华人公馆《公案簿》的研究显示,侨批贸易在 1787 至 1846 年间已经相当成熟,这些贸易主要依赖于水客。② 实际上,侨批局采用的旧方法都是从水客那里继承下来的。比如:收集侨批,拓展关系网,利用代理商、侨批分局甚至邮局,开具收据,同时参与侨批交付及其他形式的贸易和金融活动,利用汇水差价等。

此外,不管在时间或空间上,从水客到侨批局的转变从来没有彻底完成。相反,二者在数十年中一直有着明显的连续性。在偏远地区,水客自始至终都是侨批贸易的核心。当东南亚和其他海外社会中的华人社群尚未完全建立起信任机制和对私有财产的法律保护体制时,水客及其客户依赖于传统的信任方式(对人)而非某种制度性模式(对物)。由侨批局雇佣的批脚扮演了与水客类似的角色,他们将信件和汇款送到村庄,甚至成为侨批贸易中更持久且不可或缺的一部分。当侨批局正式出现时,他们复制并延续了早期水客所采用的方法。被哈里斯称作"文化主义客户服务"的程序,对一个原本在本质上具有现代属性的企业而言,其是核心而不仅是"色彩"或点缀。侨批局的所有人和管理人员依据"传统"路线经营他们的店铺和业务,仅仅雇用他们自己的亲属和与其有关系的同乡或相同方言群的人。即使在企业技术实现现代化之后,他们与客户的关系仍旧依赖于血缘和地缘关系。例如在新加坡,海南人通常都会到海南人所经营的侨批局寄送侨批,而海南人所经营的侨批局也集中于同一个地方。同样,他们与其他侨务局,与中国

① 马来语的"投递者"在"担保者"的语境中,被翻译成中文的安咀。
② 黄挺:《〈公案簿〉所见早期侨批业运营的一些问题》,载王炜中编:《第二届侨批文化研讨会论文选》,香港:公元出版有限公司 2008 年。

或海外的代理人和雇员的关系也是如此。在极少数情况下,这种关系才会建立在贸易之上,而即便是这种贸易关系也会采取一种特殊的形式。这就是为什么我们对哈里斯提出的传统与现代之间有很明确界限的假设提出怀疑。相反,我们认为这两种模式是共存且互相交叉的。

事实上,侨批局从未能完全取代水客。侨批局和水客并存的时间很长,直到1949年新中国成立后才结束了这种局面(金门的汇款店是当时唯一的例外)。此后,水客贸易持续存在,尽管主要集中在缺乏现代道路和机构的地区。① 与侨批局相比,水客的优势在于他们更加个人化并且私密,他们更熟悉当地的地理、文化和社群,也可发挥更为广泛的功能。此外,水客与侨批局的共存也为客户提供了灵活性和市场选择,迎合了客户们千差万别的、时常多变的需求。②

正如水客与侨批局之间没有不可逾越的障碍,不同种类的侨批局之间也是一样,尽管它们代表了不同程度的复杂性及技术水平,但都属于一个统一的连续体。相对少见的纵向组织和看似更为现代的侨批局控制了侨批派遣的各个阶段,都是基于更为简单的横向联系,而这一发展路径并非不可逆转。经过一段时间的蓬勃发展后,大型的侨批局可能会分裂或缩小,然后根据具体情况再一次发展壮大。规模较小且更为"传统"的侨批局则组成了通过血缘、地缘和方言来维系的密集店铺网络。

天一侨批局作为当时最大且最重要的侨批局,很好地说明了侨批局作为一个机构多变的特征。天一侨批局最开始建立在血缘与地缘基础之上,这种基础与信托制度出现之前的移民链相关。但在天一侨批局随后的发展中,它也通过不同种类的信任关系而发生了种种变化,这些信任关系包括——个人的纽带、关系,以及在20世纪初出现的制度信任。然而,正如研究该公司的一名历史学家所指出的,这些不同阶段之间的变化从来都不是线性或单向的。③ 天一侨批局不采用现代管理、审查和责任制度,坚持家族企业模式(所有的联系和运转都由创始家族郭氏家族严格管理),得以减少交易成本,实现简单有效的管理并且迅速累积起巨额资金。然而,随着时间的推移,腐败行为悄然而至,以"和谐默契"为特征的公司模式不能解决由此

① 黄家祥:《诏安侨批业流变》,载王炜中编:《第三届侨批文化研讨会论文选》,香港:天马出版有限公司2010年,第503—504页。
② 杨群熙:《潮汕地区侨批业资料》,汕头:汕头市图书馆2003年,第57页。
③ 贾俊英:《近代闽南侨批局信用的嬗变:以天一局为个案的考察》,载中国历史文献研究会、汕头市潮汕历史文化研究中心编:《世界记忆遗产:侨批档案研讨会论文集》,2014年,第140页。

产生的问题,这种模式也就成了一种隐患而不再是福利。由于内部监督得不到充分实施,天一侨批局(像其他几家这样的公司一样)成了贪污、盲目投机以及不同分公司之间竞争的温床。1929 年,投机活动造成天一侨批局被挤兑,最后导致破产并欠债 50 万元。

这难道正是哈里斯所认为的,侨批贸易的跨国性通过"工具性的经济实践"使得"文化特征"压倒一切?[①] 这一推论意味着跨国组织不能建立在"相互联系"的基础上。但是,近代中国国内的行会和会馆确实有能力横向发展甚至建立跨国的组织,尤其是在面对国内政府和(后来)外国人插手的情况下。就这一点而言,侨批局在 20 世纪初开始建立商会,也踏上了这样一条老路。[②] 例如在新加坡,就有潮桥汇兑公会、琼侨汇兑公会、南洋中华汇业总会等组织,其中部分汇兑公会也是新加坡中华总商会的商团会员。尽管"传统"元素几乎存在于这些横向和跨国组织行会的各个方面,但同时它们又是复杂的、具有多种功能的,并且是以贸易为联结基础,而不是宗乡纽带。[③] 这些横向和跨国组织的早期例子推翻了那种认为在正式贸易协会中的侨批局组织必然不被视为"传统的"的观点。

既然侨批贸易极具适应力和弹性,那为什么它最终会衰落呢?哈里斯对这个问题没有做出令人信服的解答。他认为贸易是"灵活的、分散的、如植物根茎一般有组织的网络",它的"开拓精神和对跨国自由资本主义的推崇",[④]使其能够抵御住国家及殖民者将其纳入监管之下、搞垮它的企图。他接着将 1949 年之后贸易的萎缩以及最终的消亡归咎于政治原因——东南亚的殖民当局和独立政权对中国采取的孤立措施,以及 20 世纪六七十年代中国"文革"带来的混乱。

[①] Harris, Lane Jeremy. "Overseas Chinese Remittance Firms: The Limits of State Sovereignty, and Transnational Capitalism in East and Southeast Asia, 1850s-1930s." *Journal of Asian Studies*, 2015, vol. 74, no. 1, pp. 129-151.

[②] Johnson, Linda Cooke. "Shanghai: An Emerging Jiangnan Port, 1683-1840," in Johnson, Linda Cooke, ed., *Cities of Jiangnan in Late Imperial China*. Albany: State University of New York Press, 1993, pp. 164-165; Chen, Zhongping. *Modern China's Network Revolution: Chambers of Commerce and Sociopolitical Change in the Early Twentieth Century*. Stanford: Stanford University Press, 2011, p. 20; Wang, Di. *The Teahouse: Small Business, Everyday Culture, and Public Politics in Chengdu, 1900-1950*. Stanford: Stanford University Press, 2008, p. 59.

[③] 张明汕:《侨批业者肩负历史使命》,载洪林、黎道纲编:《泰国侨批文化》,曼谷:泰国泰中学会 2006 年,第 100 页。

[④] Harris, Lane Jeremy. "Overseas Chinese Remittance Firms: The Limits of State Sovereignty, and Transnational Capitalism in East and Southeast Asia, 1850s-1930s." *Journal of Asian Studies*, 2015, vol. 74, no. 1, pp. 129-151.

不过,中国和东南亚各地都在试图通过控制邮局和银行来取代侨批贸易,侨批贸易在这种企图面前不堪一击,特别是在 20 世纪 30 年代。主要原因在于侨批贸易无力与受到各国政府特许、支持或控制的组织进行竞争。但是,他们还是企图通过行业公会这一传统性组织来与国家的现代机构进行抗争。例如 1929 年,南京国民政府通知新加坡邮政总监,要求增加侨批的邮费。新加坡潮侨汇兑公会就同新加坡各华侨团体一起,召开大会,主张减轻邮费,为侨批汇兑业者请命,迫使政府作出妥协。侨批贸易最终在 1949 年之后彻底失败。侨批局与中国银行及邮政系统发生不可避免的冲突的根本原因在于,前者是传统主义的,并在根本上具有跨国取向,而后者是在资本主义框架和民族国家疆界内运作的现代制度。

三、侨批贸易与侨刊现象

侨批贸易与现代资本主义两者间的关系,可通过对侨刊现象的分析得到阐明。侨刊意为"海外华人的杂志",其有助于海外华人维持对于祖籍国的想象及从未离开家乡的感觉,从而把海外华人和家乡联结成一个虽分属不同空间却有相同生活体验的共同体。侨刊与侨批贸易相伴出现,某种程度上甚至可以说是侨批文化的产物,如果说侨批是在私人领域流通的信息来源,侨刊则是在公共领域流通的信息来源,相对于侨批的私人家书的性质,侨刊则被称为集体家书。侨刊现象在 1910 年至 20 世纪 30 年代初期达到顶峰。在这一部分中,邮政文化与印刷文化两个概念将是讨论的中心。

"邮政文化"这个术语是 2013 年加布里埃尔·罗马尼(Gabriella Romani)在研究意大利统一后的书信情况的著述中提出的。"邮政文化"描述了 19 世纪通过信件而产生的沟通交流,这些活动重塑了大众的生活并扩大了他们的视野,同时也将文字带到了乡村。"邮政文化"创造了"一种民族认同的新地理空间,基于……对一个群体的归属感的增强……对个人经历的理想化的延伸"。[1]

当然,这种新文化也是村民向外移民的结果——通常农民视野局限——他们居住到一个更广阔的环境之后,基本上都会扮演新的社会角色,例如小商贩或城市工商业的工人、矿工或种植园的工人。在海外,男性移民

[1]　Romani, Gabriella. *Postal Culture：Reading and Writing Letters in Post-Unification Italy*. Toronto：University of Toronto Press, 2013, p. 4.

（偶尔女性也会）参加一些新的社会活动，表达政治观点。就以华人为例，东南亚殖民社会以及北美、大洋洲和欧洲白人社会中存在的制度性种族主义使得他们更倾向于同情新民族主义和共和政治，因而唐人街群体成为这两股势力最强有力的支持者。

邮政文化有着更为强烈的政治优势：其主要作用是让亲友保持联系，但同时它也创造了一个信息网络，这种信息网络消除了距离，增强了彼此的联系，并使人们接触到"新的思想和习俗（以及）一个比他们居住地更为广大的世界"。[1] "邮政文化"一词后来被戴维·亨金（David Henkin）运用至美国，他认为美国人越来越意识到他们进入了一个环绕着整个国家的交际网络。[2] 然而，这一词却没有在其他国家得到广泛应用。哈里斯在他关于1896—1949 年间邮政系统与现代中国的建立的研究中，曾经简要地提过该词而未做详细分析，这可能是由于他主要探讨的是邮政系统对于现代国家建立的贡献，而非其在更广阔的社会中起到的相反的政治作用。[3]

由本尼迪特·安德森（Benedict Anderson）首先提出的"印刷文化"则是一个更为出名并且得到了更加广泛探索和运用的概念。我们从安德森的著作和受他著作启发的其他研究中得知，民族主义和国家认同的高涨与由工业革命引发的印刷及印刷资本主义的发展密切相关。[4]

邮政和印刷这两种文化紧密联系在一起，并因托克维尔（Tocqueville）对现代邮政服务的定义而得到进一步阐释。托克维尔认为现代邮政系统是"思想间的伟大联系"[5]，是现代通信革命的支柱，同时也是每个国家现代制度、意识形态、经济、社会、文化和政治变革的核心。[6] 现代邮政系统覆盖了以前几乎没有被主流经济所触及的地方以及阶层，除军队以外，它比政府任何其他部门都更深入地渗透到社会。因此，他们与报纸一起比大多数"塑造日常生活模式"的机构发挥了更大的作用，使"持续的关于公共事务的信息

---

① Romani, Gabriella. *Postal Culture: Reading and Writing Letters in Post-Unification Italy*. Toronto: University of Toronto Press, 2013, p. 4.

② Henkin, David M. *The Postal Age: The Emergence of Modern Communications in Nineteenth-Century America*. Chicago: University of Chicago Press, 2006, p. 6, p. 93.

③ Harris, Lane Jeremy. *The Post Office and State Formation in Modern China, 1896-1949* (PhD thesis). Urbana: University of Illinois at Urbana-Champaign, 2012, pp. 32-33, p. 181.

④ Anderson, Benedict R. O'G. *Imagined Communities: Reflections on the Origin and Spread of Nationalism*, Rev. ed., London: Verso, 1991.

⑤ John, Richard R. *Spreading the News: The American Postal System from Franklin to Morse*. Cambridge: Harvard University Press, 2009, p. 3, pp. 4-13.

⑥ Maclachen, Patricia L. *The People's Post Office: The History and Politics of the Japanese Postal System, 1871-2010*. Cambridge: Harvard University Asia Center, 2011.

流"进入城镇和村庄,并使平民百姓能够"参与国家政治"。①

在移民和侨批制度的背景下,侨乡的邮政文化和印刷文化得以蓬勃发展。然而,其性质与罗马尼及安德森提出的理论不同,亦难以达到两位所提出的社会实践模式。

在邮政文化方面,侨批贸易在维护家庭情感联系方面的作用,提高了下层阶级的识字率,也使得移民及其家属(包括男性移民之后留下的女性)更多地参与了国家及当地社会的事务。在这个意义上而言,它符合罗马尼等人提出的邮政文化的条件。然而,侨批贸易缺乏现代邮政系统的基本特征,现代邮政系统在多数国家形成了国家垄断,并根据统一规则进行调整和运作。事实上,侨批贸易制度恰恰相反:它是私人的、多样的,并且不受管制。邮政系统确实试图挤进侨批贸易,但通常以失败告终。同时,邮政系统对于国内邮政服务的管理也是间歇性的并且受到限制。自始至终,侨批贸易都以"方言"和地区划分,并且今天会在区域和方言上再进一步细分。侨批商人不仅没有发展出全国性的规模,相反,他们积极(并且大部分成功地)抵制发展这种规模,国有化意味着汇款业务转变为官僚国家的一个垄断部门,而这种官僚国家可以是中国,或者华人所在的其他国家。不过,这也并不意味着侨批贸易在政治上甚至经济上与国家没有关系,或者没有被卷入19世纪末至20世纪的巨大政治动员中,但结果上是仍旧没有产生通常意义上的邮政文化。就如同尽管侨批贸易商人有着一致的经济利益以及政治上的共性,他们也未能完全克服其在社群(subethnic)界限上深深的割裂,做到长久的行业团结。

关于印刷文化,侨乡经验向安德森的理论提出了一些有意思的挑战。帕沙·查特吉(Partha Chatterjee)曾对安德森理论提出批评,认为其暗示欧洲和美洲是历史上唯一真正的主角,殖民地人民即便连想象的内容也"必须永远被殖民"②。拉狄卡·德塞(Radhika Desai)也批评说:殖民地和半殖民地(以下称为第三世界)国家不需要民族主义的社会学,因为他们只是在模仿或"盗版"一些预先制造的西方模式下的民族性;德塞(在新一版本的论文中)还认为"这些模式最直接的谱系应该追溯到对殖民地国家的想象"。无论哪种批评,安德森的理论都被认为是给第三世界民族主义的研究带去了

① John, Richard R. *Spreading the News: The American Postal System from Franklin to Morse*. Cambridge: Harvard University Press, 2009, p. 3, pp. 4-13.

② Chatterjee, Partha. "Whose Imagined Community?" in *The Nation and Its Fragments: Colonial and Postcolonial Histories*. Princeton: Princeton University Press, 1993, pp. 1-13.

欧洲中心论和一种西方的概念。①

这场讨论让我们注意到,一种本土的印刷文化得以在移民和侨批体系的背景下在侨乡蓬勃发展。移民和侨乡所在的县级和村级的社区领袖刊发了大量的侨刊,并将其寄给世界各地的侨民,告知其家乡的重要事件并鼓励他们为家乡事业捐款。② 虽然,其他侨乡也有,但广东是侨刊出版的主要中心。③ 1949 年以前,仅五邑地区就出版了超过 200 种侨刊。许多是月刊,有些是每两周甚至每周一刊,这些侨刊几乎全部都是由侨民资助出版的。④

这些侨刊包括由个人、家族、学校、村庄和政府机关出版的报纸和杂志。据一份早期的报道,这些侨刊中五分之四是寄送至国外的。⑤ 1908 年,第一份侨刊《新宁杂志》在广东台山出版。它通过维持或重建联系、交换信息,特别是有关台山的信息——存在的问题、发展情况、综合性的新闻和历史(特指"传统习俗"),来满足移民及其家庭和社区的需求。

侨刊现象在 20 世纪第二个 10 年至 20 世纪 30 年代初期达到顶峰。1930 年代后期,出现了新的、政治性更明显的侨刊,它们支持抗日运动,并募集捐款以支持国防。1945 年开始,大部分侨刊在战后恢复出版。在 1949 年后,只有少数侨刊仍存下来。20 世纪 50 年代到 60 年代初期,这些侨刊在号召捐粮、捐物和吸引侨汇方面发挥了作用,随后它们在"文革"期间陆续消失。1978 年侨刊开始复兴,每年印制数百万册,但政府明显干预了此次复兴,主要是希望吸引外资。⑥

"侨刊"展示了侨乡当地充满活力的印刷文化,它强有力地补充了由侨批贸易开启的区域邮政文化。侨刊是与侨批相对应的公共的产物,它是社

---

① Desai, Radhika. "The Inadvertence of Benedict Anderson: Engaging Imagined Communities." *Asia-Pacific Journal*, March 16, 2009, p. 14.

② Williams, Michael. "In the Tang Mountains We Have a Big House." *East Asian History*, 2003, no. 25-26, p. 104.

③ 刘进:《民国时期五邑侨刊中的银信广告》,《五邑大学学报(社会科学版)》,2007 年第 1 期,第 33 页。

④ 刘进:《五邑银信》,广州:广东人民出版社 2009 年,第 75、85 页;梅伟强、梅雪:《"集体家书"连五洲——五邑侨刊乡讯研究(1978—2005)》,香港:社会科学出版社 2007 年,第 6 页。

⑤ 刘进:《民国时期五邑侨刊中的银信广告》,《五邑大学学报(社会科学版)》,2007 年第 1 期,第 33 页。

⑥ Huang, Cen, and Michael R. Godley. "A Note on the Study of Qiaoxiang Ties," in Leo, Douw, Cen Huang, and Michael R. Godley, eds. *Qiaoxiang Ties: Interdisciplinary Approaches to "Cultural Capitalism" in South China*. London: Kegan Paul, 1999, pp. 313-319. 姚婷、梅伟强:《百年侨刊〈新宁杂志〉历史文化论》,北京:中国华侨出版社 2009 年。

区性而非私人的,因而它们被海外华人称为"集体家书"。① 事实上,侨批和其他通信是侨刊及乡村新闻报道的主要内容。② "侨刊"以当地或该区域为重点,尽管有少数侨刊(如《新宁杂志》)是县级性的,它们主要服务于乡镇或宗族,不过它们在政治危机期间还是超越了自身的特殊性而为国家做宣传。因此,侨刊与侨批文化与国家导向之间没有一条明确的分界线。

通过捐款和广告,侨批商人向侨刊提供经费支持。《新宁杂志》中约70%的广告是侨批局以及其他汇款公司刊登的。③ 银号、侨批局、商号以及其他与侨批贸易相关的公司则负责海外侨刊的发行,并担任出版商的代理人。④

这些侨刊是否说明了这是中国人在侨乡对西方印刷文化进行了借鉴,就像从19世纪开始,现代报纸在中国以及海外的唐人街扩散那样? 基本可以肯定它们不是。与定期公开发行的报纸不同,大多数侨刊都是私下里不定期发行的。对他们来说,一个更有可能的模式是中国数百年来书写家族记录,即所谓的家谱、族谱、宗谱,⑤以及提供县级及其以上地区关于当地历史、地理、社会和经济信息的方志或地方志(当地的地名录),这些记录都旨在帮助当地政府管理并且促进地方认同。⑥ 侨刊复制了这些存在于宗亲组织及宗亲社团与县域的出版物的分类方式。从传统上来说,大多数家谱产生于社会中最富有的一部分人,因为他们能够承担印刷费用。家谱展示并象征着一个属于强大家庭或亲属团体的资格,它们的出现往往标志着具备正式血缘关系的组织在一段时间的减少后的恢复。在某些情况下,家谱"创

---

① Huang, Cen, and Michael R. Godley. "A Note on the Study of Qiaoxiang Ties," in Leo, Douw, Cen Huang, and Michael R. Godley, eds. *Qiaoxiang Ties: Interdisciplinary Approaches to "Cultural Capitalism" in South China*. London: Kegan Paul, 1999, p. 317. 刘进:《五邑银信》,广州:广东人民出版社2009年,第75、85页。

② 黄安年:《重视侨刊乡讯研究》,2014年,http://blog. sciencenet. cn/blog-415-788201. html,2015年5月2日浏览。

③ Hsu, Madeline Y. "Migration and Native Place: Qiaokan and the Imagined Community of Taishan County, Guangdong, 1893-1993." *The Journal of Asian Studies*, 2000, vol. 59, no. 2, pp. 307-331.

④ 刘进:《民国时期五邑侨刊中的银行广告》,《五邑大学学报(社会科学版)》,2007年第1期,第33－34页;姚婷:《侨刊中的侨乡社会与"侨""乡"网络——基于1949年前新宁杂志"告白"栏目的分析》,《华侨华人历史研究》,2011年第4期,第24页。

⑤ 关于宗谱的记录,参见:Meskill, Johanna M. "The Chinese Genealogy as a Research Source", in Freedman Maurice ed. *Family and Kinship in Chinese Society*. Stanford: Stanford University Press, 1970, pp. 139-161.

⑥ 关于地方志,参见 Zurndorfer, Harriet Thelma. *Chinese Bibliography: A Research Guide to Reference Works about China Past and Present*. Amsterdam: Brill, 1995, pp. 187-195.

造了有组织的亲属团体"。家谱具有排他的私人性:他们的作用是向后代传递家庭或宗族历史、家庭或宗族的祖训,为后代设立道德礼仪标准,并记录家庭或宗族事务中的辉煌事件。城市化和内部迁移并没有削弱家谱的书写,而是强化了它的存在。[①]

侨刊不同于家谱、族谱、方志。根据定义,家谱和族谱受到单一的家族或分支控制,而许多方志则是由与地方政府或更广泛的社区有关系的团体出版。这些出版物与侨刊的融资和制作方式不同,也不一定履行相同的职能。然而,侨刊现象是多种多样的,它能够在侨乡的几个层级兴办,从县向下到村、到宗族,同时它们的某些分层与当地更早的宗亲出版物相对应。

上述的联结、共性以及部分等同性,反映在用于描述一些较早的移民相关出版物的术语中。一些刊物的名称反映了其角色和起源,包括乡刊、族刊和乡讯;有些名称结合了"现代"和"传统"(例如,"乡刊乡讯"和"侨刊乡讯")两个变量。[②]

另外,侨刊的捐助者也认识到侨刊、侨批和族谱的亲密关系。如前文所言,侨刊有时被称为"集体家书"。1926年,《颍川月刊》上刊登的一首诗将侨刊比喻为"家书"或"族谱"。[③] 因此,这两种出版传统不仅相互联系,同时也获得了实践者的亲身体验,两者之间的关系也继续被研究侨批现象的中国历史学家和专家所认同。

为了理解这种关系,有必要回顾中国在前现代社会时期大量记载法律和制度的传统,这种传统深深扎根于乡村。[④] 地方社区会在家谱和方志中记录他们的活动和组织章程。几个世纪以来,中国东南沿海地区被打上海洋贸易和海外移民历史的烙印,对海外汇款的依赖塑造了当地的移民文化。虽然,侨刊在某些方面与家谱和方志不同,但它仍然是当地文化和社会的一部分。家谱记录了家族或宗族的起源、排名、分支和名人及其传播和发展的历史。地方志按年代记录了当地社会的历史和情况,包括地方政治、经济、社会和文化。移民寄回家的侨批创造并孕育了一个包含了移民者和国内亲属的综合跨国领域,并帮助保留了两个群体的日常生活的传统方式。

---

① Meskill, Johanna M. "The Chinese Genealogy as a Research Source," in Freedman, Maurice ed. *Family and Kinship in Chinese Society*. Stanford: Stanford University Press, 1970, pp. 141-143.

② 姚婷、梅伟强:《百年侨刊:〈新宁杂志〉历史文化论》,北京:中国华侨出版社2009年,第1—5页,第6页。

③ 梅伟强、关泽峰:《广东台山华侨史》,北京:中国华侨出版社2010年,第289页。

④ 陈春声:《历史的内在脉络与区域社会经济史研究》,《史学月刊》,2004年第8期,第8—9页。

　　传统上，编纂家谱和本地历史是当地士绅的工作，他们拥有必要的技能以及经济和社会资源来完成这项工作。在侨乡，跨国移民企业家在许多方面扮演着与过去从事地方事务管理的传统士绅相同的角色，[①]无论是通过海外远程控制，还是在这些人再移民之后。他们还协助编纂出版侨刊，对华人社会和侨乡的社会事务表达书面的看法。

　　有些侨刊在中国出版（如《新宁杂志》），有些在国外出版。[②] 侨刊的主要内容之一是报道移民链两端的华人社会、政治和文化相关的事务，这被认为是个单独的部分。侨批反映了家庭和宗族事务，包括买房或建房、婚礼和婚姻，宗族财务和其他的相关利益；侨刊反映了地方和国家事务，包括政治形势和国家法令的变化。

　　像家谱和方志一样，侨刊反映了中国传统社会中国家、地方、宗族和家庭之间的关系。由于移民潮，东南沿海地区的地方社会变成了跨国的：它跨越了侨乡和海外华人定居地区，所以它的文化传统既反映在侨批和侨刊中，也反映在家谱和方志中。例如，饶宗颐编纂的《潮州志》中有专门关于侨批贸易的部分。[③] 侨乡的大多数家谱也都列出了海外家族或宗族成员的名字。如新加坡著名潮汕贸易商林义顺的次子出生于新加坡，在广东澄海祖籍地的家谱中亦对其有详细的记载。[④]

　　在侨乡，普通人的日常事务虽可延伸到海外，但始终扎根于本土。对于移民那代人及其家属而言，海外和本地亲属是一个不可分割的整体的两个部分。这个整体仍然（至少在一段时间内）保持原有的社会秩序和传统，侨批和侨刊在这种动态中发挥关键的作用。一方面，侨批巩固了家族与宗族之间的纽带，确保了亲属关系，并维系了与当地社区的关系。[⑤] 另一方面，侨刊协助维护国家机构和地方政权，其内容反映了国家或地方的政治、经济和社会事务。通过侨刊，移民对侨乡当地和全国的形势保持密切的关注，并能够参与到家乡社会秩序的建设和维护当中去。

　　中国学者希望探索横跨侨乡和移民社区的跨国社会，因此使用了各种

---

① 陈春声：《海外移民与地方社会的转型：论清末潮州社会向"侨乡"的转变》，第三届人类学高级论坛，2005 年 10 月 29 日，第 334-348 页。

② 吴以湘编：《潮州乡讯》，第 2 期第 4 卷，新加坡：潮州乡村社 1949 年；新加坡顺德同乡会编：《顺德侨刊》，第 2 期，新加坡：顺德侨刊社 1948 年。

③ 饶宗颐编：《潮州志汇编》，香港：龙门书店 1965 年，第 870—871 页。

④ 柯木林：《〈澄邑马西乡林氏族谱〉的发现及其史料价值》，《南洋问题研究》，1991 年第 1 期，第 70—76 页。

⑤ 即使当男性移民海外，他们依然能够行使父权。通过海外汇款的方式，他们能够执行家庭和宗族的工作任务并且参与对于宗族组织的管理。

资料和出版物。许多学者在研究移民家庭和宗族时,使用族谱和侨刊作为补充材料,以获得对于亲属关系系统更加全面的认识。① 家谱、族谱、地方志、侨批、侨刊都是相似社会历史条件下的产物。因此在探索海外华人与家乡之间的联系及其出版物时,是无法将"传统"与"现代"二者割裂的。

因此,20 世纪初期侨刊的出现与现有的地方出版传统是一脉相承的。创办侨刊,彰显了家族、宗族或社区在移民的特殊环境下所获得的财富和权力,或是显示了侨乡因为移民和海外汇款而获得的更高的地位。与旧式家谱相似,侨刊可以标志或者加速对新的宗族支系(因为侨批而致富的)的进一步吸收。他们向任何有资格获取侨刊的人免费分发,对于海外的对象,则使用邮寄的方式。② 这是对移民的回应,也是防止移民与家乡之间的联系被切断的机制。就像侨批贸易一样,20 世纪初期侨刊的出现代表了固有的传统在海外新环境下的一种创造性适应。

在国外,侨批贸易与其同时发展的新式现代报业密切相关,这种新式现代报业与侨团、侨校一起,是海外华人社会的"三大支柱"。1815 年,据说华人报纸第一次出现在国外(马六甲),到了 1996 年,至少有 4000 种华人期刊在 52 个国家和地区以中文和其他语言出版,并且至少还有 200 本由华人用中文以外的语言出版。③ 在泰国,第一份中文日报创建于 1903 年,后来又有 65 家报社成立。这个日报在全盛时期与侨批局系统或多或少地联手,侨批局所有者通过在报纸上刊登广告来招募客户,而记者也对贸易进行报道,二者互相为推动对方发展发挥了巨大的作用。业主利用媒体宣布其店铺搬迁至新址(由于扩张和商店火灾而频繁发生)、特别优惠、中国或泰国当局实施的新法规、新货币政策、结业或者开业。在抗日战争初期,他们用报纸提醒中国人,日本企图控制利润丰厚的汇款贸易。④

一些 19 世纪末 20 世纪初发行的侨刊,如《新宁杂志》,是对 1895 年中国战败于日本以及 1898 年维新变法失败的回应。一开始,他们支持一个共同的国家话语,从这个意义上,至少在一些时期证实了"印刷资本主义"理

---

① 袁兴言:《微观空间史角度解读"金门薛氏族谱"及"显影"中的竹山村》,2010 年,http://www. nqu. edu. tw/upload/edusf/attachment/c930ccc96d692e2ca8159e10589060b1. pdf,2016 年 5 月 5 日浏览。

② 姚婷、梅伟强:《百年侨刊:〈新宁杂志〉历史文化论》,北京:中国华侨出版社 2009 年,第 1—5 页,第 6 页。

③ Benton, Gregor, and E. T. Gomez. *Chinese in Britain*, *1800-2000*: *Economy*, *Transnationalism*, *Identity*. Basingstoke: Palgrave, 2008, pp. 192-193.

④ 蔡金河、许光华:《试论泰国华文报对泰国侨批业的贡献》,载中国历史文献研究会、汕头市潮汕历史文化研究中心编:《世界记忆遗产:侨批档案研讨会论文集》,汕头 2014 年,第 365—370 页。

论。在政治危机期间,"侨刊"超越了特殊性而为国家进行宣传。因此,侨刊、侨批文化之间与国家导向之间并没有一条明确而永久的分界线。然而,侨刊的主要目的仍然是通过保持联系和交流本地信息来满足移民及其家庭和社区的需求。它们使移民、返乡移民和回乡的人在回到中国后,可以互相交流见闻,"正如他们曾经在同一市场时所做的那样"。①

徐元音(Madeline Hsu)在对"侨刊"的研究中曾提及安德森的"印刷资本主义"理论,阐明了侨刊在分散的台山社区中的作用。② 尽管安德森将第三世界视为西方国家模式的复制品,但徐元音得出的结论认为,这个据称是印刷媒体建构的"想象社区"比建立在效忠基础上的社区更加难以成熟起来。"就像由籍贯地定义的社区一样。"③多数侨刊都是以地方或区域为重点的单一出版物。如《新宁杂志》的主要关注点是建立一个"更好的台山",尽管这个目标与希望建设一个更美好的中国并没有冲突,国家政治仍旧不是这种出版物存在的理由。

《新宁杂志》最初比多数侨刊更加致力于建设一个强大的中国,但在清政府倒台后,它的政治倾向明显降低,并被进一步纳入县级政治中去。它作为"乡村新闻报纸"继续存在了一段时间,直到后来被国民党控制,迫使其宣传国民党的政策和计划。这种政治欺凌使得美国的台山侨民逐渐疏远,他们选择"忠于他们的家乡要甚于国民党对民族主义的呼吁"④。只有当日本侵华的威胁日益严重时,才重新唤起了他们对祖国政治的关注。20 世纪 30 年代后期,出现了一些新的、政治倾向更明显的侨刊来支持抗日运动,并募集捐款以支持国防。然而,移民对祖国事务的关注度最终还是随着他们及其后代的关注焦点转移到海外而再次减弱。随着时间的推移和战争的破

---

① Hsu, Madeline Y. "Migration and Native Place: Qiaokan and the Imagined Community of Taishan County, Guangdong, 1893-1993." *The Journal of Asian Studies*, 2000, vol. 59, no. 2, pp. 307-331.

② Hsu, Madeline Y. "Migration and Native Place: Qiaokan and the Imagined Community of Taishan County, Guangdong, 1893-1993." *The Journal of Asian Studies*, 2000, vol. 59, no. 2, pp. 307-331.

③ Hsu, Madeline Y. "Migration and Native Place: Qiaokan and the Imagined Community of Taishan County, Guangdong, 1893-1993." *The Journal of Asian Studies*, 2000, vol. 59, no. 2, pp. 307-331.

④ Hsu, Madeline Y. "Migration and Native Place: Qiaokan and the Imagined Community of Taishan County, Guangdong, 1893-1993." *The Journal of Asian Studies*, 2000, vol. 59, no. 2, pp. 307-331.

坏,即使是与籍贯地的联结也会被逐渐磨损。①

1945 年开始,大部分侨刊在战后恢复出版。在 1949 年后,只有少数侨刊仍存。在 20 世纪 50 年代到 60 年代初期,这些侨刊在号召捐粮、捐物以及吸引侨汇方面发挥了作用,随后它们又在"文革"期间陆续消失。1978 年侨刊开始复兴,每年印制数百万册,但政府明显干预了此次复兴,主要是希望吸引外资。②

四、资本主义与侨批贸易

哈里斯认为,侨批贸易不是"中国资本主义的一种独特形式",而是一种"自由放任的跨国资本主义",它奉行资本主义的盈利战略,并且开创了"一系列新的客户服务文化",而这些服务模式是其国营竞争对手无法复制的。③ 在福建和广东地区,大多数学者认为贸易深深地扎根在传统以及与之相连的信任关系之中,这种情况确立了侨批局和汇款人与接收者之间的关系,作为汇款过程一部分的侨批局与商号之间的关系,以及与其他侨批局之间的关系。当现代银行体系和现代邮政服务在中国和海外华人社会出现时,侨批商人利用了这些机构的优势,这对商人来说是有利可得的。侨批商人一方面适应侨乡和海外华人社会的社会变化实行新式的业务实践,另一方面与其建立合法的、确定的信任关系。在这种互相作用下,出现了一种新的、融合了传统和现代的信任形式的综合系统,即将植根于社会关系中的对人的信任与立足于市场的对制度的信任进行了整合。然而,前者始终是二者中更为主要的。

侨批贸易也因以下特点而被进一步界定:严格而专有的区域性本质、"富有人情味的"和专业性的扩散以及多样性。由于跨越区域的界限会削弱交易所需的集中的信任,它的区域主义在较大的侨批局中表现得更为明显,

① Hsu, Madeline Y. "Migration and Native Place: Qiaokan and the Imagined Community of Taishan County, Guangdong, 1893-1993." *The Journal of Asian Studies*, 2000, vol. 59, no. 2, pp. 307-331.

② Huang, Cen, and Michael R. Godley. "A Note on the Study of Qiaoxiang Ties," in Leo, Douw, Cen Huang, and Michael R. Godley, eds. *Qiaoxiang Ties: Interdisciplinary Approaches to "Cultural Capitalism" in South China*. London: Kegan Paul, 1999, pp. 313-319. 姚婷、梅伟强:《百年侨刊〈新宁杂志〉历史文化论》,北京:中国华侨出版社 2009 年。

③ Harris, Lane Jeremy. "Overseas Chinese Remittance Firms: The Limits of State Sovereignty, and Transnational Capitalism in East and Southeast Asia, 1850s-1930s." *Journal of Asian Studies*, 2015, vol. 74, no. 1, pp. 129-151.

有时候也会呈现于较小规模的侨批局。人情味一开始就覆盖了整个侨批和回批的过程，甚至到后来把银行和邮局作为中国和外国相互汇款的过渡渠道之后，收款人和交付者也保留了这种亲密和情感元素。它的多样性——参与许多相互关联的商业和社会活动形式——支撑其广泛嵌入于中国和华人社会之中，以及一些相互交叉、联结和重叠的社区和商业网络（包括区域和跨国）之中。

华人经济文化在文献中往往被简化为一种根植于华人社会的儒家观念，成为一种单一的刻板印象，这种经济文化被认为只能够通过受到外部冲击而进入现代世界。然而，侨批贸易的研究开始改写中国通向现代主义的历史和过程。这种重写重新唤起了有关中国东南沿海地区有特殊性质的旧观念，这与地区政治的新趋势密切相关，现在为政治体系所包容，相对于地区差异，这种政治体系曾经对同质化更加感兴趣。

若不是中国政治的变化，这种改写是不可能的。中国的政治文化和经济体系不再像过去那样僵化地集中，毕竟也从未似苏联那样集中过。地区差异和文化从未完全被 1949 年前的一系列革命所消灭，一些新的差异和文化却因此产生，尤其是在拥有自身传统的东南沿海地区。改革开放以来，由于国家经济和政治体制的权力日益下放，地区差异化也加深了。现在，地方和区域的核心特色被强烈地展现，而非继续隐藏起来。不同的地区以不同的方式呈现，而东南部的一个明显特色是其移民史。

在中国正在向外开拓更多海外市场的时代背景下，20 世纪 90 年代初以来兴起的侨批研究，必须放在史学区域化以及政治经济学语境中去理解。此外，最近在福建和广东复兴的例外主义，也为侨批贸易的兴起提供了一个再被归类到现代资本主义轨道之中的新解释。[①] 随着中国经济、行政和政治决策权日益下放，旧的地区政治开始重新获得牵引力，新的政治认同逐渐出现。

让侨乡广东和福建的历史学家引以为傲的是，他们声称的数百年来海外航行和移民的历史作为特殊符号已经被刻在了两省的文化中。根据他们的分析，与世界上其他有大量人口离家奔向海外的地区一样，在国外冒险谋生的传统使得广东和福建的文化更为开放，而不是狭隘地着眼于内陆。侨批历史学家将黑格尔对世界的分类方法复兴，黑格尔将世界分为河流的（河

---

①　这类研究中的一个例子是第一辑的《中国侨乡研究》（北京：中国华侨出版社 2014 年），16 篇文章中，有 3 篇文章的作者来自广东和福建的机构，另外还有 3 位作者来自广西和浙江，同样也是中国南部沿海的主要侨乡。

流)、内海的(内陆海洋)和海洋的(他从卡尔·施米特的哲学地理学中借鉴了这些类别),以此来对应亚洲大陆、欧洲大陆、英格兰和美国(或古代、中世纪、现代)。根据黑格尔的说法,不从事航海的国家不了解自由并且陷入停滞和迷信,而海洋人民则富有无穷的创造力和勤劳,像海洋一般是一个"自由的元素"。[1] 他们是明智的、勇敢的、超越的而不是封闭的和保守的。[2]

侨批历史学家将这一划分延伸到中国的沿海和非沿海文化之中。黑格尔认为古代中国是"神权专制王国",[3]而追随黑格尔理论的历史学家认为中国过去有海洋文化,现在必须重新恢复它,他们暗示临近海洋的那些地区从未失去过这种文化。一项研究将中国南方人民描述为"具有海洋特征的民族",充满着"海洋文明"。[4] 在使用这些标签时,这些历史学家暗指东南沿海相较于国家其他地方的优越性,特别是福建,曾经没有通道与内地相连,这个地区直到最近才结束由高山阻隔所导致的与中国内陆的隔绝。

根据刚刚复兴的区域学,南部的福建人无畏而英勇,这种性格几百年前曾使福建的汉族先驱们攀越许多危险的山峰而到达该地区。他们的精神是"无惧而勇于冒险……有着深厚的海洋文化"。[5] 闽南人有时被称为亚洲的"犹太人",福建学者自豪地接受了这一绰号。[6] 至于侨批管理者,他们是"鲁滨孙漂流记式的海洋英雄"。[7] 这种对企业和向外开拓的关注与中国当前的"一带一路"倡议相一致,当北京官方关注的是恢复穿越中亚的北方线路时,东南部的战略家讨论复兴"海上丝绸之路"或"水上丝绸之路",而侨批贸易是其中必不可少的一部分。[8]

然而,这些历史学家也认为,福建和广东的海洋传统不是外国模式的复制品,而是具有自己的中国特色。他们认为,它是一个综合体,包括一些由

---

[1] Hegel, Georg and Wilhelm Friedrich. *Elements of the Philosophy of Right*. Wood, Allen W., ed., Nisbet, H. B, trans. Cambridge: Cambridge University Press, 1991, pp. 268-269.

[2] 郑有国:《黑格尔"海洋文化"阐释》,《闽商文化研究》,2013 年第 1 期,第 60—69 页。

[3] Hegel, Georg and Wilhelm Friedrich. *Lectures on the Philosophy of History*. Alvarado, Ruben, trans. Netherlands: Wordbridge Publishing, 2011.

[4] 苏文菁、黄清海:《全球化视野下的侨批业:兼论侨批文化的海洋文明属性》,《闽商文化研究》,2013 年第 1 期,第 40 页。

[5] 吴鸿丽:《初析闽南侨批文化——以闽南水客为例》,载王炜中编:《第二届侨批文化研讨会论文选》,香港:公元出版有限公司 2008 年,第 362—367 页。

[6] 这一绰号同样用于形容温州人,他们是东南沿海另一个因为贸易而在国内出名的群体。

[7] 苏文菁、黄清海:《全球化视野下的侨批业:兼论侨批文化的海洋文明属性》,《闽商文化研究》,2013 年第 1 期,第 40 页。

[8] Rana, Pradumna B., and Chia Wai-Mun. "The Revival of the Silk Roads(Land Connectivity) in Asia." RSIS Working Paper, May 2014, no. 274, Singapore.

汉族先驱带往南方的中原文化,汉族先驱来福建前就有的本土文化和海洋文化。在世界航行并在海外建立华人社会的闯劲打破了中国文化的一个主要禁忌——"父母在,不远游",但它并没有导致华人切断与故土的纽带。在这方面,中国的英雄与"英国海洋英雄"非常不同。他们在实现了征服大自然这一人类"永恒的愿望"的同时,也看重他们对祖先、亲属和朋友的责任。事实上,一开始作为家庭的代表离开故土出海的行为,正是出于他们对家庭的忠诚。由于宗族制度、中国人的家乡观念以及长辈对移民的控制(将女性留在家中),中国向国外的探索反倒加强了而非削弱了他们与家庭的联系。侨批是这个链条的一个主要联结点。

这种海洋的属性植根于东南省份不寻常的历史之中,早在唐代当地人就已经在海外进行贸易和定居了,①在南宋中国经济重心南移之后更是如此。② 明清时期,福建南部和广东东部的港口有时正式向菲律宾和泰国开放私人以及公共贸易。当地商人在整个东南亚航行,在整个地区建立了一个不断扩大并且更为多元化的跨国运营网络。③ 当政府实施"海禁"以控制海盗并且防止出现自给自足的海洋经济时,这些商人对此不屑一顾,于是"四大洋成了他们的家"。④ "海洋经济"在 13—18 世纪的前现代时期蓬勃发展,中国商人仍然成功地与欧洲商人在东南亚竞争,即便当时中国朝廷否定他们。然而,直到现代,海洋文化仍然继续影响着中国南方商人的思想和眼界。⑤

研究侨批贸易的历史学家称,该地区私营贸易发展的程度导致了一种新的文化的产生,这种文化并没有将商人贬低到传统社会分类(即士、农、工、商)中被鄙视的第四类,相反,本地人甚至会钦佩这些商人。⑥ 作为支持东南地区具有独特性的主要代表,饶宗颐教授认为潮州的商业文化"指引"

---

① 马楚坚:《潮帮批信局与侨汇流通之发展初探》,载王炜中编:《第二届侨批文化研讨会论文选》,香港:公元出版有限公司 2008 年,第 20 页。
② 王炜中:《潮汕侨批》,广州:广东人民出版社 2007 年,第 4 页。
③ 陈训先:《论"银信合封"》,载王炜中编:《第三届侨批文化研讨会论文选》,香港:天马出版有限公司 2010 年,第 183—186 页。
④ 罗则扬:《侨批文化与海洋文化》,载王炜中编:《首届侨批文化研讨会论文集》,汕头:潮汕历史文化研究中心 2004 年,第 208—210 页。
⑤ 张林友:《侨批档案与闽粤近代金融史研究:基于史料比较的分析框架》,载中国历史文献研究会、汕头市潮汕历史文化研究中心编:《世界记忆遗产:侨批档案研讨会论文集》,2014 年,第 226—227 页。
⑥ 吴鸿丽:《初析闽南侨批文化——以闽南水客为例》,载王炜中编:《第二届侨批文化研讨会论文选》,香港:公元出版有限公司 2008 年,第 362—367 页。

了该地区的海外探险历史,这种文化同时也是"海运洋务文化的产物"。①

因此,研究侨批的学者为侨批贸易提供了一个不同的谱系,而不是一个由技术发展导致的向现代资本主义横向同化的结果。相反,它的根基和力量来自数百年来在中国的福建、广东以及东南亚和太平洋地区活跃的中国企业之中,这些移民商人以及某些情况下他们在当地出生的后代,调动了他们的文化资本以及在祖籍地的文化和家庭亲缘关系来经营业务。尽管有着明显的"传统主义",侨批现象揭示了中国企业家能够在一个多世纪的时间里获得成功,与中国和海外的现代化国有银行和邮政服务机构竞争。面对政府对其在中国、新加坡、泰国和其他地方贸易的打压,动员支持侨批机构可以看作全国和跨国(或海外的)华人移民觉醒的一部分表现。除了经济方面的影响力,他们同时也有很大的政治潜力,以及与故乡保持紧密联系的深厚情感力量。他们不仅强化了移民的国家认同,而且通过使在各地的中国移民聚焦于同一个问题,在海外华人社会创造了新的团结的意识。这种活力和广度,只有20世纪30年代华人在东南亚的抗日动员活动才能与之匹敌。而且,他们创建的跨国联系和身份认同也为跨国抗日运动提供了基础和样板,这种运动在20世纪三四十年代遍及东南亚的华人群体。② 侨民通过侨批和侨批贸易与中国保持的联系,表明"与故乡发生联系是由众多瞬间构成的",这从方法论上再次确认了接触海外华人的重要性。③

总之,这些发现再一次表明,不仅只有"一种现代性"或者一种"现代化构想",也表明欧洲以外的现代性之路并不是对欧美国家创造出的"模块化"形式的重复,也不是一个与它们相融合的过程。④ 虽然侨批贸易与西方经济组织形式和营利活动交叉,并且相互作用,侨批商人往往运用新的西方技术来发展其跨国业务,但他们是在有着结构、文化和制度前提的基础上,在

---

① 陈训先:《侨批业与潮商文化源》,载王炜中编:《第二届侨批文化研讨会论文选》,香港:公元出版有限公司2008年,第168页。
② 陈丽园:《侨批与跨国华人社会的建构》,载王炜中编:《第三届侨批文化研讨会论文选》,香港:天马出版有限公司2010年,第164—180页。
③ Chan, Shelly. "The Case for Diaspora:A Temporal Approach to the Chinese Experience." *Journal of Asian Studies*,2015, vol. 74, no. 1, pp. 107-128. 有关侨批贸易的更详尽分析,参看有关的分析,详见 Benton, Gregor, and Hong Liu. *Dear China:Emigrant Letters and Remittances, 1820-1980*. Berkeley:University of California Press, 2018;Benton, Gregor, Hong Liu, and Huime Zhang, eds. *The Qiaopi Trade and Transnational Networks in the Chinese Diaspora*. London:Routledge, 2018.
④ Eisenstadt, Shmuel N. "Multiple Modernities." *Daedalus*,2000, vol. 129, no. 1, pp. 1-29;Eisenstadt, Shmuel N. and Wolfgang Schluchter. "Introduction:Paths to Early Modernities—A Comparative View." *Daedalus*,1998, vol. 127, no. 3, pp. 1-18.

中国的地区和国家历史及传统所塑造的环境中，创造性地运用了这些技术。这种适应和选择性挪用的过程，催生了一种新的动态过程，虽与其他类型的现代社会有共同点，但它也极度依赖中国的内部文化和体制资源。

　　本章初稿为班国瑞、刘宏：《侨批贸易及其在近代中国与海外华人社会中的作用——对"跨国资本主义"的另一种阐释》，载《南洋问题研究》，2019年第 1 期。

第五章　侨批与政治
——跨界认同的历史模式

一、导言

现代邮政服务曾经被托克维尔(Tocqueville)称作"联通思想的重要纽带"。[①] 邮政服务是现代通信革命的支柱,并几乎在每一个现代国家的制度、思想、经济、社会、文化以及政治等领域的变革中发挥着核心作用。[②] 本章以这些公共服务和政治领域自下而上的多层关系作为研究对象,以中国侨批业为研究个案,展开对邮政文化发展中相关行为主体作用的研究。

现代国家是制定或者尝试制定关于邮政系统的政策以及方针的直接行为主体。它试图摧毁或者同化诸如侨批体系这样的前现代化的邮政业务以确立邮局的权威地位,国家控制的邮政系统也尝试整合和垄断之前就已存在的地方或者私人业务,以及由国家机构所控制的民间或军方的文件递送服务。国家对于垄断邮政服务领域并全盘接收相关的普遍服务义务(universal-service obligations,这是现在的一个普通词,但是最初是应用在国家邮政系统中的,意味着在价格和服务上的统一性)的争取导致其与既有邮政服务体系发生冲突。后来,由十几个国家所组成的万国邮政联盟成立(创始于 1874 年,原名"邮政总联盟"),该组织致力于提供一套简单便捷的国际邮件递送系统以保证国内外邮件不受国界等因素的限制而实现流通的平等性,此举为解决上述冲突提供了一个宽广的国际化平台。随着 1914 年中国的加入,万国邮政联盟的成员国几乎涵盖了所有的独立国家。[③]

现代邮政系统被引入中国内部,其服务的地理范围不仅覆盖了主要的

① John, Richard R. *Spreading the News*: *The American Postal System from Franklin to Morse*. Cambridge: Harvard University Press, 2009, p. 3.

② Maclachen, Patricia L. *The People's Post Office*: *The History and Politics of the Japanese Postal System*, *1871-2010*. Cambridge: Harvard University Asia Center, 2011.

③ Cotreau, James D. *The Historical Development of the Universal Postal Union and the Question of Membership*. Boston: [s. n.], 1975.

经济发达地区,而且在那些此前从未接触过这一服务的边远地区也有了一定的发展,从而更加深入和持久地渗透进了这个社会的内部,在很大程度上已经比政府的各类分支机构有了更广更深的覆盖面。因此,它们"在塑造日常生活模式"方面发挥的作用要比其他大多数机构更加突出,并给城乡的"公众事务带来一股稳定的信息流",让普罗大众有机会"参与到国家政治生活中来"。①

"邮政文化"(postal culture)这一概念由罗曼妮(Romani)在研究意大利统一后的通信问题时首先提出,用来描述 19 世纪以信件为中心而实现的"由文字表述、文化产品和交往活动所引发的互联互通、影响力以及交汇"。她同时还阐释了"邮政运动让意大利人产生了新的国家地理认同,这是基于……一种强化的群体归属感……一场理想化的个体经验拓展"。在罗曼妮看来,她所提出的邮政文化概念有着强大的政治优势:其最初的作用虽然只是维持亲戚朋友之间的联系,但是同时却创造出一个实现了距离缩短的信息网络,不仅提升了互通性,而且将民众暴露在"新的观念、习惯以及他们从来没有生活过的辽阔世界中"②。

"邮政文化"概念后来由赫大伟(David Henkin)引介到美国。他指出,美国人日益意识到他们已经成为覆盖全国的通信网络的参与者,并将邮政文化界定为"一组围绕现代邮政系统而产生的新的实践活动、观点、规范、讨论和重要的(关于通信、调查、期望)习惯的集合体",并提出"(美国人据此)开始大规模创造和传播一套普通人此前从来没有在日常社会活动中运用的行为、话语和信仰体系:私人信件"。③

然而,邮政文化的概念还没有被广泛普及到其他国家。哈里斯(Lane Harris)在以 1896 年至 1949 年间中国邮政和现代国家建构为内容的研究中简单述及了这一概念,但是他并没有深入展开分析,可能是因为他的主要兴趣点在邮政对建构现代中国的贡献方面,④而不是考察其在更广泛的社

---

① John, Richard R. *Spreading the News*: *The American Postal System from Franklin to Morse*. Cambridge: Harvard University Press, 2009, pp. 4-13.

② Romani, Gabriella. *Postal Culture*: *Reading and Writing Letters in Post-Unification Italy*: *Reading and Writing Letters in Post-Unification Italy*. Toronto: University of Toronto Press, 2013, p. 4.

③ Henkin, David M. *The Postal Age*: *The Emergence of Modern Communications in Nineteenth-Century America*. Chicago: University of Chicago Press, 2006, p. 6, p. 93.

④ Harris, Lane Jeremy. *The Post Office and State Formation in Modern China*, *1896-1949* (PhD thesis). Urbana: University of Illinois at Urbana-Champaign, 2012, p. 181.

会范围内的政治作用以及华人跨国资本主义之文化特质。①

　　本章从多个不同的侧面探讨侨批业所具有的政治维度,以那些由侨批业所推动而发展的侨乡社会和海外华人社会作为研究对象,并以侨批业的发展对这两个社会的社会结构和基层组织所带来的政治变革作为主要切入点。同时本章也提出以下问题:海外华人的侨汇是否推动了家乡政治和家庭状况的变迁? 侨批业在维系亲友之间的情感联系并提升下层社会群体识字能力的同时,是否更深入地推动了广大侨眷对地方乃至国家的各项政治事务的参与? 侨批业是否对留在家乡的中国人或移居海外的华人的发展和教育有所贡献? 侨批对那些留守家乡的女性侨眷是否带来政治影响? 侨批业对中国和海外华人社会的地方和国家机构产生怎样的政治影响,以及它与中国政府和那些企图在华人社群中树立权威的外国政府的关系如何? 华人是否在关于国家地位以及国家、民族或者泛中华的认同方面提出新的政治观点? 侨批业是否可以推动形成一种新的公共观点和一个更大范围的社群,就像罗曼妮及其他学者所描述的邮政文化那样? 20 世纪上半叶,侨乡里所出现并如雨后春笋般蓬勃发展的侨刊是否彰显了侨批与印刷文化的某种关联? 侨批对于中国和海外华人社会的民族主义运动以及抗日战争产生了哪些影响? 在革命年代,共产党(他们在 1949 年以前的活动范围和根据地基本覆盖了中国所有的侨乡以及世界各地的海外华人社会②)在涵盖中国和海外区域的侨批业中扮演着怎样的角色? 最后,侨批业的政治影响在哪些方面与广义上的邮政文化呈现出相似性或差异性?③

　　相比其他问题,最后一点是关键所在。侨批业与广义上的正式邮政服务有着诸多共同属性,比如侨批业者的经营内容涵盖汇兑、信件以及包裹的寄送等等。然而,侨批业与邮局又有着诸多明显的不同。侨批中的信件几乎总是作为汇寄"银两"(一种使用现金、支票或者汇票的汇款)时的附件,并要求收款方附上回批给汇款者,作为收到汇款的凭据。至少到最近为止,在中国以及其他大多数国家中,现代邮政系统都是由国家专营,在管理和协调

---

① Liu, Hong, and Gregor Benton. "The *Qiaopi* Trade and Its Role in Modern China and the Chinese Diaspora: Toward an Alternative Explanation of 'Transnational Capitalism.'" *Journal of Asian Studies*, August 2016, vol. 75, no. 3.

② 该内容的详情,请参阅班国瑞教授 1992 年和 1999 年的著作,在这些作品中对共产党活动的范围和根据地有详细的呈现和论述。

③ 有关本章论题的更详尽研究,参看 Benton, Gregor, and Hong Liu. *Dear China: Emigrant Letters and Remittances, 1820-1980*. Berkeley: University of California Press, 2018; Benton, Gregor, Hong Liu, and Huime Zhang, eds. *The Qiaopi Trade and Transnational Networks in the Chinese Diaspora*. London: Routledge, 2018.

方面也按照国际统一的规则运营。然而，总的来说，侨批业是民营、不规范且多元化的——邮局曾尝试进入并掌控这一领域，但是最终因管理方面的不连贯和局限性以致一败涂地。事实上，侨批业一直保持着以"方言群"和地域进行区分的特性，并且在次地域和次方言群层次上又有着更为深入的区分。侨批业者不仅没有建立一个全国范围的业务体系——他们积极地（并且大多数情况下是成功地）抵制了国有化，他们也是最终的胜利者。不过这并不意味着他们与国家不相关，不论是在政治还是经济领域，或者是在19世纪末和20世纪的政治运动中，它都没有被清除掉。

二、乡村层面的变革

通过输入财富到自己的家乡，海外华人被赋予一种新的政治身份和地位。此前在家乡的等级体制中地位较低或比较年幼的男人（有时可能是女人）突然实现了质的跃升，让乡村原本的传统等级格局陷入无序化。于是，侨居海外的他们通过书信参与处理家乡事务，而归侨则有机会直接发挥他们的作用。陈国维（John Kuo Wei Tchen）曾论及，美国的华人洗衣工"不仅在私人事务中是调停者而且是乡村政治中德高望重的人"，甚至有时比那些在村子里的老人更加有威望。① 他们希望掌控甚至遥控乡村政治，并资助当地组织机构的发展。侨居美国的叶棠和他在家乡的胞弟的持续通信里揭示了这一咨询过程，他们主要就家乡建造哨台和学校的话题进行了详细的沟通。②

事实上大多数海外华人都为农民出身，视野相对比较窄，但是他们在海外生活工作的经历赋予了他们新的社会角色：要么是城市工商业中的工人，要么是矿山或者农场里的从业者。在海外，他（较少情况下可能是她）便具有了新的社会实践经验和政治观点。这一系统化的种族主义在东南亚殖民社会、北美和大洋洲的白人殖民社会以及欧洲有倾向性的华人移民中间都存在，他们会更加同情新民族主义者和共和派，因为在海外华人社会他们更容易吸引听众的注意力。

---

① Siu，Paul C. *The Chinese Laundryman：A Study in Social Isolation*，Kuo，Wei Tchen John，ed.，New York：New York University Press，1987，p. 169.
② 乙丑年美国的叶棠写给家乡胞弟的侨批。班国瑞、张慧梅、刘宏主编的《家书抵万金——二十世纪华人移民书信选》（新加坡：世界科技出版公司 2020 年）收录了一百多封书信及其英文翻译和说明。

活跃于社会和政治组织中的海外华人推动了中国现代化的变革进程，他们在诸如女子上学、民主政治、集会与言论自由、公平赋税等基本的社会议题方面有了不同的想法和观念。但在写给家乡的信中，大多数仍然比较保守，特别是在告诫留守家乡的妻子、母亲以及女儿方面，他们会教导自己的妻女要守妇道，不要抛头露面，谨遵"三从四德"，谨记"百善孝为先"。这些是他们依然保持着较为保守封闭的文化传统的体现，即使到了1949年以后亦复如此。然而，海外新的习惯、观点和制度的出现也彻底改变了一些海外华人的思想，特别是对待妇女权利的态度方面，这些在家书中都有所反映。1965年，新加坡的曾英挺在写给他在澄海的母亲刘集经的信中说道：

> 几位女儿都在学校肆业。自己每次向她们提到婚姻之事，都被她们反对，她们说应先学业有成后再谈婚论嫁。这是有道理的，作为开明的父母应该答应。生活在文明的社会里，儿女的婚事绝对自由，父母只能从旁指导，无权压迫。①

不过，这些新锐的思想并不能为社会普遍接受。如果一封侨批并不像往常那样寄给母亲，而是寄给妻子，此举便会受到母亲的严厉责备，因为老人家会将此视作对传统礼节的巨大冒犯。②

大多数华人都将勤奋工作视作脱贫致富的有效方式，但也有一些人关心政治，他们不仅赞同新锐的政治观点，而且还会在家书中与家人分享这些心得。在侨批集成中，发现了很多此类内容，而海外华人和他们的家属的政治化从中国国内那些粉刷在"侨眷"或"归侨"的房屋上面的文字就可以看出来。现代中国和海外华人发展历史中每一个重要的政治节点，在海外华人的侨批以及家人所写的回批中都有所反映，他们也讨论了如何应对这些政治变化。这一点在1898年的百日维新，以及后来所出现的保皇运动、振兴商业运动、抵制日货及日本人运动、民族救亡运动、抗日战争、"文革"以及粉碎"四人帮"等各项历史运动中表现得尤为明显。

---

① 潮汕历史文化研究中心编：《潮汕侨批集成》，第1辑第1卷，桂林：广西师范大学出版社2007年。
② 张国雄：《广东侨批的遗产价值》，载王炜中编：《第三届侨批文化研讨会论文选》，香港：天马出版有限公司2010年，第78页；陈汉初：《潮汕侨批的档案文献价值》，载王炜中编：《第三届侨批文化研讨会论文选》，香港：天马出版有限公司2010年，第90页。

　　很多信件也描述了不同国家的移民政策,以及应对策略。① 因为排华法令的存在,那些来往于中国和北美的信件大多聚焦在外来移民如何应对入关时移民官员的讯问以及如何寻找工作等方面。② 一部分信件展示了某家庭如何通过亲属关系建构起一张强大的移民网络以帮助家庭成员实现到北美、东南亚等地的梦想,主要方式有提供必要的信息和资源(如出生证明、申请表格、证人口供等)来规避目的国的禁令。③ 在美国,李奕铨写给在温哥华的"木屋"④里的弟弟李春耀的信中就曾提供详细的出生证明信息,返回中国及重返美国的信息,以帮助他顺利应对移民官员的盘问。⑤ 一个来自五邑的关氏家族,就借助家书在美国、加拿大和古巴等地构建起了一个强大的由诸多分支机构和移民前哨站组成的移民网络。⑥

　　部分信件已经摆脱了以往的陈词滥调转而关注一些重大的议题,诸如世界各国、中国以及写信者自己家乡和移居地的政治事务。⑦ 其他人则描述了侨居国(地)的习俗、社会,以及文化现状,提供了以民间眼光观察世界政治、经济、社会和文化的视角,并与那些由留学生、政府官员在信件中所展示的有很大不同。⑧

　　然而,大多数的移民和他们的家庭还是不会在他们的通信中讨论过多或者根本不讨论政治话题。也有一部分人压根就只字不写,仅仅汇款回家。大多数的普通移民以及他们的家属也只是在政治事务直接与他们的日常生活相关的时候才会有所涉及。海南的陈传敏及丈夫陈光亮于 1978 年写给新加坡的舅父王裕金的信中就提到中国的外侨政策的改变,信中写道:

　　　　中国这次重申外侨政策,也有所改变,对祖国身居外籍人更为欢

① 刘进:《家族书信与华南侨乡的国际移民》,载"中国侨批·世界记忆工程国际研讨会"组委会编:《世界记忆遗产:侨批档案研讨会论文集》,汕头 2013 年,第 147—149 页。
② 潘美珠(Joanne Poon):《华工书信》,未刊。
③ 石坚平:《四邑银信中的乡族纽带与海外移民网络》,载刘进主编:《比较、借鉴与前瞻:国际移民书信研究》,广州:广东人民出版社 2014 年,第 249 页。
④ "木屋"为移民局在入境港口设立的拘留入境移民进行候审的地方。
⑤ 温哥华档案馆所藏侨批档案,档案号 1108—141。
⑥ 刘进:《华南与北美之间的移民网络与侨乡社会转型——以广东开平关崇瑶家庭书信为中心的研究》,载福建省档案馆编:《中国侨批与世界记忆遗产》,厦门:鹭江出版社 2014 年,第 66—79 页。
⑦ 陈晓杰、李娴、李珍妮、张一琳、郭晓莹:《风格独特的潮汕侨批》,载王炜中编:《第二届侨批文化研讨会论文选》,香港:公元出版有限公司 2008 年,第 446—447 页。
⑧ 张国雄:《广东侨批的遗产价值》,载王炜中编:《第三届侨批文化研讨会论文选》,香港:天马出版有限公司 2010 年,第 74—78 页。

迎,对外侨切身利益也很关怀,手续也不太烦了,我们始终渴望久别重逢,家乡在祖国的召唤之下变化也很大,我们非常欢迎你们回祖国观光,一幅幅的新气象会展现在眼前。①

在海外华人中,只有少部分比较热心于政治的人才会在家书中谈及政治话题。从这个意义上来看,并不能基于这些家书中的个案情况就声称这种新的邮政文化拓宽了普通人的政治视野。

抛开国家事务中的政治不谈,也有很多证据证明,侨批在很多情况下改变了侨乡的性别政治与代际政治,这对长期以来所确立的权力运行规则与等级地位是一大颠覆。而这一变化在学校教育中愈加明显。

侨批对学校教育及其政治色彩的影响是双重的。早期侨批业中如郭有品这样的领袖就在他们所创办的学校中坚持尊孔教育,不过他们的子孙及后继者则根据现代教育模式对学校教育进行了改革。他们在侨乡建设了数以百计的学校,并资助了诸多夜校、图书馆以及其他相关机构。即使进行了现代性的改革发展,学校依然保留了创建初期部分称颂创办人善举和贡献的内容。如果把社会范围缩小到家庭层面,侨胞们非常赞同他们的孩子上学读书,并且强烈支持他们到海外知名大学接受高等教育,其中也包括女孩以及年轻的亲属。

在教育方面的大力投入提升了侨乡社会的政治化水平。把现代教育系统引入家乡并在很多地方持续发展了一个世纪甚至更久,这样的善举培养了大批服务于移民链条两端以及各个层级的优秀人才,他们主要活跃在教育、商业、政治以及社群领导层等各领域。而由这些优秀人士组成的校友会成了国际性联系的主渠道,为海外和当地的社群与政治发展注入了强大的活力。② 华人移民以及归侨还建设了图书馆,不仅有力地推动了本家族的发展和整体公众素质的提升,③而且成为侨乡教育发展和政治启蒙的重要组成部分。

专注于侨乡教育的发展与更广阔社会范围内的政治发展存在着共时性。在潮汕地区,第一批由华侨资助的私塾早在 1880 年就建立了。然而,

---

① 王春旭先生所提供的侨批资料。
② 邓达宏:《略论国际移民书信对侨乡教育的影响》,载中国历史文献研究会、汕头市潮汕历史文化研究中心编:《世界记忆遗产:侨批档案研讨会论文集》,汕头 2014 年,第 108 页。
③ 王炜中:《泰国侨批与潮汕侨乡的密切关系》,载洪林、黎道纲编:《泰国侨批文化》,曼谷:泰国泰中学会 2006 年,第 63 页。

戊戌变法时期,侨乡的教育开始将建立一套现代自然科学教育体系作为发展目标。这些地区的教育活动在辛亥革命以后进入了全盛时期,私立的本地学校对全社会都敞开了大门。① 早在1903年,当清政府的改革家们开始强调教育改革时,部分客属地区就在海外客家人的支持下全面建成了大量的中小学。② 和其他的族群一样,客家人中的慈善家们也通过侨批业来建立起倡导男女同校、教育平等的学校。尽管梅县经济相对欠发达且与现代意义上的生活还存在一定的差距,但是在新文化运动兴起时却迅速成为现代政治运动的活跃区域,并相应地推动了中国的教育体系变革。③ 不过,有着自身发展特点的侨乡教育运动并不能为外界乃至整个中国大环境下的激进政治所理解。

1949年以后,地方官员也通过施加压力的方式来督促侨乡的眷属们提升受教育的水平。比如,在此背景下侨乡就掀起了大量的运动来帮助女性提高政治参与度和基础文化水平。侨汇对于当时中国经济的发展依然发挥着重要的作用,地方官员确信如果眷属们能够自主地与海外的丈夫或家人通信,他们就可以从她们的男人们那里得到源源不断的汇款,这不论是对于侨眷家庭自身还是对整个国家而言都是有百利而无一害的。④

有时候部分侨乡在思想领域的变化也会由于新的政治倾向出现而告终。抗日战争期间,国家经济的整体崩溃深深地影响了农村社会,战乱让他们很难再接收到来自海外的汇款。政府承诺会提供保护和救济,事实上则是非但毫无作为,而且赋税不减反增。这些都导致了一些抵制,甚至部分地区还爆发了示威活动。1948年11月,新昌就曾经发生过政府调查员被200名群众暴打至求饶的情况,该事件的组织者可能就是侨批业界。⑤ 这一情况持续了很多年,就像在海外华人社会所发生的那样,国内社会各个阶层也针对政府试图限制侨批业的行为发动了覆盖乡村、城镇、大城市甚至首都(包括北京、南京)的大规模政治抗议。

---

① 王炜中:《潮汕侨批》,广州:广东人民出版社2007年,第90—92页。
② 邓锐:《浅谈侨批的重要作用及开发利用》,载王炜中编:《第三届侨批文化研讨会论文选》,香港:天马出版有限公司2010年,第261—262页。
③ 肖文评、田璐、许颖:《从侨批看民国初期梅州侨乡与印尼地区近代教育的发展:以梅县攀桂坊张家围张坤贤家族为中心》,载陈荆准主编:《海邦剩馥:侨批档案研究》,广州:暨南大学出版社2016年,第44—59页。
④ Shen, Huifen. *China's Left-Behind Wives: Families of Migrants from Fujian to Southeast Asia, 1930s-1950s*. Singapore: Singapore University Press, 2012, p. 90.
⑤ 袁丁、陈丽园、钟运荣:《民国政府对侨汇的管制》,广州:广东人民出版社2014年,第255—278页。

发生在乡村和小城镇的抗议活动可能大多是由本地有着较大影响力的权贵为了保护本地甚至他们自己的利益而组织或煽动的,某种程度而言它们与以往的抗议活动略有不同,也不是现代政治变革意义上的示威活动。尽管几乎所有的大型抗议活动(尤其是在那些临近乡村的地区)的爆发都是深深地植根于那些基于长期存在的有着特殊性联系的组织和网络,但是久而久之它们也会成长为拥有普遍基础的政治文化,并最终在国内外形成一条可以广泛动员爱国力量的道路。

在某些时候,被称作"番客婶"的华侨妻子往往走在这些运动的前列。①她们构成了年轻侨眷的绝大部分,这并不足为奇,不过在中国这依然是不同寻常的情况,这意味着乡村女性的地位在众多地区的政治发展中已经有了很大提升,这是一个时代信号。

邮政文化在意大利和美国的出现让下层阶级得到了更多提升自身文化水平的机会并且为他们参与社区政治和国家事务创造了一种潜在的可能。在中国,不少华人移民与侨眷之间的书信往来往往是由别人代写的,这些代笔者可能是他们的朋友、亲属、批局工作人员、专业的写批人以及(在侨乡的)党务工作者组成的专门团队。然而,这些通信在提升他们的文化程度方面也起到了催化剂的作用。没有统计数据来证实或否定这些逸闻趣事,但是在家书中很多华侨都敦促他们的女性亲属和孩子们要加强学习以提升读写能力,并为孩子们提供充足的学费以供其读书。这些被资助对象包括华人移民的女儿,甚至还包括一部分华人移民的妻子和儿媳。

大多数的捐赠者都是以私人或个体身份出资,也有部分集体出资的,一般由同乡会、行会、业界公会、寺庙等来组织,其中发挥决定性影响作用的一般都是华人社会中有较高社会地位和影响力的侨领或社会名流。这些慈善事业的影响,就如同村里面曾经没有地位的华人移民借助汇款获得了显著的地位提升一样,那些与政治绝缘的人也逐渐改变了主意。在地方或者区域事务中,那些原本由传统的中国社会名流所掌控的项目也逐渐转移到这些通过侨汇为家乡做出贡献的社会群体身上。辛亥革命以前的中国社会往往把商人视作低贱的阶层。然而,在清王朝覆灭以后,商人——包括华南的侨批业领袖——开始在本地和区域社会中担负新责并被赋予新的角色。作

---

① Shen, Huifen. *China's Left-Behind Wives: Families of Migrants from Fujian to Southeast Asia, 1930s-1950s*. Singapore: Singapore University Press, 2012, pp. 146-159.

为乐善好施之人,他们在叶落归根之后有机会在政府部门工作。[1]

在东南沿海地区的政治中,阶级结构以及阶层关系不同于国内其他地区,当地的历史学家认为这是一种重商的海洋文化,而且这一变化在孙中山领导的资产阶级革命之前就已经开始了。相比其他贸易领域,侨批业需要更多的文化和政治资本。侨批从业者们必须拥有较高的文化程度以及符合儒家伦理观念的几无瑕疵的道德水准,因为他们所面对的是把辛辛苦苦赚来的血汗钱托付于己的客户,客户充分的信任是该行业生存发展的生命线。所以,侨批业与侨乡教育发展之间的强烈关联成为一个新的起点,企业家们为此得到良好的社会地位,同时又确保了当地传统的延续性。[2]

三、侨批和劳工政治

工会在很多国家的邮政行业中都发挥着重要作用。19 世纪中期,英国工会的组织者就曾从邮政职员中招募新成员,相应地在中国,陆京士于 20 世纪 30 年代早期发起成立了全国邮务总工会。[3] 尽管存在低工资和工作环境恶劣等情况,但是从历史上来看,大多数的邮政工会与那些有着较好组织性的产业工会相比缺少了谈判实力。尽管通常意义上大量的邮政行业劳工都会有一个共同的雇主,但是太过分散且活动过于多元的特点致使他们无法组成一个团结而有凝聚力的实体。

侨批工人缺少阶级意识,更不要说会以同一个阶级的身份来争取权益了。"批局"一般都是以家庭或者亚族群为单位合伙设立,并且由老板和经理掌控,这种组织文化有着强烈的家长制色彩。他们的核心雇员也大多是

---

[1] Williams, Michael. "In the Tang Mountains We Have a Big House." *East Asian History*, 2003, no. 25-26, pp. 97-98, pp. 104-105.

[2] 侨批的管理者和汇寄公司的老板并不都是真的乐善好施。侨批经营是一个利润丰厚的行业,尤其是在那些经济开始繁荣的地区尤为突出,而且他们也很难隐藏于强大的地方派系中。官府和地方势力会持续索要"善捐"给那些以他们的名义或不以他们的名义而设立的"社会"基金。侨批业者不得不周旋于这些索要"捐款"的无理纠缠中并将此作为一项必要的支出,见黄家祥:《诏安侨批业流变》,载王炜中编:《第三届侨批文化研讨会论文选》,香港:天马出版有限公司 2010 年,第 503—504 页;杨群熙编:《潮汕地区侨批业资料》,汕头:汕头市图书馆 2003 年,第 467 页。

[3] Porter, Robin. *Industrial Reformers in Republican China*. Armonk: M. E. Sharpe, 1993, p. 160.

从家族中招聘的,每一个批局都会由一个"家长"来主持打理。① 普通工人的薪水不高且仅有较少的保障,即使他们在政治上产生了不满情绪和阶级意识,也鲜有渠道帮助他们维权。更何况他们通常还会被嵌入家族网络中,以致更倾向于诉诸恳求而非抗议。

"水客"在汇寄过程中的任务以及他们和侨批业者已经建立起来的关系与普通的批局雇员以及递送侨批上门的"批脚"有几点不同。有些水客本身就是批局的成员,但是也有很多属于独立的递送员,通过交易与批局建立关系。水客大都是能干、自信且独立的承办人,他们凭自己的真本事工作。尽管被认为不擅交际、冷漠且特立独行,但是他们也会与他人共享交通工具和旅馆。在某些地区,他们还组织了水客公会来保护自己并对抗来自官府的欺压。比如在 1933 年,潮汕和梅州地区的水客们就联合起来组建了"南洋水客联合会",该组织有将近 1000 名会员(大多是客家人)。② 他们可能也会依托这些组织与批局协商他们之间的关系,这是另外一个值得研究的话题。

因为侨批业的特点和对信任的高度要求,大多数的水客都是由正直、诚实以及声誉好的人担任,他们言而有信且没有明显的缺点。③ 而且他们需要有良好的受教育程度,要比他们的那些侨胞客户更有文化和知识,为了工作业务需要,他们还必须具备出色的文笔和计算能力,口才一流且会说多种方言,在爱岗敬业的同时还能做到开拓创新。他们需要建立起信誉良好的递送网络,在处理个人或集体关系时能做到有情有义,最终构建起完善的信任体系。④ 所有这些优秀品质都有助于水客们在中国的乡村和外国的口岸塑造起有政治号召力的氛围。由于他们负责运送的金银细软、外洋珍品等都颇富吸引力,以致往往会成为盗匪觊觎的目标,所以也就不难理解为什么

① 陈海忠:《历史记忆中的潮汕侨批与乡村社会》,载"中国侨批·世界记忆工程国际研讨会"组委会编:《世界记忆遗产:侨批档案研讨会论文集》,汕头 2013 年,第 296—307 页。

② 杨群熙编:《潮汕地区侨批业资料》,汕头:汕头市图书馆 2003 年,第 63 页,第 443 页;李小燕:《客家地区的水客与侨批局》,载王炜中编:《首届侨批文化研讨会论文集》,汕头:潮汕历史文化研究中心等 2004 年,第 52 页;黄挺:《〈公案簿〉所见早期侨批业运营的一些问题》,载王炜中编:《第二届侨批文化研讨会论文选》,香港:公元出版有限公司 2008 年,第 215 页。

③ 张朔人:《民国时期海岸侨汇问题述论》,载海南文化研究中心编:《海南移民论文集》,新加坡:海南文化中心 2013 年,第 205 页;肖文评:《客家山村的水客、侨批与侨乡社会——以民国时期的大埔县百侯村为例》,载王炜中编:《首届侨批文化研讨会论文集》,汕头:潮汕历史文化研究中心等 2004 年,第 255 页。

④ 吴鸿丽:《初析闽南侨批文化——以闽南水客为例》,载王炜中编:《第二届侨批文化研讨会论文选》,香港:公元出版有限公司 2008 年,第 362 页,第 366 页。

大多数水客都武艺高强、身怀绝技了。①

"批局"作为一种包含了工人和雇员的合伙制实体在社会主义革命中未能保留。在社会主义改造过程中,侨乡政府对侨批业进行了详细的阶级识别,"批脚"和其他劳动者一起被赋予了新的身份,即转换为负责侨批的官员并依托工会被组织起来。这样,新的劳工政治被引入了侨批系统。侨批工人此时除了参加工会会议外还会在侨批业界大会上发言。侨批业界的优秀分子和模范人物被表彰,斯达汉诺夫式(Stakhanovite-style)的批脚们在各种大会上都受到了较高的礼遇。②

四、侨批与地缘政治

侨批业作为东南沿海地区的一种地方性现象产生并发展,故只涵盖了中国人口的很小一部分。除了广东(包括海南)和福建外,湖北(天门)、浙江(青田)和广西(容县)的部分地区也参与其中。上述地区的大量移民背井离乡到海外去谋生发展,或做工或经商。即使是在广东和福建两省,每省大约也只有 40 个县是主要的侨乡。尽管华南不同地区的侨乡有着相似的利益诉求和问题,但是闽粤两省却又有着不同的省籍认同,而且在每个省份内部侨乡又根据亚族群或方言群而被细分为更多的小群体。③

尽管侨批业内呈现出华人族群的多样性,各县之间以及县域内部也都因不是直接的地缘毗邻而缺少政治和文化的亲和力,不过在具体的业务中却有着聚合与抱团的天然趋向性。

> 新加坡那些特定社群的成员始终倾向于通过本社群所开设的汇寄机构来寄送侨批。例如,海南人通常都会到海南人所经营的侨批局寄送侨批,而海南人所经营的侨批局也集中于同一个地方。④

---

① 王炜中:《潮汕侨批》,广州:广东人民出版社 2007 年,第 17—18 页;黄少雄:《潮籍侨批历史探源——新加坡"致成信局"是潮籍第一家侨批局》,载王炜中编:《首届侨批文化研讨会论文集》,汕头:潮汕历史文化研究中心等 2004 年,第 108 页。
② 王炜中:《潮汕侨批》,广州:广东人民出版社 2007 年,第 55 页。
③ "亚族群"的概念也遭到了诸多质疑。有学者主张称其为地方"族群",见 Honig, Emily. *Creating Chinese Ethnicity*: *Subei People in Shanghai*, *1850-1980*. New Haven: Yale University Press, 1992, p. 10.
④ 王春旭先生访谈,新加坡,2015 年 4 月 27 日。

恶意竞争的存在也成为行业发展难以逾越的合作障碍。尽管批局和水客共同服务于某一个亚族群,但实际上彼此之间有着潜在的竞争关系,而对于那些不同地区的业者则似乎因为这种先赋性的地缘距离关系而不太可能产生矛盾。这在海外的侨批业者里尤为明显,来自不同地区的业者要比在中国国内更倾向于(事实上必然)彼此走近。中国国内已知的唯一一次业内冲突发生在客家业者与以潮州话为方言的潮州人之间,事情起因于一封发送到客家腹地的侨批被潮州人掌控的港口接获,然后潮州人就借用自己的派送渠道将其业务范围拓展到了客家人的传统区域。

就同一层面来看,中国国内的水客和侨批业者为了生存发展会主动配合当地社会的风土人情。在缺少法治的无序状态下,中国的侨批业往往面临诸如盗匪、海盗、地方官员、军阀、散兵游勇、地方豪强甚至一些乡绅等多方面的威胁。① 这种情况迫使很多批局在诸多地区不得不与盗匪和地方政府建立起一种特殊的政治伙伴关系。批局的老板和经理会竞相聘任地方名流和实力派作为他们名义上的"伙伴",通过这重关系可以有效防止大量汇银被盗匪盗抢或者被地方土豪和贪官强取豪夺。出于同样的目的,其他官员也会被邀请作为股东。②

由于侨批业被亚族群界限深深割裂,政治与经济利益的共性也需要数十年才能确立,并且很难彻底持久地完成。例如随着官方邮政的发展以及邮政收归国有政策的推行,南京国民政府于 1928 年决定取缔民信局。这一决定在海外华人社会中引起巨大反响,新加坡中华总商会领导的全侨大会召开会议并成立"新加坡华侨请愿保留民信局全体大会",同国民政府交涉,迫使其交通部同意暂缓废止民信局之议。不久,国民政府又于 1930 年要求民信局增加侨批的邮费,再一次损害到华人的利益。于是全侨大会再次召开,成立"新加坡各团体请愿减轻民信邮费侨民大会",向政府请愿,迫使国民政府再次让步,在邮资上做出妥协。③

最终形成的局面是国家对该行业发展的干预,不论是中国国内还是海

---

① 黄家祥:《诏安侨批业初探》,载王炜中编:《第二届侨批文化研讨会论文选》,香港:公元出版有限公司 2008 年,第 339 页;焦建华、徐翠红:《近代批信局特色探源——以福建批信局为例》,载王炜中编:《首届侨批文化研讨会论文集》,汕头:潮汕历史文化研究中心等,第 168—171 页。

② 焦建华:《制度创新与文化传统:试析近代批信局的经营制度》,《中国社会经济研究》,2005 年第 2 期,第 64—70 页。

③ 《关于外交部废止民信局,请开大会之宣言》,《星洲日报》,1929 年 7 月 8 日;《总商会开全侨大会之经过》,《星洲日报》,1929 年 7 月 15 日;《民信减邮运动,各团体纷电南京》,《星洲日报》,1930 年 3 月 8 日;《民信减邮运动侨民大会昨日再呈国府》,《星洲日报》,1930 年 3 月 11 日;《民信减邮运动昨日再开侨民大会》,《星洲日报》,1930 年 3 月 30 日。

外的政府都开始寻求掌控邮政行业的专营权。总体来看,国家对侨批业进行渗透的努力并没有持续太久且成效也不大,当中的各种原因既包括该行业自身强烈的抵制,又包括其所具有的跨国属性和运营的无定式等这些难以驾驭的属性(针对这点侨居国和中国政府都没有有效的解决方案)。在中国国内,政府干预侨批业发展的尝试最终仍是失败了,原因就在于国家对社会和经济发展调控的不确定性以及在侨乡建立银行和邮政信用服务机制的失败。而在国外,数十年来华人习惯于生活在近乎全是男性的华人聚居区,与那些非华人社区缺少交流并对移居国政府(包括泰国政府)控制他们的企图无动于衷。然而,面对这些来自掠夺成性的当地官员的冒犯和挑衅,华人并没有通过政治斗争进行有力回击,在此过程中一种新的华人政治认同却得到了有力的拓展。

五、政治、侨批、印刷以及侨刊的传播

我们的研究受到本尼迪克特·安德森(Benedict Anderson)著作的启发,他认为民族主义的发展与由产业革命触发的印刷文化和印刷资本主义的兴起密切相关。[1] 但是殖民地和半殖民地国家(未来的第三世界)的民族主义如何发展呢? 安德森理论的缺陷在于其暗含了第三世界国家不需要民族主义理论,因为它们只不过是在国家建构中模仿或者"盗用"已经存在的西方模式,并(在后来的版本中)讨论了"(这些模式)直接的谱系应该被追溯至殖民国家的想象中"。不论哪种方式,安德森的理论导致对第三世界民族主义的相关研究呈现出了欧洲中心主义以及西方主导的特性。[2]

如果根据安德森的理论,地方的印刷文化会在侨乡这一移民语境以及侨批系统中繁荣发展。祖籍地的同胞和社群领袖创办了"侨刊"并把它们邮寄到世界各地的华人移民手中,以此告知他们家乡的近况并鼓励他们为家乡事业发展多做贡献。[3] 他们也为此成立相应的出版公司。相比众多存在

---

[1] Anderson, Benedict R. O'G. *Imagined Communities: Reflections on the Origin and Spread of Nationalism*, revised and extended edition. London: Verso, 1991.

[2] Desai, Radhika. "The Inadvertence of Benedict Anderson: Engaging Imagined Communities." *The Asia-Pacific Journal*, March 16, 2009; Chatterjee, Partha. "Whose Imagined Community?" in Chatterjee, Partha. *The Nation and Its Fragments: Colonial and Postcolonial Histories, Princeton*: Princeton University Press, 1993, pp. 1-13.

[3] Williams, Michael. "In the Tang Mountains We Have a Big House." *East Asian History*, 2003, no. 25-26, p. 104.

侨刊的侨乡而言,五邑无疑是侨刊的主要出版发行中心。① 1949 年以前,有
超过 200 份不同的侨刊在五邑地区单独出版发行,其中台山有 127 家,开平
有 25 家,新会有 26 家。当中很多是月刊,还有旬刊甚至周刊。而几乎所有
的侨刊都是由华人移民资助出版发行的。②

这些侨刊包括侨乡所有"由个人、宗族、学校,以及政府有关部门出版的
乡讯、报纸和杂志"。根据早期资料记载,约有八成的侨刊被寄往海外。③
1908 年在广东台山出版的《新宁杂志》是第一本侨刊。该刊的内容主要是
面向华人移民和他们的家庭以及整个社群,旨在保持或者重建彼此之间的
联系并促进信息的交流,特别是关于台山的发展情况、社会新闻以及历史文
化(主要是习俗和传统)等方面的信息。侨刊的发展在 20 世纪第二个 10 年
到 20 世纪 30 年代之间达到高峰。在 20 世纪 30 年代末,新的更能体现政
治色彩的侨刊开始增多,以号召华侨支持抗日救亡运动并呼吁广大侨胞捐
款支持国防建设。自 1945 年开始,大多数侨刊在战争结束以后陆续恢复出
版。但经历过解放战争之后仅有很少一部分仍存,它们在 20 世纪 50 年代
和 20 世纪 60 年代初期为吸引来自海外的物资和汇款等发挥了积极的作
用。1978 年以后侨刊业开始复兴,每年有数百万的发行量,这在很大程度
上离不开政府的推动。相应地,这些杂志的民营色彩被淡化了,其内容重点
也更多地集中在吸引外来投资等方面。④

侨刊是侨乡本地印刷文化蓬勃发展的例证,也是对由侨批业所推动的
地区邮政文化发展的有力补充。侨刊有着集体而非私人的属性,可谓是侨
批在公共领域的副本,并被华人移民们亲切地称为"集体家书"。⑤ 事实上,
侨批以及其他的家书也是侨刊和乡讯内容的重要组成部分。侨刊拥有在地
和地区的双重关注视野。尽管有少数(比如《新宁杂志》)是在县级层面制作

---

① 刘进:《民国时期五邑侨刊中的银信广告》,《五邑大学学报》,2007 年第 1 期,第 33 页。
② 刘进:《五邑银信》,广州:广东人民出版社 2009 年,第 75 页,第 85 页;梅伟强、梅雪:《"集体家
　书"连五洲:五邑侨刊乡讯研究(1978—2005)》,香港:社会科学出版社 2007 年,第 6 页。
③ 刘进:《民国时期五邑侨刊中的银信广告》,《五邑大学学报》,2007 年第 1 期,第 33 页。
④ Huang, Cen, and Michael R. Godley. "A Note on the Study of Qiaoxiang Ties," in Leo,
　Douw, Cen Huang, and Michael R. Godley, eds. *Qiaoxiang Ties*: *Interdisciplinary
　Approaches to "Cultural Capitalism" in South China*. London: Kegan Paul, 1999, pp. 313-
　319. 姚婷、梅伟强:《百年侨刊〈新宁杂志〉历史文化论》,北京:中国华侨出版社 2009 年。
⑤ Huang, Cen, and Michael R. Godley. "A Note on the Study of Qiaoxiang Ties," in Leo,
　Douw, Cen Huang, and Michael R. Godley, eds. *Qiaoxiang Ties*: *Interdisciplinary
　Approaches to "Cultural Capitalism" in South China*. London: Kegan Paul, 1999, p. 317. 刘
　进:《五邑银信》,广州:广东人民出版社 2009 年,第 75 页,第 85 页

和发行,但是大多数则只是局限于乡级或者宗族层次。当然,在民族危亡的紧要关头,这些侨刊便不再局限于这种特性而是提升到了为挽救国家和民族而呼吁的层面。所以综合来看,一方面侨刊与侨批文化之间并没有清晰的分野,另一方面侨刊显示了明确的国家立场。

在两者的关系方面,侨批业者通过捐赠和广告等形式来支持侨刊的发展。比如《新宁杂志》的广告中就有七成是由批局和其他同行汇兑公司所刊登的。① 银号、批局、商号以及侨批业的其他一些活跃的商业机构承担了侨刊的海外派送任务并扮演着出版代理商的角色。②

侨乡的这些侨刊出版物是否印证了西方印刷文化的意义及其在中国的体现,是否等同于 19 世纪现代意义上的报纸在中国和海外华人社会开始扩散及传播? 也许并非如此。与公开和定期发行的报纸不同,侨刊大都有着私下传播和不定期出刊的特点。与它们更相似的例子是千百年来中国人印制地方和宗族档案的传统,即那些被称作家谱、族谱、宗谱③以及地方志的文件。这些资料在县级甚至更高的层次记录了地方历史、地理、社会以及经济等领域的情况,并被用于辅助地方政务和提升地方认同。④ 如新加坡著名潮商林义顺的儿子林忠邦,虽然出生于新加坡,但在其父辈的祖籍地澄海县下篷区岐山马西乡所编的族谱《澄邑马西乡林氏族谱》中,仍然记载了他的名字。⑤

侨刊选取了其中共同的部分作为宗亲组织之间文件的汇编,内容也涵盖宗乡机构和县级的关系领域。传统意义上,大多数的谱系资料都是由社会中较为富有的群体来组织编纂并提供印制经费的支持。它们展示或者代表着名门望族的身份,也意味着经历了一段时间的衰退之后这种正式的宗亲组织的复兴。在某些情况下,宗谱的印制"创造了有组织的亲属集团,反

---

① Hsu, Madeline Y. *Dreaming of Gold*, *Dreaming of Home*: *Transnationalism and Migration between the United States and South China*, *1882-1943*. Stanford: Stanford University Press, 2000, p. 139.

② 刘进:《民国时期五邑侨刊中的银信广告》,《五邑大学学报》,2007 年第 1 期,第 33—34 页;姚婷:《侨刊中的侨乡社会与"侨""乡"网络——基于 1949 年前〈新宁杂志〉"告白"栏目分析》,《华侨华人历史研究》,2011 年第 4 期,第 24 页。

③ 关于谱系档案,可参阅 Meskill, Johanna M. "The Chinese Genealogy as a Research Source," in Freedman, Maurice ed. *Family and Kinship in Chinese Society*. Stanford: Stanford University Press,1970, pp. 139-161.

④ 关于地名详情,请参阅 Zurndorfer, Harriet Thelma. *Chinese Bibliography*: *A Research Guide to Reference Works about China Past and Present*. Amsterdam: Brill, 1995, pp. 187-195.

⑤ 柯木林,《〈澄邑马西乡林氏族谱〉的发现及其史料价值》,《南洋问题研究》,1991 年第 1 期,第 70—76 页。

之则不存在"。宗谱一般多是私密的,它们的作用是传承家族历史、进行家庭和血统说明、为后世子孙订立家规家风以及记录光耀门楣的故事。城市化和国际移民不仅没有弱化家谱修订,反而大大强化了这一传统。①

　　侨刊在 20 世纪初期的出现与地方出版业既有的前现代传统是相符的。创办一份侨刊意味着家族在财富与权力拓展方面的成就,这是特殊的移民环境所造成的或者是侨乡在华人移民和侨汇的支持下获得更高社会认可的表现。类似一些旧式的宗谱,侨刊是侨乡中那些因侨批而富裕起来的男权群体彰显自己成就的重要载体。侨刊的派送比较自由,通过邮寄的方式递送给海外的订阅者,②那些符合邮寄要求的侨胞都会收到。侨刊是基层对移民现象的一种政治回应,逐渐成长为一项防止华人移民和他们祖籍地之间的联系出现断裂的有效机制。

　　在海外,侨批业与迅速发展的、新式的、现代化的报刊出版业紧密联系在一起,报刊出版业也成为海外华人社会赖以存在的三大支柱之一(其他两种为会馆和华校)。当 1815 年首家华文报社在马六甲创立以来,截至 1996 年海外华人社会至少诞生了 4000 种华人刊物,在 52 个国家和地区以华文和其他语言出版,其中至少 200 种华人刊物是以其他语言出版的。③ 在泰国,目前已知的第一份华文日报创办于 1903 年,在随后的时间里有 65 种陆续面世。这些报社在其全盛期都或多或少地与批局展开合作,通过批局老板投放的广告吸引客户并由记者撰写关于侨批业的相关报道,这为推动其发展发挥了巨大作用。批局老板会借助报社来广而告之其乔迁之喜(这种情况经常发生,比如店面扩大或者发生火灾等原因都会促使其迁至新址)、优惠打折信息、新货币政策、开张与关门信息以及由华人社会、东南亚政府或者其他非华人机构发布执行的新条令等信息。在抗日战争时期,他们还借这一平台提醒中国政府和人民要谨防日本人掌控有利可图的汇款业。④

①　Meskill, Johanna M. The Chinese Genealogy as a Research Source," in Freedman, Maurice ed. *Family and Kinship in Chinese Society*. Stanford: Stanford University Press, 1970, pp. 141-143.

②　姚婷、梅伟强:《百年侨刊〈新宁杂志〉历史文化论》,北京:中国华侨出版社 2009 年,第 6 页。

③　Benton, Gregor, and E. T. Gomez. *Chinese in Britain, 1800-2000: Economy, Transnationalism, Identity*. Basingstoke: Palgrave, 2008, pp. 192-193.

④　蔡金河、许光华:《试论泰国华文报对泰国侨批业的贡献》,载中国历史文献研究会、汕头市潮汕历史文化研究中心编:《世界记忆遗产:侨批档案研讨会论文集》,汕头 2014 年,第 365—370 页。

六、侨批和国家政治

侨批业的发展是否如意大利、北美以及世界其他地方借助邮政文化推动通信网络发展以及建构现代国家那样也在侨乡创造出新的认同以及其他因移民而产生的结果呢？并不尽然，因为侨批是一个新生事物，但并不能直接融入中国民族主义政治。它在中国展现出一种协调性的地区认同，而在海外则表现为一种协调性的华人离散认同。即便如此，侨批政治和海外华人的国家认同之间也存在着强大的联系。

民族主义思潮在那些能直接体会到外来强权的华人中间传播得很快，主要涵盖了中国沿海地区和海外华人社会。海外华人对国家的认同主要体现在文化层面，并且会沿着亚族群的界限产生深深的裂痕。直到20世纪初始它才开始以一种政治形式成为中国国家观的衍生物。起初，海外的华人政治仅仅掌控在少部分受过教育的精英手里，到了20世纪20年代开始在国内外蔓延到所有受过教育的青年群体中。到了20世纪30年代，这些政治活动开始成为一种代表所有阶层的群众运动。

在海外华人社会，水客和批局老板们依靠他们在中国国内以及世界各地的唐人街中所具有的人格魅力、天赋、资源以及外部关系等等对海外华人政治摩拳擦掌，跃跃欲试。他们通常在华人商会中担任领导职务，不论在家乡还是在海外华人社会，商会都是政治经济活动的主阵地之一。他们在侨批业的地位以及对于社会经济的各个领域的广泛兴趣，使他们开始进行这些尝试。侨批业者与华人社会政治的关联在一开始就明朗化。例如在18世纪的巴达维亚，水客在当地的华人组织中就非常活跃并且会经常出现在当地华人社团维护自身合法权益的法庭裁决中。[①]

政治运动对侨批业的支持比其对现代民族主义在中国国内和海外华人社会发展的支持要早得多，在其首次全面开花之后便开始逐步上升并紧跟时代潮流。如果这些政治运动没有发生就不会促使早期侨批业的巩固，侨批代理出现以后在经济方面推动了各方和衷共济应对恶意竞争和建立统一标准的努力，这一切都有助于赢得那些对他们常怀疑虑的客户的信任。中国第一家侨批业界公会是光绪年间在汕头成立的南侨批业公所。[②]揭阳和

① 黄挺：《〈公案簿〉所见早期侨批业运营的一些问题》，载王炜中编：《第二届侨批文化研讨会论文选》，香港：公元出版有限公司2008年，第213—214页。
② 1926年该机构更名为"汕头侨批同业公会"。

潮阳也步其后尘相继成立了公会,不过汕头公会发挥着引领作用,它不仅规范了侨批业界的安保设施建设而且还完善了业务中的调查程序。① 相似的机构在海外也迅速组织起来,并由最初的带有明显的亚族群属性的机构迅速发展为超越这些限制的覆盖整个华人社会的组织机构。

这些批业公会因为中国和其他国家当局对他们的敌视政策而卷入政治,因为它们充分意识到一致发声的必要性。最初有政治立场倾向的业界罢工发生在 1876 年,主要是为了抗议新加坡政府希望建立华人小邮局而介入侨批业的决定,这一行动也让当地政府暴露了其腐败和低效能的弊端。不过,彼时在新加坡的抗议活动(导致了多日的商店罢工和骚乱)仅局限于潮汕帮的范围之内。②

时局让各地业界在不同场合下团结起来以应对来自中国政府的干预。1918 年,汕头针对政府打算废除民信局和批局的计划爆发了抗议活动,并且蔓延到了北京,最终政府出于民信局和批局对侨批业巨大作用的考虑做出了让步。1923 年、1928 年、1934 年和 1946 年,业界再次联合起来,在中国国内外以不同程度的抗议来反对更深层次的控制,主要针对政府出台的关于"总包制度"(大宗快递捆装侨批)以及许可证制度的相关管理规定。这些运动不仅把侨批业界团结起来,而且也帮助海外华人社会和众多商会走到了一起,就如同中国国内商界以统一身份与海外华人联系一样。③

新加坡是这些活动组织起来的主要地点,估计与其所处的地缘中心位置有关,而且新加坡还是除了中国以外华人最集中的区域。④ 1929 年 5 月,新加坡中华总商会开始采取行动支持侨批业发展,与蒋介石及其领导下的

① 王炜中:《潮汕侨批》,广州:广东人民出版社 2007 年,第 30—33 页。

② 李志贤:《共同记忆、跨国网络:二十世纪新加坡侨批局的特色》,载"中国侨批·世界记忆工程国际研讨会"组委会编:《世界记忆遗产:侨批档案研讨会论文集》,汕头 2013 年,第 252—253 页。Harris, Lane Jeremy. "The 1876 Post Office Riot in Singapore." *The Newsletter*(*IIAS*),2013,no. 63.

③ 陈丽园:《近代海外华人的跨国主义研究》,载李志贤编:《海外潮人的移民经验》,新加坡:潮州八邑会馆 2003 年,第 98—99 页;杨群熙:《潮汕地区侨批业资料》,汕头:汕头市图书馆 2003 年,第 91—96 页;贾俊英:《侨批史研究:以天一局为个案的考察》(硕士论文),厦门:华侨大学 2012 年,第 66 页;吴奎信:《侨批传递管道的梗阻与疏通》,载王炜中主编:《首届侨批文化研讨会论文集》,汕头:潮汕历史文化研究中心等 2004 年,第 206—207 页。

④ 新加坡在亚洲华人社会是商业网络的核心,请参阅 Liu, Hong. "Organized Chinese Transnationalism and the Institutionalization of Business Networks: Singapore Chinese Chamber of Commerce and Industry as a Case Analysis." *Southeast Asian Studies*,1999,vol. 37,no. 3,pp. 391-416;Liu, Hong, and S. K Wong. *Singapore Chinese Society in Transition:Business, Politics and Socio-economic Change, 1945-1965*. New York:Peter Lang Publishing,2004.

南京政府以及东南亚殖民政府进行针锋相对的斗争。此举在推动侨批业发展的同时还创造了新的跨国网络和力量,而且其范围从新加坡一直扩展到了东南亚的整个华人圈。在第一波的抗议活动还未完全消退的时候,新一轮的活动又在 1930 年兴起,这次是反对官方所采取的邮资涨价政策,众多支持者再次通过运动来表达海内外华人的普遍意愿。最终,1935 年中国政府在海外华人施加的巨大压力下做出了重大让步。①

在这两场运动结束之后,新加坡华人社会的三大帮派(福建帮、潮州帮、海南帮)都分别强化了各自的公会组织。1946 年 3 月,一个有着更广泛群众基础的"南洋中华汇业总会"在林树彦的领导下得以成立,总会旨在为整个马来半岛提供相关领域的服务。② 此举是对新加坡政府企图再次掌控侨批业的回应。总会确立了三个主要目标:促进各帮派之间的团结;发展实业;推动创新和改革。总会明确要求要像代表批局老板利益那样来代表工人,并要进一步提升福利和推动教育发展。③ 然而,原先预设的控制力度在殖民政府与新组织谈判之后有所松懈,因为前者在诸多领域做出了一定的让步。④ 鉴于此,新加坡深厚的华人文化和人口或许可以解释华人社群所具有的特殊凝聚力。⑤

新加坡和其他地方(尤其是泰国)通过侨批业发起的运动标志着海外华人的民族认同与跨国(或离散)意识的觉醒。尽管这些运动首先发生在经济领域,但是它们有着巨大的政治潜能,就如同与故土之间所存在的深深情感联系那样。它们不仅强化了华人的国家认同,而且创造出一种新的离散群体的整体情感,世界各地的华人在某些议题的调和下开始逐渐整合起来。

从经济层面来看,为了抵制中国和其他国家与地区政府试图控制该行业和谋求垄断,侨批业者通常会采取统一行动。部分原因在于侨批业的业

① 陈丽园:《侨批与跨国华人社会的建构——1929—1930 年新加坡保留民信局和减轻民信邮费全侨大会》,载王炜中编:《第三届侨批文化研讨会论文选》,香港:天马出版有限公司 2010 年,第 166—179 页。
② 黄清海、刘伯孳:《浅谈新加坡侨批中心——新加坡中转侨批 5 例》,载王炜中编:《第三届侨批文化研讨会论文选》,香港:天马出版有限公司 2010 年,第 396 页;柯木林:《新加坡民信业领袖林树彦》,载王炜中编:《第二届侨批文化研讨会论文选》,香港:公元出版有限公司 2008 年,第 470—474 页。
③ 李志贤:《19 至 20 世纪期间新加坡各帮民信局的营运与同业组织》,载陈荆准主编:《海邦剩馥:侨批档案研究》,广州:暨南大学出版社 2016 年,第 23—24 页。
④ 吴奎信:《侨批传递管道的梗阻与疏通》,载王炜中编:《首届侨批文化研讨会论文集》,汕头:潮汕历史文化研究中心等 2004 年,第 202—203 页。
⑤ 柯木林:《新加坡民信业领袖林树彦》,载王炜中编:《第二届侨批文化研讨会论文选》,香港:公元出版有限公司 2008 年,第 470—477 页。

务领域和范围过于分散,政府并没有充足的资源来应付,以致缺少处理跨国业务的能力,而批局则不然。邮局的分支机构过少,尤其是在乡村地区,其覆盖范围远不及侨批业。最为重要的是,政府无法回应本地和跨国的双重利益诉求,同时还伴随着宗乡会馆、海外的中华商会、报社以及侨眷对政府活动的暗中破坏等现象。① 自 1937 年起,东南亚乃至全世界华人掀起了一股反日的大浪潮,相应的政治运动在东南亚华人社会也持续走向活跃。而且,早期支持侨批业的诸多运动为彼时跨国联系和认同的建立提供了前提和借鉴,从而为 20 世纪 30—40 年代东南亚华人跨国抗日爱国运动的发展奠定了良好的基础。②

相应地,侨批网络逐渐覆盖了世界上更广的范围和区域,并且影响力也逐渐从经济领域拓展到了政治领域。泰国的侨批业就借助特殊的渠道与越南、柬埔寨、老挝等邻国建立了日益密切的联系。③ 新加坡作为一个重要的枢纽,在 20 世纪 40 年代后期处理了该行业近 18% 的业务。它几乎从一开始就扮演着包括婆罗洲和印尼在内的更广区域的中转站的角色,这也是为了规避新加坡以外地区邮费过高的弊端。④

侨批业在动员大中华场域内的海外华人的过程中扮演了重要角色,这一情况主要反映在战后华人的慈善捐助领域。海外侨胞的慈善捐助往往会借助侨批这一媒介来实施,并且在一定范围内与中国政府的倡议保持同步甚至有时紧密相连。最明显的是战争时期海外侨胞团结起来支持家乡和祖国的壮举。然而,慈善行为也会与政府在其他方面的倡议不谋而合。正如我们所看到的,1898 年旨在推动中国在社会、制度和政治领域重大变革的戊戌变法虽然最终没有成功,但是却在很大程度上推动了侨乡在投资兴办教育方面的发展。

---

① 袁丁、陈丽园、钟运荣:《民国政府对侨汇的管制》,广州:广东人民出版社 2014 年,第 109—133 页。
② 陈丽园:《侨批与跨国华人社会的建构——1929—1930 年新加坡保留民信局和减轻民信邮费全侨大会》,载王炜中编:《第三届侨批文化研讨会论文选》,香港:天马出版有限公司 2010 年,第 164—180 页。
③ 陈列:《关于潮汕侨批文化若干问题的浅议——兼评粤东、闽南两地侨批的历史贡献》,载王炜中编:《第二届侨批文化研讨会论文选》,香港:公元出版有限公司 2008 年,第 227 页;沈建华:《探索寮国批信局的经营方式》,载陈荆准主编:《海邦剩馥:侨批档案研究》,广州:暨南大学出版社 2016 年,第 128—138 页。
④ 黄清海、刘伯擎:《浅谈新加坡侨批中心——新加坡中转侨批 5 例》,载王炜中编:《第三届侨批文化研讨会论文选》,香港:天马出版有限公司 2010 年,第 396—397 页;江宁:《不同政制统制下的侨批局——以潮汕侨批局为例》,载王炜中编:《第三届侨批文化研讨会论文选》,香港:天马出版有限公司 2010 年,第 328—329 页。

　　由于经济或者意识形态方面的原因,政治也会阻碍侨批业的发展。二战以后,东南亚的殖民地与其他国家政府试图通过限制汇款来确保境内经济与货币的稳定,1947年以后更是出台了一些禁令限制对华资金往来。[①] 在"文革"期间,中国政府和地方当局严禁海外汇款并使那些有海外关系的侨眷因此而背上污名。

七、1937年之后的侨批

　　1937年,日本发动全面侵华战争。1938年5月至10月,日军已经快速侵入福建和广东地区,时局的变化让侨批业陷入恐慌和混乱。战争期间,中国国内的侨批业不得不与敌对当局斗争。然而,与主流历史学家的观点不同的是,尽管复杂多变的政治和军事形势在很多地区对其构成了妨碍,战争所造成的阻隔并没有让流入境内的汇款遭受灭顶之灾。

　　在日本全面侵华初期,也就是在太平洋战争尚未席卷东南亚之时,侨批业者想尽一切办法支持中国国内的抗日活动,在此期间来自海外的大量捐款和各类物资通过侨批渠道源源不断地送到中国国内,批局还在他们的信封上印上了呼吁联合抵制日本的口号。[②] 这只是被称作"华侨第二次爱国高潮"的大规模政治动员的一部分,第一次爱国高潮发生在中华民国诞生之时。[③] 大部分捐赠的接收方都是先在武汉,后到重庆的国民党政府,也有一部分被非常谨慎地通过"口批"的方式送到了共产党领导下的设在战时陪都的八路军办事处手中。[④] 这些亲共的汇款人会收到来自周恩来或者其他领导人的回信,侨批研究学者也称之为"回批"。[⑤]

　　海外华人中的左翼人士在20世纪30年代就通过资金和政治声援等方式支持国民党左翼的活动并在1936年以后给予延安的共产党政权以巨大

---

① Cheok, Cheong Kee, Kam Hing Lee , and Poh Ping Lee. "Chinese Overseas Remittances to China: The Perspective from Southeast Asia." *Journal of Contemporary Asia*, 2013, vol. 43, no. 1, pp. 92-94.

② 福建省档案馆编:《百年跨国两地书》,厦门:鹭江出版社2008年,第157页;江宁:《侨批与跨国金融的互动——以抗战时期的侨批为例》,载王炜中编:《第二届侨批文化研讨会论文选》,香港:公元出版有限公司2008年,第97页。

③ 任贵祥:《华侨第二次爱国高潮》,北京:中共党史资料出版社1989年。

④ 王炜中:《初析潮汕侨批的传统文化的基因》,载陈小钢编:《回望闽南侨批:首届闽南侨批研讨会论文集》,泉州:华艺出版社2009年,第52页。

⑤ 陈胜生:《从抗战后期的"东兴汇路"试析侨批的世界意义》,载"中国侨批·世界记忆工程国际研讨会"组委会编:《世界记忆遗产:侨批档案研讨会论文集》,汕头2013年,第227页。

支持。1931年,越南华人就捐献了2600银圆给上海的19路军以支持他们对日作战,而彼时蒋介石正在推行他的绥靖主义。1937年卢沟桥事变之后,新加坡华人立即行动起来为中国的抗日战争募集捐款。[①] 1938年,泰国的华人青年们给当时在武汉的八路军办事处汇去200万国币的捐款。[②] 1949年以后,政治性捐款依然保留。比如,梅县的水客们就募集了超过2.35亿元的款项用以支持抗美援朝。[③]

战争期间,侨批业为了继续生存下去不得不与中国国内以及海外的政治当局进行谈判或者规避它们。其与中国外交部和侨务委员会的关系达到了空前密切的程度,并且与邮局和中国银行合作,简化在东南亚的汇款流程,降低汇款费用,减少恶意竞争以及加强汇款网络建设,这样做的最主要的目的就是确保在战争期间外汇能够流入中国。[④]

抗日战争时期,即使是在华南的沦陷区,邮局和储蓄所也与日本人谈妥了保持与东南亚的汇路畅通的条件,且暂时实现了汇款额的增长。信件也得以越过敌人的封锁线进入敌占区城乡的各个地方。1942年,日本人和伪政权甚至与广东曲江的国民党邮政部门协商直接实现统一的货币流通,后者已经在该地建立起他们的战时总部。这些部门与汕头沦陷区的分支机构依然保持着密切的联系。他们不仅在敌占区负责邮政部门的运营,特别是其中的汇款业务,而且还可以发布当时的官方政策指令。[⑤]

战争后期的战时政治大大地重塑了侨批业。日本人与伪政权希望汇路畅通以确保汇款直接流入其所控制的区域(放弃曲江汇路)而不是落入国民党手中,寄望于通过外汇帮助占领区经济发展以提升伪政权的合法性。鉴于此,日本人不断通过威逼利诱来强化对批局、银号、钱庄等机构的控制。1940年2月,日本人组织汕头36家遗存的批局成立了一家公会,并命令它们与台湾那里由日本人控制的银行展开合作。这家公会在1940年3月到1941年2月期间共经手了价值1.11亿元的汇款。然而,并不是所有的批局都屈服于日本人的统治,依然有人甘愿冒着巨大的个人风险在日本人的眼

---

① 《星洲日报》,1937年7月17日。

② 王炜中:《潮汕侨批》,广州:广东人民出版社2007年,第101—102页。

③ 邓锐:《浅谈侨批的重要作用及开发利用》,载王炜中编:《第三届侨批文化研讨会论文选》,香港:天马出版有限公司2010年,第107页。

④ 洪林、黎道纲编:《泰国侨批文化》,曼谷:泰国泰中学会2006年,第76页。

⑤ 袁丁、陈丽园、钟运荣:《民国政府对侨汇的管制》,广州:广东人民出版社2014年,第134—173页。

皮子底下秘密为乡村提供递送服务。①

过去曾经普遍认为侨批业随着战争的爆发而陷入瘫痪，但是侨批研究却显示，通往敌占区和被封锁的侨乡的实质性汇路依然畅通并且不止一条。国民党的计划员和潮汕人的批局运营者试图通过广州湾这个位于广东雷州半岛，在 1943 年以前一直由法国自由管理的法租界来中转。但是计划失败了，主要是因为该路线需要借由海道通往潮汕地区，而这在当时是非常危险的，因为广州湾的法租界缺少处理东南亚汇款的机构。②

最终，进入国内的汇路畅通并不是由国民党政府来维持的，而是由侨批业经营者通过自己的努力来实现的。在最终选定中越边境地带的东兴（当时属广东，现在属广西）之前他们尝试了多种进入中国的陆路方式，这里的交通虽然不够便利，但成为仅存的汇路枢纽。通过东兴的汇款缓解了 1943 年潮汕地区的大饥荒，每月大约输入 1000 万元（主要是越南货币）来救济侨乡经济。起初，东兴仅支持越南路线，后来很快又与曼谷有了联系，然后通过曼谷将东兴汇路拓展到了柬埔寨和老挝。国民党在东兴提供了一个简单实用的制度架构来帮助侨批业，这样他们就可以以此来炫耀他们对政治经济领域依然有控制权。

在战争期间，各省区也无法在统一体系下发挥作用。在那些年代，侨批业借助坚守和发展他们曾经所赖以起家的那些传统网络而得以生存下来，并且逐渐与更广范围内的政治和社会力量、新老公会甚至曾经存在矛盾的国家和政党建立起相应的合作关系。③ 但是战争还是让大多数的批局走投无路，这种境况至少持续到 1945 年以后。而由此也让国家连同其领导下的银行和邮局成为受益者。出现这种情况的原因就在于战争期间中日的彼此对抗需要双方各自在几乎每一个领域都发动最大可能的政治动员。战后的中国失去了部分在战争中所获得的土地，其主要原因就是政府腐败无能、经济疲软以及在安全等方面存在一般性缺陷。

1949 年以后，侨批业终为政府所接管。然而，该行业并没有立即消

① 张慧梅：《战争状态下之金融与传统人文网络：1939—1945 年潮汕与东南亚间侨汇流通研究》，载潮汕历史文化研究中心编：《潮学研究》，第 10 卷，广州：花城出版社 2004 年，第 179—183 页。
② 江宁：《侨批与跨国金融的互动——以抗战时期的侨批为例》，载王炜中编：《第二届侨批文化研讨会论文选》，香港：公元出版有限公司 2008 年，第 103—104 页；王炜中：《潮汕侨批缘何可与徽州契约媲美》，载王炜中编：《第二届侨批文化研讨会论文选》，香港：公元出版有限公司 2008 年，第 205—207 页；王炜中：《潮汕侨批》，广州：广东人民出版社 2007 年，第 34 页。
③ 张慧梅：《战争状态下之金融与传统人文网络：1939—1945 年潮汕与东南亚间侨汇流通研究》，载潮汕历史文化研究中心编：《潮学研究》，第 10 卷，广州：花城出版社 2004 年，第 179—183 页。

失。在接下来的二三十年间,政府意识到侨批业不仅有利于侨眷自身,更为重要的是还有助于整个国民经济的发展。

中国共产党的游击队在 20 世纪 30 年代到 20 世纪 40 年代(虽然更多时候是断断续续的)就进入福建和广东侨乡的许多乡村,在解放战争期间他们还通过发行自己的货币"裕民券"来稳定物价。要想与这一临时货币实现汇兑,就需要把侨批递送到解放区内。①

我们对于共产党内部如何看待侨批知之甚少。很多年轻的海外华人都有着较为激进的倾向,特别是在抗日战争前后的多年时间里,所以他们便成为党的重要团结对象。同时,侨批业自身的特点也对党产生了较大吸引力,党便提供了一条通往部分根据地的秘密汇路和交通线,这些根据地是他们从 20 世纪 20 年代以来就深入经营的。所以这就不难理解共产党对批局的深入影响了,不过目前我们仅有一份文件能证实这一点。该文件由张伯恭提供,他 1921 年出生在泰国,1925 年回国并于 1939 年在广东东南部的普宁加入了共产党,在那里他建立了一个联络站。张伯恭为党提供了 3000 元汇款来资助潮州——梅县委员会和一家书店,1942 年党则指示他回泰国定居。在泰国,他经营了一家利润颇丰的汇兑局并配备了最新式的电子设备:很多营业利润都被用来资助党的事业,他还用无线电将大量政治、军事和经济情报发送回中国。② 张伯恭的活动是我们所能掌握的共产党在革命年代影响侨批业内部的唯一材料。

20 世纪 50 年代至 60 年代早期,侨批业开始根据社会的阶级划分进行重组,工人与批局老板有了完全不同的身份。新政权在福建和广东举办大会表彰侨批业并且向从业者"咨询协商"。③ 在这个时候侨批汇款依然是中国两大外汇来源之一。

新中国成立后的多年中,对"海外华侨"的政策有所调整,侨眷和侨批成为较为敏感的概念且地位更加微妙。政策并没有对侨眷和他们的海外亲属产生不利影响,而且还推动了侨胞将相当大量的汇款源源不断地汇入国

① 张明汕:《侨批业者肩负历史使命》,载洪林、黎道纲编:《泰国侨批文化》,曼谷:泰国泰中学会 2006 年,第 103 页;陈海忠:《历史记忆中的潮汕侨批与乡村社会》,载"中国侨批·世界记忆工程国际研讨会"组委会编:《世界记忆遗产:侨批档案研讨会论文集》,汕头 2013 年,第 296—307 页。
② 罗则扬:《地下党参与侨批(汇)事业的历史缘由——记一次有意义的史志调研活动》,载王炜中编:《第三届侨批文化研讨会论文选》,香港:天马出版有限公司 2010 年,第 518—522 页。
③ 福建省档案馆编:《百年跨国两地书》,厦门:鹭江出版社 2013 年,第 96 页。

内。① 起初,政府继承了国民党时代对侨批的一些法规和具体做法,保证了大量汇款的稳定增长。但是,针对富有家庭的土地改革则产生了越来越大的影响力,租息的减少让那些原本拥有大量土地的侨眷不得不向他们的海外亲属要求更多的汇款。②

在新体制下,批局在最初的几年中依然维持了他们的业务。水客被鼓励到当局注册登记——1950 年仅梅州就完成了数百件。水客也获得了新的官方称呼——侨批员,这一称呼充分体现了他们被纳入国家体制内的这层关系。③

20 世纪 50 年代初期泰国政府就采取了措施来限制外汇的流出从而大大影响了侨批业的作用。④ 1951 年,美国海外资产管制局(US Foreign Assets Control Board)禁止对华汇款,以致它在东南亚的盟友们也迅速跟进了这一政策。⑤

中国负责侨批的官员一方面发动了政治运动表示抗议,另一方面则重新启用了早年间为了应对外国政府试图禁止或限制汇款而发明的地下渠道。秘密代码再次成为掩盖侨汇的方式。⑥ 广东则出现了一种特殊的"回批小组"来帮助书写回批并确保它们不被发现。⑦ 侨批员(也就是旧时代的水客和批脚)鼓动侨眷们和他们的海外亲属联系,要求海外侨胞们为家乡发展做贡献,同时这些侨批员彼此之间还就这一劝募活动展开竞赛。一般这些小组成员会代表侨眷们写信——漳州的一个小组在 1956 年到 1960 年间

---

① 蒋国华:《侨批业为国家外汇收入做出重要贡献》,载陈小钢编:《回望闽南侨批:首届闽南侨批研讨会论文集》,泉州:华艺出版社 2009 年,第 56—57 页。

② 杨群熙:《潮汕地区侨批业资料》,汕头:汕头市图书馆 2003 年,第 131—132 页。

③ 邓锐:《从梅州市侨汇的发展过程看侨批局兴衰》,载王炜中编:《首届侨批文化研讨会论文集》,汕头:潮汕历史文化研究中心等 2004 年,第 59—61 页;夏水平、房学嘉:《梅州客属地区的水客业述略》,载王炜中编:《首届侨批文化研讨会论文集》,汕头:潮汕历史文化研究中心等 2004 年,第 180 页。

④ 黎道纲:《五十年代初泰国侨批频现困境缘由》,载王炜中编:《第三届侨批文化研讨会论文选》,香港:天马出版有限公司 2010 年,第 128—132 页。

⑤ Peterson, Glen. *Overseas Chinese in the People's Republic of China*. Abingdon: Routledge, 2012, p. 68. Sung, B. L. *The Story of the Chinese in America*. New York: Collier Books, 1967, pp. 19-20.

⑥ 王付兵:《侨批档案文献的价值》,《东南亚纵横》,2013 年第 7 期,第 62 页。

⑦ 卢永光:《我靠侨批长大》,载洪林、黎道纲编:《泰国侨批文化》,曼谷:泰国泰中学会 2006 年,第 157 页;曾旭波:《略谈暗批的产生及操作方法》,载王炜中编:《首届侨批文化研讨会论文集》,汕头:潮汕历史文化研究中心等 2004 年,第 220—229 页。

就书写了超过 3500 封信与 267 名海外侨胞联系,以保证侨汇的延续性。[①]
同时,侨批员们也鼓励那些不识字的侨眷读书识字,这样他们就可以自己
写信。[②]

　　虽然有这些积极努力,但是 20 世纪 50 年代末侨批业还是走向了衰落。
在部分东南亚国家,当局对侨汇施加了前所未有的压力,甚至逮捕了一些经
营者和批脚。1956 年越南爆发的排华运动让华人社群深受其害。在中国
内部,政府也开始采取措施打击当时较为活跃的货币走私活动。20 世纪 50
年代中期的农业社会主义改造在一部分华人移民中产生恐慌,他们担心如
果继续汇款回家会被指控为"阶级敌人"。不论政府发言人如何解释并安抚
这些华人移民,当地一些激进的地方官员却我行我素,不仅骚扰收到大额汇
款的侨眷,甚至还要求他们将款项充公。[③] 1956 年,尽管批局被许可继续使
用他们原有的名字和招牌从事经营,但是侨批业还是进行了重组和合营。[④]
1958 年,其他批局的所有权也从"合伙制"改造为"全民所有制"。[⑤] 20 世纪
50 年代,很多批局停业关门,仅在闽南就有接近一半,约 100 家之多。[⑥] 在
上述多重因素的影响下,1957 年侨汇额开始大幅缩水并在 1959 年创新低,
春节期间的侨汇仅仅达到上一年度的一半左右。[⑦] 1962 年潮汕地区的侨汇
则仅有 1952 年时的 1/5 左右。后来稍微有所回升,但是"文革"的到来让其
走到了尽头。

　　在"文革"期间,侨乡那些较为富有已经购买了房产或田产的华侨和侨
眷被当作"专政对象",于是汇款在很大程度上就停止了。侨眷也面临被迫
害和定罪的危险。[⑧]

① 邹求栋、苏通海:《说"回批"》,载陈小钢编:《回望闽南侨批:首届闽南侨批研讨会论文集》,泉
　　州:华艺出版社 2009 年,第 70—74 页;马祯辉:《浅谈侨批与金融的关系》,载王炜中编:《第二届
　　侨批文化研讨会论文选》,香港:公元出版有限公司 2008 年,第 90—94 页。
② Shen, Huifen. *China's Left-Behind Wives: Families of Migrants from Fujian to Southeast
　　Asia, 1930s-1950s*. Singapore: Singapore University Press, 2012, p. 90.
③ 陈海忠:《历史记忆中的潮汕侨批与乡村社会》,载"中国侨批·世界记忆工程国际研讨会"组委
　　会编:《世界记忆遗产:侨批档案研讨会论文集》,汕头 2013 年,第 296—307 页。
④ 杨群熙编:《潮汕地区侨批业资料》,汕头:汕头市图书馆 2003 年;王炜中:《潮汕侨批》,广州:广
　　东人民出版社 2007 年,第 49 页。
⑤ 贾俊英:《侨批史研究:以天一局为个案的考察》(硕士论文),厦门:华侨大学 2012 年,第 87—88
　　页。
⑥ 焦建华、徐翠红:《近代批信局特色探源——以福建批信局为例》,载王炜中编:《首届侨批文化
　　研讨会论文集》,汕头:潮汕历史文化研究中心等 2004 年,第 165 页。
⑦ 汕头市人民政府侨务办公室编:《汕头华侨志(初稿)》,载杨群熙编:《潮汕地区侨批业资料》,汕
　　头:汕头市图书馆 1990 年,第 131—137 页。
⑧ 杨群熙编:《潮汕地区侨批业资料》,汕头:汕头市图书馆 2003 年,第 182—185 页,第 375 页。

在土改(土地改革)期间,负责人员一般都限制侨眷与海外亲人的通信,以避免他们将一些实际的情况反映出去。海外华人也较少寄信回乡,少数的几封也会被送到当时负责的农会。在家乡情况未明朗化的时候,海外华人存有怕汇款被没收的忧虑,因此侨汇在这一时期也相对地减少或停止。①

有一些人只好写信表示与他们的海外亲属断绝关系。当局甚至会在他们回批的信封上贴上醒目的政治口号。② 1969 年,批局被以"侨批站"的名称合并到了人民银行系统。直到 20 世纪 70 年代早期这些针对侨批业的敌意才逐渐弱化。③

1979 年,侨批业被彻底归入了国家财政系统(虽然在部分地区这一变化要迟一些)。侨批业成了人民银行的有机组成部分,这样可以确保汇款在五天内能寄到。最终,批局从历史舞台上彻底消失了。④ 同时,官方的声音(在 1978 年党的十一届三中全会以后)也开始从强调侨汇转到了注重投资方面,这样便让捐赠有了更加正当的理由。⑤ 1977 年,水客也淡出了社会视野。⑥

八、结语

安德森关于第三世界国家地位的谱系学受到了诸多批评,因为他认为第三世界的民族主义者从欧美模式中照搬了关于民族国家的观念,同时他还忽

---

① 根据与曾参与潮汕地区土改工作队队员的访谈,汕头,2005 年 11 月 9 日。
② 陈创义:《侨批——风格独特的群体书信》,载王炜中编:《首届侨批文化研讨会论文集》,汕头:潮汕历史文化研究中心等 2004 年,第 305 页。
③ 王琳乾:《浅谈解放后潮汕的货币流通与侨批业活动和侨汇物资供应》,载王炜中编:《第二届侨批文化研讨会论文选》,香港:公元出版有限公司 2008 年,第 465 页;黄家祥:《诏安侨批业流变》,载王炜中编:《第三届侨批文化研讨会论文选》,香港:天马出版有限公司 2010 年,第 506—509 页。
④ 江宁:《不同政制统制下的侨批局——以潮汕侨批局为例》,载王炜中编:《第三届侨批文化研讨会论文选》,香港:天马出版有限公司 2010 年,第 334 页;邹金盛:《澄海人开设的批信局》,载王炜中编:《第三届侨批文化研讨会论文选》,香港:天马出版有限公司 2010 年,第 406 页。
⑤ 邓锐:《从梅州市侨汇的发展过程看侨批局兴衰》,载王炜中编:《首届侨批文化研讨会论文集》,汕头:潮汕历史文化研究中心等 2004 年,第 64 页。
⑥ 夏水平、房学嘉:《梅州客属地区的水客业述略》,载王炜中编:《首届侨批文化研讨会论文集》,汕头:潮汕历史文化研究中心等 2004 年,第 181 页。

视了这些民族主义者的创造性。[①] 在广东和福建侨乡出现的当地的政治与社会文化,发展印刷和邮政的意图(至少在起初)并不在于煽动民族主义或者颠覆传统体制,而是维持海外华人和他们的祖籍地或者(更普遍而言是)乡村之间在情感和经济上的联系。[②] 侨乡的案例意味着第三世界的国家构建并不仅仅像欧美模式那样迭代进行,而是有着更深层的在地化基础。

侨批业是中国进入现代世界经济体系的基础形式之一,并且推动了政治领域的启蒙。华人移民和汇款的持续增长为批局从早期个人运营阶段向成熟稳定的现代行业过渡创造了条件,成熟后的侨批业拥有完善的运营机制并且与银行和邮局等现代国家体系密切相连,且受益于现代通信和交通的发展。同时,也为多种形式的跨国和中国国内产业以及那些毗邻侨乡的沿海城市的城区发展和政治变化提供了发展动力。可以说,侨批业最初是基于血缘、地缘和方言群的网络,后来就依托贸易和金融的发展逐步拓展到国家乃至国际网络。这些涵盖陆海两大方向的网络不仅仅是经济属性的,而且有着深深的文化、政治和社会内涵。

自 20 世纪 90 年代以来,闽粤等地侨批档案馆的建立让侨乡及邻近城市得以有机会在历史、政治和社会等不同的视域下展开相关研究。当地的政府部门也开始支持侨批研究。2014 年 9 月,国务院批复同意汕头经济特区作为“21 世纪海上丝绸之路的重要门户”,这在中国还是首次。这显示了侨批业在中国大陆经过了 40 年的沉寂后政治地位依然屹立。

华人的经济和政治文化通常会与植根于中国社会的儒家伦理密切联系,学者认为可以借助外力作用帮助这些传统进入现代世界,但是关于侨批业的研究已经重构了中国现代主义的历史和地理学。这些重构强化了与地区政治发展新趋势紧密相连的中国东南沿海地区所具有的特殊性,但是这种特殊性也正在为一个更广的注重求同存异的发展体系所接纳。[③]

在过去的多年里,侨批在中国和世界创造了富有地区和民族多样性的博大精深的文化。近年来,侨批被认定为世界记忆遗产,闽粤两地以及世界各国华人社会的侨批研究学者们正在努力抢救这一看起来似乎要湮没在历

---

① Desai, Radhika. “The Inadvertence of Benedict Anderson: Engaging Imagined Communities.” *The Asia-Pacific Journal*, March 16, 2009.

② 这一观点可参阅 Hsu, Madeline Y. “Migration and Native Place: Qiaokan and the Imagined Community of Taishan County, Guangdong, 1893-1993.” *The Journal of Asian Studies*, 2000, vol. 59, no. 2, p. 312, p. 326.

③ Liu, Hong, and Els Van Dongen. “China's Diaspora Policies as a New Mode of Transnational Governance.” *Journal of Contemporary China*, 2016, vol. 25, no. 102, pp. 805-821.

史尘埃里的传统,用极富地方气息的方式将侨批业界以及其中的大量信件遗存作为中国国家记忆和跨国记忆的重要组成部分来讲述。在对侨批业重新发现和重塑的过程中,地区与离散认同交织,除了是作为一种文化观念之外,还成就了一种坚实的物质和财富基础。

侨批业的产生发展都局限在闽粤沿海较小的地缘范围,但是却对中国一个多世纪以来的国民经济发展产生深远的影响,且与政治存在明显的关联。早些年对中国现代经济的研究主要集中于上海和东部沿海地区,但是对侨批业的研究却显示,如果超出以往的视域来观察,上海和香港应该对侨批业表示感激:因为如果没有侨批业的输入,它们的经济早就陷入下滑境地了。当然,侨批业也改变了闽南和粤东的大部分沿海地区。事实上,因为历史上曾经普遍存在的政治和军事混乱以及包括交通和现代通信业的欠缺在内的其他因素,它并没有为侨乡带来可持续性的现代经济,但是它却为东南沿海现代城市的发展注入新的动力,并为经济落后地区引入诸多现代的政治和管理方式,特别是在银行和邮政文化方面。其中最伟大的成绩之一就是把原本贫穷边远的侨乡发展成了区域社会的翘楚。

或许侨批业留给中国和东南亚地区最重要的遗产是它在侨乡及相邻近的城市和海外华人社会之间所构建起的庞大的政治经济联系及跨国网络。这些联系大大地超出了它们初始的业务范围,久而久之已经从初期仅仅作为汇款的途径发展成为推动货物和人员流动的更宽广的渠道。①

本章初稿为张慧梅、班国瑞、刘宏:《侨批与政治》,载《华人研究国际学报》,2016年第8卷第1期。

---

① 刘宏:《跨界亚洲的理念与实践:中国模式、华人网络、国际关系》,南京:南京大学出版社 2013年;李志贤:《19至20世纪期间新加坡各帮民信局的营运与同业组织》,载陈荆淮主编:《海邦剩馥:侨批档案研究》,广州:暨南大学出版社 2016年,第27页。

第二辑　文化与教育

第六章　全球人才战略与高等教育治理
——比较视野下的新加坡经验

一、导言

自从麦肯锡报告于 1998 年首次提出"人才战争"（war for talent）一词以来，过去几十年间，这场无烟战争的强度和规模与日俱增。这在很大程度上是由于全球化、技术进步、社会变迁的加速，以及国际移民潮的到来（截至 2019 年底，全球约有 2.72 亿国际移民）。尽管人才战争成因复杂，但高等教育研究领域的公共政策和全球流动人才管理起着举足轻重的作用。

本章将新加坡的个案研究放在全球人才管理的框架中，关注人才战略在高等教育治理中的作用，及其对国家的经济增长和竞争力的重要贡献。本章的第一部分回顾了有关全球人才管理的现有文献，并强调在讨论全球人才战略的制定和实施时引入公共部门和非西方经验（尤其是东亚发展中国家的经验）的重要性。因为迄今为止，人们熟知的人才管理的经验主要来自西方。本章的第二部分考察了自 1965 年独立以来，新加坡在过去半个多世纪中发展人力资本和高等教育以促进经济增长的轨迹。人才战略的两个重点：一个是以国内人才为核心，另一个是以全球人才为补充，它们成为经济增长和科技创新的关键引擎。本章特别关注了新加坡建国之父李光耀的人才观和政策制定为当今新加坡全球人才管理奠定的基础。本章还探讨了 21 世纪初对高等教育治理产生持续性影响的两项关键举措：2002 年启动的"全球校舍项目"和 2005 年颁布的"公立大学自主化法令"。在经济转型和政策调整的背景下，新加坡国立大学（NUS）和南洋理工大学（NTU）在全球高等教育和研究领域蓬勃崛起。本章第三部分以南洋理工大学为例，关注对师资队伍的引进、培育、管理与评估，探讨南洋理工大学教师人才管理策略的实施。本章最后一部分从比较的角度分析新加坡案例，并对愈演愈烈的人才战争中全球人才管理的未来研究方向提出初步建议。

二、从"国际人才环流"到全球"人才战争"

全球人才管理相关文献繁多，在此无法简单概括。[①] 麦克唐奈 (McDonnell)等人认为，大多数学者强调"人才管理及其对人才的识别、管理、发展和保留以及组织成果的影响"，他们进一步指出："如果这个领域要走向成熟，那么应将散碎的文献更紧密地结合在一起，形成更为普遍的范式。"[②]

以下着重介绍现有文献的三个关键议题：(1)对全球人才管理的重要性的认识；(2)"人才环流"对促进全球人才战争的意义；(3)将关键利益相关方 (key stakeholders)纳入全球人才管理理论框架的必要性。这一简要回顾将作为我们对新加坡和南洋理工大学案例研究的背景。

全球人才管理(global talent management，GTM)作为人才管理的一个分支领域，在 20 世纪 90 年代末才系统地发展起来，目前"面临着从'成长'向'成熟'的挑战"。[③] 过去十年，人们愈加关注全球人才管理并达成了一定的共识。虽然全球人才管理有不同的定义，但人们普遍认为，以下定义为分析全球人才管理的理论和实践层面提供了一个起点：全球人才管理包括所有在全球范围内吸引、选择、发展和留住最好的员工担任最具战略意义的角色(实现组织战略目标所必需的角色)的组织活动。全球人才管理不但考虑

① 详见 Tarique, Ibraiz, and Randall S. Schuler. "Global Talent Management: Literature Review, Integrative Framework, and Suggestions for Further Research." *Journal of World Business*, 2010, vol. 45, no. 2, pp. 122-133. Scullion, H., D. G. Collings, and P. Caligiuri. "Global Talent Management." *Journal of World Business*, 2010, no. 45, pp. 105-108. Collings, D. G. "Integrating Global Mobility and Global Talent Management: Exploring the Challenges and Strategic Opportunities." *Journal of World Business*, 2014, vol. 49, no. 2, pp. 253-261. McDonnell, A., D. G. Collings, K. Mellahi, and R. Schuler. "Talent Management: A Systematic Review and Future Prospects." *European Journal of International Management*, 2017, vol. 11, no. 1, pp. 86-128. Keller, Scott and Mary Meaney. "Attracting and Retaining the Right Talent," 2017, accessed on January 28, 2018, https://www.mckinsey.com/business-functions/organization/our-insights/attracting-and-retaining-the-right-talent.

② McDonnell, A., D. G. Collings, K. Mellahi, and R. Schuler. "Talent Management: A Systematic Review and Future Prospects." *European Journal of International Management*, 2017, vol. 11, no. 1, pp. 86-128.

③ Gallardo-Gallardo, Eva et al. "Towards an Understanding of Talent Management as a Phenomenon-driven Field Using Bibliometric and Content Analysis." *Human Resource Management Review*, 2015, no. 25, pp. 264-279.

了不同组织在全球战略重点方面的差异,同时也考虑了跨国情境下应如何管理人才。

全球人才管理是一个相对较新的跨学科研究领域,"它是跨国公司(MNC)的关键战略议题",其主要关注点是"一组具有关键作用的核心员工,而不是跨国公司的整个人力资本池"①。虽然有些学者将其称为国际人才管理,但本质仍然是不变的。因为学者们都将注意力集中在人才管理的内外维度的相互作用上,而所谓内部外部的区分,过去一直局限在特定的地理空间或民族国家框架内。国际人才管理是指在内部和外部环境下理解、研究、应用和修订所有人力资源管理活动,它们影响着全球环境中组织的人力资源管理流程,强化了多个利益相关方的工作经验。② 简言之,国际人力资源的目标是帮助跨国公司(MNC)在全球取得成功。

高等教育国际化的快速步伐极大促进了"全球人才环流"现象的发展,③加剧了全球人才的争夺战。近几十年来,选择在海外大学学习的学生人数急剧增加,从 1990 年的 130 万增加到 2014 年的 500 万,增长了三倍多。④"高技能人才的高度流动性"已成为科技发展和全球化的主要动力。她认为,由于数字化带来的交易成本降低,在美国的华裔和印度裔工程师"比大多数大公司更快,更灵活地在遥远的区域经济体之间转移了技术与机构的专有技能"⑤。将才华横溢的年轻人从发展中世界转移到发达的工业化世界,是以牺牲贫穷国家的利益为代价,加剧了国际不平等。⑥ 全球趋势

① Scullion, H., D. G. Collings, and P. Caligiuri. "Global Talent Management." *Journal of World Business*, 2010, no. 45, pp. 105-108.

② Gallardo-Gallardo, Eva et al. "Towards an Understanding of Talent Management as a Phenomenon-driven Field Using Bibliometric and Content Analysis." *Human Resource Management Review*, 2015, no. 25, pp. 264-279.

③ Wildavsky, Ben. *The Great Brain Race: How Global Universities Are Reshaping the World*. Princeton: Princeton University Press, 2010. Kuzhabekova, Aliya, Darwin D. Hendel, David W. Chapman. "Mapping Global Research on International Higher Education." *Research in Higher Education*, 2015, no. 56, pp. 861-882.

④ University of Oxford. *International Trend in Higher Education*, *2016-2017*. 2017. Available at: http://www. ox. ac. uk/sites/files/oxford/trends%20in%20globalisation_WEB. pdf.

⑤ Saxenian, AnnaLee. "From Brain Drain to Brain Circulation: Transnational Communities and Regional Upgrading in India and China." *Studies in Comparative International Development*, 2005, vol. 40, no. 2, pp. 35-61.

⑥ Liu, Hong. "Chinese Overseas and a Rising China: The Limits of Diplomatic 'Diaspora Option'", in Zheng, Yongnian, ed., *China and International Relations: The Chinese View and the Contribution of Wang Gungwu*. London: Routledge, 2010, pp. 177-199. Singh, J., and V. V. Krishna. "Trends in Brain Drain, Gain and Circulation: Indian Experience of Knowledge Workers." *Science*, *Technology and Society*, 2015, vol. 20, no. 3, pp. 300-321.

已不再将"人才流失"和"人才回流"视为零和游戏,全球人才流动已成为一种"国际人才环流"的积极的力量。①

"人才环流"的直接后果之一是,全球范围内对人才的需求不断增加,一些具有前瞻性的政府因而制定相关政策。正如比奇勒和伍德沃德所指出的,旧有的"人才战争"是由"一种稀缺的心智和行动状态"驱动的。② 近年来,一种更加先进的范式出现,其"人才解决方案"的特征是:引进具有全球思维的人员及其组织,进行循证管理,提供灵活多样的学习机会;在人才管理和职业发展方面具有更为广泛的涵盖面,不仅关注"顶尖人才",还重视广大员工队伍。

尽管在过去的 20 年中,关于全球人才管理的文献如雨后春笋般涌现,但学者们也感叹,"当前关于人才管理和绩效指标的文献很少关注实施过程、权力的作用和背景"。③ 有人还指出,全球人才管理文献缺乏"明确定义其经验工作框架的理论基础"。④ 同时,我们有必要超越目前对跨国公司(多数来自西方世界)全球人才管理实践的主要关注,并将更多注意力转向以高等教育为代表的知识领域,如在发展中国家的全球人才流动和世界大学的崛起。⑤ 因此,不仅要用成熟的理论框架来指导全球人才管理的实证研究,而且还要考察全球人才管理在不同社会政治环境下的实施过程和结果。

本章基于希尔吉(Khilji)、塔里克(Tarique)和舒勒(Schuler)开发的模型⑥,分析新加坡高等教育领域全球人才管理的经验。该模型认为,无论是国内还是国际机构,都不能免受特定国家和全球环境的社会、经济和政治影

---

① Liu, Hong, and Els Van Dongen. "China's Diaspora Policies as a New Mode of Transnational Governance." *Journal of Contemporary China*, 2016, vol. 25, no. 102, pp. 805-821. Tung, R. L. "New Perspectives on Human Resource Management in a Global Context." *Journal of World Business*, 2016, vol. 51, no. 1, pp. 142-152.

② Beechler, S, and Ian Woodward. "The Global 'War for Talent.'" *Journal of International Management*, 2009, vol. 15, no. 3, pp. 273-85.

③ Van den Brink, Marieke, Ben Fruytier, and Marian Thunnissen. "Talent Management in Academia: Performance Systems and HRM Policies." *Human Resource Management Journal*, 2013, vol. 23, no. 2, pp. 180-195.

④ McDonnell, A., D. G. Collings, K. Mellahi, and R. Schuler. "Talent Management: A Systematic Review and Future Prospects." *European Journal of International Management*, 2017, vol. 11, no. 1, pp. 86-128.

⑤ University of Oxford. *International Trend in Higher Education*, 2016-2017. 2017. http://www.ox.ac.uk/sites/files/oxford/trends%20in%20globalisation_WEB.pdf.

⑥ Khilji, S, I Tarique, R. Schuler. "Incorporating the Macro View in Global Talent Management." *Human Resource Management Review*, 2015, vol. 25, no. 3, pp. 236-248.

响,因此必须将全球人才管理的宏观观点纳入分析架构之中。这一框架包括四个趋势并塑造了全球人才管理的过程和结果:全球流动、综合人类发展议程、侨民效应和人才环流、人才流动和学习。他们强调,政府和非政府组织在越来越多地参与吸引和发展人才的活动,他们认为,纳入全球技术管理的宏观观点将扩大"全球人才管理的范围(超越个人和组织),具体解决与全球劳动力流动有关的问题"(见表6-1)。

表 6-1 宏观全球人才管理(MGTM)的架构

外在宏观环境	过程		结果
	核心功能	发展进程	
· 全球化 · 整合性的人力资源开发战略 · 侨民影响效应和人才环流	· 人才规划 · 人才招聘 · 人才培育 · 人才挽留	· 人才流动 · 知识转移 · 学习	· 经济发展 · 竞争力 · 创新 · 劳动队伍素质

来源:Khilji, S, I Tarique, R. Schuler. "Incorporating the Macro View in Global Talent Management." *Human Resource Management Review*, 2015, vol. 25, no. 3, pp. 236-248.

简言之,自1998年麦肯锡报告发布以来,人才管理和人才战争的重要性不仅受到私营部门的关注,也得到政府部门的注意。包括人才流动在内的全球化步伐加快,不仅促进了"人才流动"的动态模式,而且也使人才争夺战超越了国家边界。为了更好地了解全球人才管理的动态、特点和影响,我们需要将其置于一个宏观框架内,这个框架既包括国内和国际政治经济,也包括不断变化的全球环境。我们还阐明了将国内和全球人才管理相联系的重要性,因为尽管存在一些不同的变数(例如,国内人才有权投票,从而决定国家的政治未来),但他们处于同一个生态系统中。以下内容将致力于对新加坡在这样一个综合生态系统中的全球人才管理经验进行研究。

三、新加坡人才战略与高等教育发展图景

作为一个岛国,新加坡缺少自然资源和较大国内市场。1965年,当它被逐出马来西亚时,人们普遍怀疑它作为一个独立国家的生存能力。然而,尽管困难重重,新加坡还是设法实现了令人羡慕的经济繁荣和社会政治稳定。新加坡是"亚洲四小龙"之一,得到世界银行在20世纪80年代中期所谓"东亚奇迹"的赞扬。到20世纪末期,该国已从一个发展中国家跃身为发

达国家,2017 人均 GDP 年达 5.5 万美元(较 1965 年的 516 美元大幅增长),位列全球前十,远超包括英国在内的许多发达国家。

对"新加坡奇迹"已有许多解读。[①] 本章认为,动态治理在新加坡独立后的发展轨迹中起着至关重要的作用。动态治理指的是通过积极预测未来发展、收集反馈、评估绩效,强调学习、远见、向他人学习[②]和决策与实施适应性的前瞻性方法。高等教育领域全球人才战略的制定和实施是将国家从第三世界提升到第一世界国家的动态治理的关键组成部分。

正如我们在其他地方所强调的,[③]新加坡人才战略具有四大特点:作为国家战略得到最高政治领导层支持、系统地将促进经济增长和教育发展同纳入议程、制度化的政府吸引和培养人才的机制、全球人才战略的有效实施。本部分将着重于前三个特点,而具体实施层面则将在下一部分由南洋理工大学的案例研究来呈现。自 1965 年以来,新加坡的全球人才战略已成为该国总体人才战略的一部分,而该战略又受社会政治和经济转型所影响。新加坡高等院校的人才战略与新加坡整体上采取的类似计划齐头并进、密不可分。因此,前者的特点和重要性从一开始就已经确立。新加坡的人才战略,作为国家战略的一部分,是由国家最高政治领导层直接推动的。

自 1965 年建国以来,新加坡经历了三代政治领导,并在 2020 年大选后向第四代领导人过渡。他们在各自任职期间,根据社会和经济发展的需要,制定了国家的人才战略。在李光耀时代(1965—1990 年),重点是招募政治人才,特别是培养有才干的人才,并发展高等教育以支持经济增长。吴作栋执政期(1990—2004 年)正值新加坡从制造业导向的经济向知识驱动型经济快速过渡的关键时期。因此,他强调吸引全球人才。尽管在李显龙时代(2004 年至今)政治气氛稳定,但在此期间,新加坡经历了数次金融危机,给经济造成压力,导致工作市场紧缩。然后主流舆论发生了变化,公民对外国

① Vogel, Ezra. *The Four Little Dragons: The Spread of Industrialization in East Asia.* Cambridge: Harvard University Press, 1991. Huff, W. G. *The Economic Growth of Singapore: Trade and Development in the Twentieth Century.* Cambridge: Cambridge University Press, 1997. Lee Kuan Yew. *From Third World to First: The Singapore Story, 1965-2000*, Vol. 2. Singapore: Marshall Cavendish International Asia Pte Ltd, 2012. 李路曲:《新加坡道路》,北京:中国社会科学出版社 2018 年。

② Neo, Boon Siong, and Geraldine Chen. *Dynamic Governance: Embedding Culture, Capabilities and Change in Singapore.* Singapore: World Scientific Publishing, 2007.

③ 刘宏、王辉耀:《新加坡人才战略与实践》,北京:党建读物出版社 2015 年。

人的大量涌入表示反对。[①] 结果,该国的人才战略向内转向:首先是提高本国公民的素质和技能,鼓励新加坡人才从海外归来。国际人才政策须以减少当地人与新移民之间的冲突为方向,以实现社会和谐。

(一)人才战略作为国家政策核心

李光耀是新加坡共和国的开国元勋,1965 年至 1990 年任总理,2011 年前一直担任新加坡政府资政,在政策制定中发挥着重要作用,他的思想对新加坡人才战略的制定和实施产生了重大影响。正如我们所论证的,他的人才思想有三个核心要素:发展高等教育以培养人才,选拔有能力的政治领导人来管理政府,吸引外国人才来支持国家经济发展和提高竞争力。

李光耀认为,高等教育不仅有利于人才的培养,而且对经济发展不可或缺。早在 1962 年,即该国独立之前,李光耀就强调,需要做的事情有:一、设立大学,培养新加坡人和马来西亚人才,以实现成为工业化社会的目标;二、扩建新加坡大学和南洋大学,并配合裕廊工业区的发展计划;三、制订适当政策,扩大教育机构,并在今后 12 年内,吸引和培养有助于建设工业化社会的年轻人。[②] 显而易见,高等教育与国家的经济发展议程最开始就被联系起来了。李光耀说:"我们需要的人才不仅仅是能够扭转一个公司局面的人。我们需要能够体谅他人的情感、感觉和愿望的人"。他还不断重申为执政的人民行动党招募人才的重要性。[③]

在 1984 年的人民行动党干部会议上,李光耀谈到了政治与人才之间的关系,并强调了领导者并非偶然产生的事实。他解释说:"一旦人民行动党停止招募人才,它将变得虚弱,而人才将流向其他地方或对人民行动党的政治权力构成挑战。"在 1989 年的国会会议上,关于修改公务员薪水的一项议案中,他指出工资增加的原因如下:"保持稳定的政府,制定良好的政策并确保经济增长非常重要。这要求政府每年在每一批人当中吸引头 100 名学生中至少 30 名加入公务员体系。其中包括行政服务、公立医院、工程、会计或

① Liu, Hong. "Beyond Co-ethnicity: The Politics of Differentiating and Integrating New Immigrants in Singapore." *Ethnic and Racial Studies*, 2014, vol. 37, no. 7, pp. 1225-1238. Ho, E. L. E and F. Y. Foo. "Debating Integration in Singapore, Deepening the Variegations of the Chinese Diaspora." in Zhou, Min ed., *Contemporary Chinese Diasporas*. Singapore: Palgrave, 2017, pp. 105-125.

② Lee, Kuan Yew. *The Papers of Lee Kuan Yew: Speeches, Interviews and Dialogues* (1950-1990). Singapore: Lianhe Zaobao, 2011, pp. 435-437.

③ Lee, Kuan Yew. *The Papers of Lee Kuan Yew: Speeches, Interviews and Dialogues* (1950-1990). Singapore: National Archives of Singapore and Cengage, 2011, pp. 477-479.

法律部门的工作。否则,政府将无法为私营部门的增长提供条件。"①

培养本地人才是新加坡人才战略的核心,而新加坡却面临出生率下降和人口老龄化的问题。2010 年的生育率仅为 1.15‰,远低于 2.1‰ 的人口替代率。对于一个只有不足四百万公民人口的国家,仅依靠本土人才是不够的。李光耀曾指出,整个社会有大约 300 位高级公务员和政治精英肩负着政府政策实施的重任。如果这 300 人都同乘一架飞机并坠毁,那么新加坡将解体。

早在 20 世纪 80 年代,李光耀就已经意识到吸引全球人才的重要性。他在全国工会大会上谈到"未来"时指出:"如果没有这些外国出生的人才在政府各部门和法定机构中承担责任,新加坡将永远无法实现今天的成就。"他在 1989 年国庆群众大会讲话中说,政府吸引外国移民的政策"是为了新加坡的经济、社会和政治,不会妨碍任何新加坡人跃升其社会阶层"。李光耀在 2009 年强调,如果新加坡无法达到 2.1 的人口替代率,就会有麻烦。他说,新加坡需要来自中国、印度和东南亚年轻、有朝气的移民,这将有助于维持新加坡社会的生机与活力。②

如前所述,全球人才管理受到国家政治经济的制约。新加坡作为一个拥抱多元文化和多语言的包容性社会,其对全球人才的吸引力大大增强。经济转型进一步要求人才战略发挥其至关重要的作用。20 世纪末,新加坡经济发生了重大的结构性变化:劳动密集型制造业不再是经济增长的亮点,高附加值和高科技产业成为日益区域化和全球化的经济的推动力。从 1999 年开始,政府致力于发展知识型经济,并鼓励制造业和服务业的相辅相成。李光耀关于国内外人才发展的思想在过去的 50 年中极大地影响了政府的方针和战略。

吴作栋于 1990 年就任总理,当时他面临着全球化的挑战以及国内的低生育率。20 世纪 90 年代后的几年,人才开发的重点发生转变,由过去的优先重视国内人才的单一重点转化为同时吸引全球人才以增强国家经济竞争力的双重重点。他在 1999 年告诉全国:"重要的是人才。没有人才,我们不能成为第一世界经济体,也不能成为世界一流的家园。"吴作栋在 2001 年国庆集会演讲中谈到了吸引人才的必要性、可行性以及吸引人才的途径。他

---

① Lee, Kuan Yew. *The Papers of Lee Kuan Yew: Speeches, Interviews and Dialogues(1950-1990)*. Singapore: National Archives of Singapore and Cengage, 2011, p. 496.

② Lee, Kuan Yew. *The Papers of Lee Kuan Yew: Speeches, Interviews and Dialogues(1950-1990)*. Singapore: National Archives of Singapore and Cengage, 2011, p. 501.

认为,外国人才在帮助解决人口减少的问题和发展经济方面发挥着重要作用。正是在这样的背景下,吴作栋在 1997 年国庆集会演讲中宣布了"外来人才政策",强调新加坡需要三类外来人才:(1)高端人才,如首席执行官、科学家、学者和艺术家;(2)专业人士,如工程师、会计师、IT 专业人士、教师和管理人员;(3)技术工人,如公共汽车司机和技术人员等。

吴作栋时期的外国人才战略对新加坡社会产生了重大影响。外国人才以及大量移民涌入。根据 2010 年新加坡人口普查[①],非居民人口占总人口的 25.7%,高于前十年的 18.7%。永久居民的比例从 2000 年占总人口的 8.8%上升到 2010 年的 14.3%。外国出生人口占该国 2010 年劳动力总人口的 34.7%,明显高于 2000 年的 28.1%。[②]

2004 年,李显龙接替吴作栋,成为新加坡第三任总理。到那时,新加坡经济经过一系列的结构调整已经复苏,成为第一世界经济体。新加坡公众,特别是独立后出生的年轻公民,对政府及其责任有更高的期望。因此,政府在提高教育质量和促进终身学习方面做出了重大努力。正是这些呼声和全球化步伐的加快共同塑造了过去 20 年对全球人才战略产生重大影响的关键政策举措。这些举措包括"全球校舍项目"和"公立大学自主化"。

(二)从全球校区项目到技能创前程

如前所述,新加坡的人才战略与教育有着紧密的结构性联系,教育已占政府支出的近 20%,仅次于国防预算。过去四十年中教育部门快速发展。在 1980 年至 2000 年之间,大学录取率 从 5%增加到 21%。同期,理工学院的录取率从 5%增加到 38%。包括大学和理工学院在内的高等教育部门的总入学率从 1980 年的 10%提高到 2000 年的 59%。[③] 新加坡的高等教育具有三个更大的目的:培养本地人才,吸引外国人才以及促进海外人才回流。[④]

高等教育部门还有一个重要的经济功能。作为一个全球化的经济体,

① https://www.singstat.gov.sg/docs/default-source/default-document-library/publications/publications_and_papers/cop2010/census_2010_release1/cop2010sr1.pdf.

② Liu, Hong. "Beyond Co-ethnicity: The Politics of Differentiating and Integrating New Immigrants in Singapore." *Ethnic and Racial Studies*, 2014, vol. 37, no. 7, pp. 1225-1238.

③ Toh, M. H. "Internationalization of Tertiary Education Services in Singapore." ADBI Working Paper 388. Tokyo: Asian Development Bank Institute, 2012. Available at: http://www.adbi.org/workingpaper/2012/10/12/5263.internationalization.tertiary.educ.singapore/.

④ Lee, Jack T. "Education Hubs and Talent Development: Policymaking and Implementation Challenges." *Higher Education*, 2014, no. 68, pp. 807-823.

新加坡政府意识到教育国际化的发展趋势及其潜在贡献。在全球教育市场的价值约 2 兆 2000 亿美元的情况下,高等教育被定位为新加坡经济的主要创收部门。[1] "越来越多的人认为高等教育是一种直接的经济因素,应与其他这类因素结合起来加以治理,以提高经济竞争力,而不是从稳定的社会秩序中的职能分化和专业化的角度来看待高等教育。对它的判断应该基于经济效率和对国家创新体系、学习型经济、知识型经济的贡献。"[2]

正是在这种背景下,在 21 世纪初,新加坡努力将自己打造为"东方波士顿",也就是一个以知识为基础的全球中心,重视创新、创造力,同时积极维护大学与工业间的重要联系。[3] 政府启动了全球校区项目(Global Schoolhouse),该项目基于三个支柱:向"世界一流大学"提供财政支持,以便其在新加坡建立业务;到 2015 年吸引 15 万名外国留学生在私立和国立教育机构学习;重新塑造新加坡各级教育的模式,灌输冒险精神、创造力和企业家精神。[4] 与此同时,全球校舍倡议被视为国家向外国高等教育提供者和消费者开放其领土的一项重要战略。

在 21 世纪的前十年中,对新加坡全球人才管理产生了重大影响的另一项重要发展是本地公立大学向自治治理的转变。当时有五所公立大学:新加坡国立大学(NUS),南洋理工大学(NTU),新加坡管理大学(SMU),新加坡科技与设计大学(SUTD)和新加坡理工大学(SIT)。2005 年,教育部宣布:"作为自主化大学,新加坡国立大学,南洋理工大学,新加坡管理大学将拥有更大的灵活性来决定其内部治理、预算使用、学费和入学要求等事项,学校可利用这种灵活性,采取独特策略,为利益相关方带来最佳结果,从而脱颖而出。"[5]此举与教育部控制大学治理的每一个细节的传统做法大相径

[1] Ng, Pak Tee. "The Global War for Talent: Responses and Challenges in the Singapore Higher Education System." *Journal of Higher Education Policy and Management*, 2013, vol. 35, no. 3, pp. 280-292.

[2] Jessop, Bob. "Putting Higher Education in Its Place in (East Asian) Political Economy." *Comparative Education*, 2016, vol. 52, no. 1, pp. 8-25.

[3] Olds, K. "Global Assemblage: Singapore, Foreign Universities, and the Construction of a 'Global Education Hub'." *World Development*, 2007, vol. 35, no. 6, pp. 959-975. Mok, Ka Ho. "Singapore's Global Education Hub Ambitions: University Governance Change and Transnational Higher Education." *International Journal of Educational Management*, 2008, no. 22, pp. 527-546.

[4] Sidhu, Ravinder, K.-C. Ho, Brenda Yeoh. "Emerging Education Hubs: The Case of Singapore." *Higher Education*, 2011, no. 61, pp. 23-40.

[5] Ministry of Education, Singapore. "Autonomous Universities—Towards Peaks of Excellence." Singapore: Ministry of Education, January 6, 2005.

庭,旨在弘扬"创新精神"。有人指出,大学向自治的这个转变是由管理层驱动的。大学行政管理被赋予了更多的"经营业务的灵活性,在管理和财务事务上赋予了管理层更大的自主权和酌处权"①。在对"关键绩效指标"负责的同时,大学也必须继续发挥其培训毕业生来支撑新加坡经济的关键作用。②

2015年,全国性的"技能创前程"(Skills Future)计划启动,间接说明了高等教育与经济发展以及人才战略之间的紧密联系。其目的是利用公共资金和与教育机构合作,为学生开设终身学习的课程,提高当地劳动力的能力和技能。该计划侧重于四个主要领域:(1)帮助个人在教育、培训和职业方面作出明智的选择;(2)发展一个综合的、高质量的教育和培训体系,以应对不断变化的行业需求;(3)促进雇主认可和基于技能和掌握能力的职业发展;(4)培养和庆祝终身学习的文化。③

高等院校和大学一样,是社会的一部分。因此,新加坡的整体人才战略,自然对南洋理工大学等高等院校有很大影响。从20世纪末开始,随着新加坡经济向知识型经济转型,以及新加坡成为亚洲"教育中心",它们一直在快速增长。

(三)全球人才管理和公私合作的制度化

新加坡全球人才管理的主要特征在于政府政策与市场机制之间的有效合作。政府提供有利的政策和指导原则,但并未包揽全局。相反,它使用一个衡量系统来吸引来自世界各地的人才。

经济发展局(EDB)和人力部共同成立了"联系新加坡(Contact Singapore)",可以看作国家的猎头公司,目的是吸引国际人才到新加坡工作、投资和生活。它在包括北京、上海在内的亚洲城市以及欧洲、北美地区设有办事处,为有兴趣在新加坡工作、投资或开展商业活动的人才提供一站式服务平台。该机构还与新加坡的私营部门合作,协助寻找新加坡的潜在投资者。④

① Mok, Ka Ho. "When State Centralism Meets Neo-liberalism: Managing University Governance Change in Singapore and Malaysia." *Higher Education*, 2010, no. 60, pp. 419-440.
② Ng, Pak Tee. "The Global War for Talent: Responses and Challenges in the Singapore Higher Education System." *Journal of Higher Education Policy and Management*, 2013, vol. 35, no. 3, pp. 280-292.
③ http://www.mom.gov.sg/employment-practices/skills-training-and-development/skillsfuture.
④ 刘宏、王辉耀:《新加坡人才战略与实践》,北京:党建读物出版社2015年。

"联系新加坡"不仅旨在吸引外国人才,还希望将新加坡与海外新加坡人(人数超过 22 万,其中许多受过高等教育)联系在一起,从而为海外新加坡人的返乡铺平道路。"联系新加坡"的网络一方面有助于海外新加坡人了解其所在地及国外的职业发展,另一方面有助于在他们决定回家时做出快速反应。

吸引和管理国际人才需要一套完整的行政措施体系。新加坡定义、识别、奖励和管理国际人才的战略有几个独特之处。新加坡吸引国际人才的渠道是多样化同时又互相协调的。人力部的国际人才部(现更名为国际人力部)负责设置全球人才招聘的参数,它根据经济不断变化的需求更新年度战略和技能需求清单。例如,新加坡对海外人才的需求行业包括银行和金融、制药、化工、电子设备制造、医疗保健、信息和通信、交互式数字媒体、法律、航运和旅游业。具有这些相关技能的外国人在申请工作许可时会被优先考虑。人力部还推出了免费的在线自我评估工具,以使潜在的雇主或雇员能够确定其工作许可能否获批。

新加坡政府吸引了大量外国人才,因此非常重视这些人才的社会融入。2007 年,总理办公室成立了国家人口和人才司,负责帮助移民融入社会,并促使他们为新加坡社会做出贡献。政府也拨出了 1000 万新元设立社区融合基金。2009 年,公共和私营部门共同成立了国家融合理事会,以帮助新移民融入社会,并促进社会各部门之间的互信。理事会的工作重点包括提高公众对移民融合政策重要性的认识,帮助新居民适应新加坡的生活方式(例如了解当地文化和社会规范),以及培育新加坡人和新移民的归属感。[1]

(四)公众对全球人才战略和政策调整的回应

尽管采取了上述政策举措旨在让外国人融入当地社会,但包括外国人才在内的大量移民的迅速涌入使许多新加坡人感到自己与新移民(包括来自中国大陆的新移民)之间的差异太大。大量移民的涌入加剧了对社会资源(如工作、公共住房、交通、学校和医疗保健)的竞争。公众们还怀疑这些新移民的忠诚度。[2] 全球校舍项目反映出,新加坡人越来越反对"开放"政

---

[1] 周敏、刘宏:《海外华人跨国主义实践的模式及其差异——基于美国与新加坡的比较分析》,《华侨华人历史研究》,2013 年第 1 期,第 1—19 页。

[2] Liu, Hong. "Beyond Co-Ethnicity: The Politics of Differentiating and Integrating New Immigrants in Singapore." *Ethnic and Racial Studies*, 2014, vol. 37, no. 7, pp. 1225-1238. 周敏、刘宏:《海外华人跨国主义实践的模式及其差异——基于美国与新加坡的比较分析》,《华侨华人历史研究》,2013 年第 1 期,第 1—19 页。

策,因为当地大学的名额流失到了外国留学生手里。① 在 2011 年 5 月的大选和 2011 年 8 月的总统大选中,移民成为热门话题。民众对移民政策(全球人才战略也是其中不可或缺的组成部分)的不满成为人民行动党只获得 60％民众选票而反对党获得 40％选票的主要原因,这是自 1965 年独立以来人民行动党最低的得票率。

2011 年大选之后,政府推出了"新加坡人优先"政策,放慢了移民的步伐,提高了移民的门槛。一方面,此政策扩大了公民、永久居民和外国人之间的在获取社会公共资源方面的差距,另一方面,吸引新加坡的海外人才回国。全球校舍计划进一步将重点转移到"建立与行业相关的人力资源,以及帮助吸引、发展和留住人才"上。这体现了新加坡全球人才战略的整体变化。"在全球和本地之间实现正确平衡,已取代了对管理全球化的强调。"②

新加坡高等教育和研究部门的外国人才战略反映了一种全球趋势,即在人才管理方面公共和私人的领域边界正在模糊。"大学逐渐从由思想系统支持的大学体系转变为一种管理体系,原本的思想体系使教授们期望并享有较高的独立性和自主性,并且相对不受任何管理和问责感的束缚。管理体系则是采用了私营部门的方法。"③高等教育和全球人才战略背后压倒一切的经济发展逻辑可能产生了一些意想不到的后果。新加坡大学与西方大学之间的组织文化差异可能会引起外国学者的质疑,即仅仅因为有财政支持,他们是否应该遵循官方研究议程。④ 在全球化和比较视角上看,随着学术领域的愈加国际化,新加坡案例还反映出学术流动性与知识、身份资本之间日益相互缠结的复杂关系。当代学术界的流动发生在民族国家之间的

---

① Lo, William Yat Wai. "Think Global, Think local: The Changing Landscape of Higher Education and the Role of Quality Assurance in Singapore." *Policy and Society*, 2014, vol. 33, no. 3, pp. 263-273.

② Lo, William Yat Wai. "Think Global, Think Local: The Changing Landscape of Higher Education and the Role of Quality Assurance in Singapore." *Policy and Society*, 2014, vol. 33, no. 3, pp. 263-273.

③ Van den Brink, Marieke, Ben Fruytier, and Marian Thunnissen. "Talent Management in Academia: Performance Systems and HRM Policies." *Human Resource Management Journal*, 2013, vol. 23, no. 2, pp. 180-195.

④ Ng, Pak Tee. "The Global War for Talent: Responses and Challenges in the Singapore Higher Education System." *Journal of Higher Education Policy and Management*, 2013, vol. 35, no. 3, pp. 280-292. Krishna, V. V. and S. P. Sha. "Building Science Community by Attracting Global Talents: The Case of Singapore Biopolis." *Science, Technology and Society*, 2015, vol. 20, no. 3, pp. 389-413.

旧等级体系中,但这种旧等级体系又与新学术阶层交织在一起。①

应该指出,虽然政策重点已经从吸引全球人才转移到培养本地人才,包括通过国家推动的计划,如"技能创前程"计划,为本地劳动力进行经济结构调整和第四次工业革命做好准备。虽然民粹主义政策在许多工业化国家出现了,但新加坡并没有支持民粹主义政策。李显龙总理在 2013 年"研究、创新和创业理事会(Research,Innovation and Enterprise Council)"会议上说:为了取得更大的进步,我们需要好的人、好的计划才能取得好的成果。人才的部分最关键,即必须先拥有人才。为了维持研究领域的生机,我们必须吸引国际人才,同时还要培养本地人才。这两者都需要做好。②

我们可以从上述讨论中得出一些初步结论。首先,自 1965 年新加坡独立以来,人才战略就被列为国家政策的优先事项,并且该战略已与社会经济发展的进程一起实施。由于生育率下降以及向知识型经济的过渡,新加坡还通过使用全球人才战略补充其国内人才战略,为接纳高技能移民加入劳动力市场敞开大门。两种策略的整合为该国的增长和向第一世界经济体的转型做出了重大贡献。

其次,高等教育被视为经济增长和创新的主要动力,在整体人才战略中发挥了重要作用。作为世界上最全球化和与国际联系最紧密的经济体之一,新加坡高等教育在过去二十多年里在国际学者人才流动中受益良多。例如全球校舍项目这样,新加坡的内部结构和政策调整以及 21 世纪前十年公立大学向自主化的转变,让新加坡做好了充分准备,以迎接高等教育国际化和人才环流带来的机遇。

最后,全球人才战略是一项公共政策,不仅因为其是该国移民政策的重要组成部分(因此影响了当地的社会经济格局),而且还因为它在公众中反响不一。自 2011 年大选以来,这已导致新加坡对移民(包括人才)发展的关注重点发生了变化。尽管仍然欢迎全球人才,但过去几年中大规模实施的"技能创前程"计划说明,新加坡更加注重开发本地人才和本地劳动力。简

---

① Kim,Terri. "Academic Mobility, Transnational Identity Capital, and Stratification under Conditions of Academic Capitalism." *Higher Education*, 2017, no. 73, pp. 981-997. Yonezawa, Akiyoshi, Hugo Horta, Aki Osawa. "Mobility, Formation and Development of the Academic Profession in Science, Technology, Engineering and Mathematics in East and South East Asia." *Comparative Education*, 2016, vol. 52, no. 1, pp. 44-61.

② PM Lee, Hsien Loong, Chairman of Research, Innovation and Enterprise Council (RIEC), speaking at the 7th RIEC press conference, Oct 25, 2013. http://www.nrf.gov.sg/science-people/r-d-talent#sthash.v4u3BfLm.dpuf.

言之,新加坡的经验证明了全球人才管理宏观观点的有效性,并强调了在塑造全球人才战略的特点和成果时,融入民族国家政治经济现实状况的重要性。

四、南洋理工大学的人才战略与实践

新加坡动态治理的精髓在于公共政策的有效执行和动态调整。[①] 因此,有必要在运营层面研究上一节所述的全球高等教育领域人才战略是如何实施的。尽管对新加坡国立大学(NUS)和南洋理工大学(NTU)已有一些研究,[②]但并未有学者尝试将 NTU 人才战略的演变融入全球人才管理和新加坡高等教育政治经济的背景下加以分析。本节简要讨论人才管理的实践,即南洋理工大学师资的招募、培养和评估。[③]

南洋理工大学是一所科研密集型的公立大学,坐落于成立于 1955 年的原南洋大学校园内。其前身是 1981 年的南洋理工学院(NTI)。南洋理工学院在 1991 年与国立教育学院合并,升格为一所大学,并更名为南洋理工大学(NTU)。这所新建立的大学迅速发展,很快从培训工程师扩展到综合性的高等教育学府。南洋理工大学的愿景和使命是:"一所伟大的全球性大学,以科学技术为基础,通过研究和广泛学科领域的广泛教育来培养领导者。"通过吸引顶尖人才进入其教学和科研人员队伍,不遗余力地培养创新型、跨学科的人才来领导该大学,来努力创新和变革。

南洋理工大学分为五个大学院(相等于学部),分别是工程学院、人文、艺术与社会科学学院、理学院、南洋商学院和李光前医学院。这五所大学院包括 13 所学院。同时还包括国立教育学院,专业和继续教育学院,跨学科

① Neo, Boon Siong, and Geraldine Chen. *Dynamic Governance: Embedding Culture, Capabilities and Change in Singapore*. Singapore: World Scientific Publishing, 2007.

② Xavier, C. A. and L. Alsagoff. "Constructing 'World-class' as 'Global': A Case Study of the National University of Singapore." *Educational Research for Policy and Practice*, 2013, vol. 12, no. 3, pp. 225-238. Lim, Chin-Heng, and Freddy Boey. "Strategies for Academic and Research Excellence for a Young University: Perspectives from Singapore." *Ethics in Science and Environmental Politics*, 2014, vol. 13, no. 2, pp. 113-123.

③ 本节的数据主要基于可公开获得的官方文件,例如大学的年度报告,南大高层管理人员的主要政策声明,以及笔者在 2011 年至 2022 年担任南洋理工大学学院长期间的实践经验和参与性观察。人文与社会科学学院(2011—2017),在 2017 年成为该校最大的学院(学生和教师人数),并因而改组为人文学院和社会科学学院。必须强调,本章的解释仅代表作者个人的看法,并不代表南洋理工大学的观点。相关内容详见刘宏、贾丽华、范昕:《新加坡高校人才战略的理念建构和实践运作——以南洋理工大学为例》,《公共管理与政策评论》,2017 年第 6 卷第 4 期,第 50—59 页。

研究生院和拉惹勒南国际关系研究院。南洋理工大学提供从工程、商业和医学到媒体和大众传播、教育、人文和社会科学的课程。南洋理工大学2017年的统计数据显示，该大学共有来自81个国家及地区的5253名教职员工和研究人员，24300名本科生和8900名研究生。①

南洋理工大学遵循新加坡的国家战略，促进研究和创新。作为一所正在崛起的全球性大学，南洋理工大学具有国际视野，也是东西方的交汇点。近年来，该大学在国际公认的四个世界大学排名中取得了长足进步。它在2019年QS世界大学排名中排第11位（在2010年的排名中位居第74位），为亚洲排名第一的大学（与新加坡国立大学并列）。它连续五年被QS评为全球年轻大学（成立时间在50年内）。2019年，南洋理工大学在《泰晤士报高等教育》世界大学排名中上升至第48位（从2010年的174位上升至该名次）。在2019年《美国新闻与世界报道》的世界大学排名中，南洋理工大学位列第43位。上海交通大学发布的《2019年世界大学学术排名》将南洋理工大学排在第73位（从2010年的第301—400位上升至该名次）。此外，南洋理工大学还因其在其他许多方面的成就而受到赞誉，研究领域包括工程、化学、材料科学和教育。

虽然没有任何排名是完美的，也没有单一的标准来判断大学的成就，②但所有关键绩效指标都表明南洋理工大学在过去十年中取得了显著进步，这一事实的确证明该大学已经做对了一些事情。一所年轻大学如何在如此短的时间内取得如此显著成就？

如前一节所示，人才发展的总体战略和高等教育的大量资金支持在这一过程中发挥了重要作用，但我们认为，人才管理是推动南洋理工大学发展的另一个关键因素。无论从速度、深度和广度还是未来的前景来看，师资素质将在很大程度上决定一所大学的发展。南洋理工大学的快速增长是由于在2006年获得自主化后采取了一系列吸引和培养人才的新措施，并建立了管理和评估体系。

南洋理工大学的人才战略分为两个层面：自上而下和自下而上两种方

① Nanyang Technological University. *The Next wave*: *Annual Report* 2017. Singapore: Nanyang Technological University, 2017.

② Goglio, Valentina. "One Size Fits All? A Different Perspective on University Rankings." *Journal of Higher Education Policy and Management*, 2016, vol. 38, no. 2, pp. 212-226. Soh, Kay Cheng. "The Seven Deadly Sins of World University Ranking: A Summary from Several Papers." *Journal of Higher Education Policy and Management*, 2017, vol. 39, no. 1, pp. 104-115.

法的结合,以及内部程序和外部评估之间的协同作用。接下来,我们将介绍该策略及其背后的思想。

在南洋理工大学的师资招募中,各个学院负责招募的具体工作。除了各种专业杂志和网站外,这些招募广告还刊登在美国《高等教育纪事报》和英国《泰晤士报高等教育》等全球重要媒体上。这样可以确保在全球范围内找到最佳候选人。招聘委员会的组成也有确定的标准。例如,在招募副教授时,遴选委员会必须由五名正教授组成,其中两名来自学院以外。如招募助理教授,委员会的三名成员必须是副教授或以上。

符合国际标准的外部评估在选择过程中也起着关键作用。正教授的申请将需要至少 10 名来自校外的专家的评估,这些专家都是相关领域的国际知名学者。入围的三名候选人必须在校园面试期间为本科生上一堂课,学生的反馈和评价对最终的选拔结果有很大影响。应聘者还必须向研究生和教员做科研报告,并接受遴选委员会及院长的面试。只是在此过程之后,遴选委员会才会通过学院院长和学部院长推荐其中一位候选人以供大学批准。具有终身教职的副教授和正教授的任命需要由大学董事会的学术委员会批准,该董事会是大学治理框架内的最高管理机构。学术委员会为大学的学术研究以及教职员工和相关事务的管理提供政策指导并对其进行监督,甚至直接给予支持。

通过如此严格和严谨的程序,南洋理工大学才能够招募来自世界各地的优秀教师,使该大学迅速发展。在培养人才方面,南洋理工大学采用了几种做法,包括:提供具有国际竞争力的薪酬方案和科研启动经费;营造有利的学术环境,搭建完善的人才培养体系;制定由经验丰富的教员工领导的导师计划和教学培训计划,以指导新的教职员工等。

在 2006 年至 2015 年之间,助理教授可获得三个为期三年的合同,总共九年。他们在第五年之后可以申请副教授和终身教职。如果他们第一次尝试失败,则允许他们再次尝试。如果他们再次失败,他们将需要在第九年年底或完成第三个三年合同之后另谋高就。大学从 2016 年开始更改了系统:第一个合同为期四年,完成四年合同后,成功的任期申请者将获得第二个三年合同。在此期间,教师可以申请终身任用的副教授职位。

就像所有国际知名的研究型大学一样,获得终身教职是所有大学教师的职业生涯的重要里程碑。这不仅是对他们在教学和研究方面的能力的认可,而且是一种工作保障,因为它使终身任职的教师可以持续工作,直到退休为止(目前为 65 岁),此外还享有全薪学术休假等其他福利。对于助理教授来说,他们的终身职位申请和副教授职位晋升是同步进行的。大学每年进行两次升职申请和评估。申请者必须经过严格的评估,包括教学、研究和服务领域,其各自权重为 5∶5∶2。在教学方面,评估包括学生对教学的反馈。研究评估主要是针对候选人在其各自领域的国际影响力,它包括研究出版物的数量、质量以及引文、研究项目和奖项等。在服务领域,评估包括候选人的国际期刊编辑委员会及其在大学、政府和社区中的服务。①

　　大学人才管理的另一个重要方面是年度绩效评估系统。南洋理工大学考虑其教授、副教授、助理教授、高级讲师和讲师的不同工作范围。在一定程度上,它起到了类似美国的终身教职获得后的发展评估的作用。② 该系统是一种机制,可确保所有教师在整个学术生涯中表现良好。

　　简言之,南洋理工大学可以在如此短的时间内成为全球性知名大学,部分原因是新加坡政府对高等教育的重视,以及对当地公立大学的大量投资,这使它们摆脱了财务负担。在我看来,一个同样重要的原因在于大学的有效治理结构和人才管理实践,其中包括吸引、培养和评估学术人才。南洋理工大学 65% 左右的教师和科研人员来自新加坡以外地区的事实不仅彰显了新加坡在国际人才战争中的有利地位,也证明了全球人才管理在工作中的有效性。

五、结论与未来研究方向

　　本章说明了全球人才管理对国家社会经济发展的重要性。虽然全球人才管理是个相对年轻的学术研究领域,但由于人们普遍认识到全球人才战争对一个国家社会经济增长的关键作用,因此,全球人才管理越来越受到学术界、从业人员和决策者的关注。虽然招聘、吸引和留住人才一直是人力资

---

① 另请参见 Lim, Chin-Heng, and Freddy Boey. "Strategies for Academic and Research Excellence for a Young University: Perspectives from Singapore." *Ethics in Science and Environmental Politics*, 2014, vol. 13, no. 2, pp. 113-123. 刘宏、贾丽华、范昕:《新加坡高校人才战略的理念建构和实践运作——以南洋理工大学为例》,《公共管理与政策评论》,2017 年第 6 卷第 4 期,第 50—59 页。刘宏、李光宙编著:《国际化人才战略与高等教育管理——新加坡经验及其启示》,广州:暨南大学出版社 2020 年。

② Aper, J. p., and J. E. Fry. "Post-Tenure Review at Graduate Institutions in the United States: Recommendations and Reality." *The Journal of Higher Education*, 2003, vol. 74, no. 3, pp. 241-260. June, Audrey Williams. "Most Professors Hate Post-Tenure Review. A Better Approach Might Look Like This." *The Chronicle of Higher Education*, Feburary 11, 2018.

源文献和实践的核心，但我们的研究凸显了将宏观视角融入全球人才管理的框架的必要性。[①] 在人才流动和国际学术流动步伐加快的时代，全球高等教育人才管理对推动创新和提升经济竞争力的贡献是巨大的。

作为一个新独立国家，新加坡在几十年内成功地从贫穷的第三世界国家转变为高度繁荣的第一世界经济体，是政府治理、人才发展和经济转型的典范。在公共部门和公立大学的管理中，动态治理的关键作用显而易见，即前瞻性的政策制定和有效实施以及与国内和全球社会政治环境相适应的调整。21世纪第一个十年的全球校舍项目和公立大学的自主化管理模式为该国向知识型经济的发展奠定了坚实的基础。尽管在2011年大选之后对移民政策进行了调整，但新加坡仍将致力于吸引能够为该国的进一步发展做出贡献的全球人才。

南洋理工大学在全球高等教育领域迅速崛起的案例表明，在人才培养方面，全球人才管理在国家层面的动态治理与在地方层面有效实施巧妙结合。尽管其他大学不可能全面复制其成功经验，但其他国家可以酌情考虑其内在理念和机制。其中包括：为大学建立独特的文化，发展以学生为中心的学习系统，追求全球前沿的研究，将自己定位为国家服务并促进该地区的社会经济发展；制定和实施系统的战略，以招募和培养国内外人才，使他们可以在高等教育中发挥重要作用，并根据其教学效果和对研究的全球影响，建立健全评估教职员工的结构，并辅以服务贡献。

我们的讨论还指出了高等教育治理中全球人才管理的未来研究方向。首先，有必要在非西方国家探索全球人才管理的比较经验。虽然最近有了一些关于非西方大学经验的研究，[②]但现有的全球人才管理研究主要还集中在商业公司和如何在更高层次实践西方工业化国家的历程。随着全球经济重心不断向亚洲转移，其高等教育的发展速度大大加快，对比不同的全球

① Khilji, S, I Tarique, R. Schuler. "Incorporating the Macro View in Global Talent Management." *Human Resource Management Review*, 2015, vol. 25, no. 3, pp. 236-248.

② Mok, Ka Ho. "When State Centralism Meets Neo-liberalism: Managing University Governance Change in Singapore and Malaysia." *Higher Education*, 2010, no. 60, pp. 419-440. Xavier, C. A. and L, Alsagoff. "Constructing 'World-class' as 'Global': A Case Study of the National University of Singapore." *Educational Research for Policy and Practice*, 2013, vol. 12, no. 3, pp. 225-238. Soh, Kay Cheng, and Kwok Keung Ho. "A Tale of Two Cities' University Rankings: Comparing Hong Kong and Singapore." *Higher Education*, 2014, no. 68, pp. 773-787. Liu, Xu. "The Governance in the Development of Public Universities in China." *Journal of Higher Education Policy and Management*, 2017, vol. 39, no. 3, pp. 266-281. Rungfamai, Kreangchai. "Research-university Governance in Thailand: the Case of Chulalongkorn University." *Higher Education*, 2017, no. 74, pp. 1-16.

人才管理经验势在必行。从这个意义上讲,高等教育治理中的全球人才管理既是对新兴的亚洲治理模式的反映,也是对它们的强化。[①]

其次,必须将国内外的人才管理纳入一个统一的研究框架。现有文献倾向于在具有不同分析单位的单独框架下对待两者。尽管毫无疑问,工作中存在着不同的兴趣和操作逻辑,但国内和全球人才管理的机制和结构是紧密相连的,并且在高等教育领域,人才的招聘、培养和评估具有某些统一的全球基准(这些基准随着各种全球大学排名而进一步被强化)。在管理国内和全球人才方面,两种制度的分离可能导致双重标准以及特定群体的士气低落甚至异化,这与人才管理的选贤与能的本质是相背离的。

最后,我们需要进一步研究全球人才战略对公共政策领域的影响,反之亦然。如新加坡个案所示,外来人才政策已成为该国移民政策不可或缺的一部分,近年来,移民政策受到了越来越多的公众关注。尽管新加坡政府在接纳全球人才方面保持了自己的立场,但一些发达国家已经关闭了外来移民的大门,转而采取民粹主义政策。从长远来看,这将如何影响全球人才管理? 如何在民族主义情绪和全球人才环流的逻辑之间建立合理的平衡? 以及这些趋势将如何影响国际高等教育治理? 这些都是未来重要的问题,需要我们从跨学科的角度进行比较和实证研究。

本章原稿为:Liu, Hong. "Global Talent Management and Higher Education Governance: The Singapore Experience in a Comparative Perspective," in Liu, Yipeng Eric, ed., *Research Handbook of International Talent Management* (Cheltenham, UK: Edward Elgar, 2019), pp. 339-363.

① Marginson, Simon. "Higher Education in East Asia and Singapore: Rise of the Confucian Model." *Higher Education*, 2011, no. 61, pp. 587-611. Liu, Hong, and Tingyan Wang. "China and the Singapore Model: Perspectives from the Mid-Level Cadres and Implications for Transnational Knowledge Transfer." *The China Quarterly*, 2018, no. 236, pp. 988-1011. Wang, Tingyan, and Hong Liu. "An Emerging Asian Model of Governance and Transnational Knowledge Transfer: An Introduction." *Asian Journal of Public Policy*, 2018, vol. 11, no. 2, pp. 121-135.

第七章　英国研究型大学政府外渠道
筹资的战略和举措
——以曼彻斯特大学为例

在高等教育迅速发展和国际化、资源竞争日益激烈的今天,研究型大学如何根据自身特点,拓宽政府外筹资渠道,有着非同寻常的战略意义。本章以曼彻斯特大学这样一所世界知名的研究型大学为主要研究对象,分析其为谋求自身发展而采取的四种主要的政府外筹资方式,并且阐述了对时下中国的研究型大学的借鉴意义。

一、研究型大学的政府拨款外筹资问题的提出

(一)英国的研究型大学联盟

不同的国家对于大学有着不同的分类,对于研究型大学的界定也有所不同。本章笼统地把研究型大学定义为,那些以培养高层次科学研究和精英人才为己任,以创新性的知识传播、生产和应用为中心,以产出高水平的科研成果为目标,并且在社会发展和国家战略中发挥重要作用的大学。英国的研究性大学在历史发展中形成了既竞争又联合的特点,他们一方面通过大学合并和科研整合来提高自身的竞争力,另一方面又积极开展校际联盟,以进一步提升和发展大学的研究和创新能力。

目前规模最大的大学联盟集团是成立于 1994 年的罗素大学联盟(Russell Group),包括牛津、剑桥、曼彻斯特大学等 24 所世界著名的研究性大学,2015—2016 学年共有在校学生 166,000 人。① 据 2007 年度的统计,这个联盟占据了英国约 66％的英国研究经费和收入(约 20.2 亿英镑),56％的博士授予,30％的欧盟外留学生。在 2017 年,它们的研究给英国经济带来了 340 亿英镑的收入,对整个国家经济的整体贡献是 868 亿英镑。② 这些

---

① 24 所高校名单见 https://russellgroup. ac. uk/about/.

② https://russellgroup. ac. uk/about/the-economic-impact-of-our-universities/.

数字表明,著名的研究型大学在取得社会资源和培养研究生方面,有着一般大学无法与之抗衡的实力。

(二)高等教育经费来源与政府拨款

根据英国高等教育统计局(Higher Education Statistics Agency,简称HESA)的分类,2010 年时,英国高等教育经费来源可大体分为六种:一是来自国家基金委员会(Funding Councils)的资助,二是来自学费,三是通过学校同研究委员会(Research Councils)等机构签订的研究合同获取经费,四是通过大学对外提供服务(如咨询服务等)获取收入,五是来自捐赠和投资所得,六是通过其他途径获得的收入(如承办会议所得的报酬,地方政府提供的专项资金,知识产权所得税等)。

英国大学经费主要由政府提供,但是对于具体的经费分配则由政府与学校的中间机构负责,并订立经费分配方案以资遵循,几经变迁,2018 年之前,这一中间机构为高等教育基金会(Higher Education Funding Councils,简称 HEFCs)。根据 1992 年《继续及高等教育法案》,英国政府将 1989 年成立的大学拨款委员会(UFC)和多元技术拨款委员会(PCFC)合并,并按地区成立了三个高等教育基金会,分别为英格兰高等教育基金会、苏格兰高等教育基金会、威尔士高等教育基金会,来负责分配英国三个行政区域的教育经费分配。大学基金委员会对高等教育实施基金分配和质量监督,它根据每四年一次的评估结果制订大学基金分配方案,并与大学签订合同,监督经费的使用效益,从而保证高等教育的方向和经费的合理配置。

英国大学具体的经费分配由高等教育基金会执行。[1] 英格兰基金会在资金分配上一般将教学与科研分开处理。对于教学费用的计算和分配,每年分为四个阶段。[2] 计算的主要依据有:学生数、学科相关因素、学生相关因素、学院相关因素。英格兰的科研经费的分配主要依据大学的绩效表现。英格兰采用双轨资助方式扶持科学研究:高等教育基金会分配资金和研究委员通过投标方式来资助特定的研究项目。这两种力量共同资助了高等教

---

[1] 该机构在 2018 年 4 月重组为英国科研与创新局(UK Research and Innovation)和学生事务局(Office for Students)。

[2] HEFCE. *Funding Higher Education in England:How HEFCE Allocates Its Funds Higher Education Funding Council for England*. 2005. http://www.hefce.ac.uk/pubs/hefce/2005/.

育中约为 55％的研究经费。①

英格兰高等教育基金会的分配方式分两步。第一步,是根据研究的相应成本和规模来决定每个学科可获得资金的数量。第二步,质量将起到关键性的作用。每所大学的研究质量参照定期的研究评估检测结果。② 研究评估检测把各个学校的研究质量分为 1 至 5 不同的级别,学校被评定的研究质量级别越高就会获得越多的经费支持。以上可以解释为什么研究型大学注重学生的数量和 RAE 成绩,因为这些因素将直接影响大学从政府那里得到的经费收入。

(三)学生学费

由前英国邮电总署署长罗思·迪林爵士领导的"全国高等教育调查委员会"的调查结果显示:大学经费严重不足,大学的"资助系统岌岌可危"。报告警示:缺少教育经费将损害高等教育的质量和效度。该报告还预计在未来 20 年里,需要 20 亿英镑的教育经费用于学生人数扩张、支持非全日制学生、保障高等教育有足够的基本设施、根据人均收入提高学生的生活费等等。英国政府在过去的 15 年里,对于教育的财政支持已经缩减了 40％。以布里斯托大学为例,培养一个医学本科生的费用是每年 2 万英镑,政府资助1.4 万英镑,学生交纳学费 3000 英镑,学校还要另外寻找渠道以弥补不足的 3000 英镑教育经费。尽管英国大学有上亿的学费收入,但是现在面临的负债比过去十年的任何阶段都要高。一些大学在 2009 年增加学生的学费(英国本国学生的学费上限是 3145 英镑),当英国本国学生的学费从原来的每年 1150 英镑涨到现在的 3000 多英镑时,学生们已怨声载道。学生联合会主席图梅尔蒂认为:"我们一直在寻求可持续方法来增加高等教育资金,但是提高学费的上限不是解决问题的办法。大学应该考虑自身的经济局限性。"

外国留学生的学费在 2009 年占教育总收入的 8％,所以增加外国学生

---

① OECD/IMHE-HEFCE. *Financial Management and Governance in HEIs：England.* OECD IMHE-HEFCE Project on International Comparative Higher Education Financial Management and Governance OECD. Paris, 2004.

② 根据 2008 年 12 月中旬公布的研究评估检测的评审结果,曼彻斯特大学名列全国第三,仅次于剑桥大学和牛津大学。英国政府在 2010—2014 年用新的研究评估和资助框架——研究卓越框架(Research Excellence Framework,简称 REF)逐渐取代研究评估检测(Research Assessment Exercise,简称 RAE)。新的研究评估标准更注重学科差别,如自然学科领域和非自然学科领域的估价和资助方式,以及如何合理地使用定量指标。

的人数也是提高大学的教育收入的一种办法,但是外国留学生的数量不是固定数字,大学必须有足够的国际竞争力和实力来吸引他们。以上这些资料无不表明,英国高等教育经费的增长与规模的扩展不成比例,其主要结果是,大学办学经费越来越紧张。在全球金融危机愈演愈烈的时刻,显然依靠政府增加拨款是行不通的。那么提高学费又怎么样呢? 这样做也不现实,只会加重学生的经济负担,有碍促进公平教育。由此可见,寻求政府之外的筹资渠道,争取社会捐款,拓展大学经费的来源,促进大学的国际竞争力,成为很多英国大学的共同选择。

二、曼彻斯特大学政府拨款外筹资的目标和意义

(一)完善大学合并的需求

曼彻斯特大学(以下简称曼大)位于英格兰北部的工业、科技、交通重镇曼彻斯特,是英国最著名的大学之一,有着近 200 年的悠久历史,世界第一台计算机诞生于此。曼大的前身是分别创立于 1851 年和 1824 年的英国著名的曼彻斯特维多利亚大学和曼彻斯特理工大学(UMIST),这两所世界一流学府经过上百年的独立发展,终于于 2004 年 10 月合二为一,成为全英国规模最大的大学。曼大是罗素大学联盟的成员,其通过大学合并和学科整合提升了自己在科研领域的实力。曼大共产生了 25 位诺贝尔奖获得者。在 2008 年英国政府公布的 RAE 结果中,有 80% 的专业被评为"5 *"或"5"。在 2014 年的 REF 评比中,83%的专业被评为世界领先或国际水准的专业。在 2019 年《泰晤士报》评选的英国院校研究总体排名中居第 6 位,世界大学中,居第 33 位。在 2020 年 QS 世界大学排名中名列第 27 位。合并后的曼大整体实力有所增强,可是庞大的学生人数和师资队伍对曼大的筹资能力提出了严峻的挑战。

(二)实现世界一流大学的需要

在大学整合的同时,曼大提出了雄伟的战略目标。《曼彻斯特大学迈向2015 年的战略计划书》指出,曼大力争在 2015 年发展成世界杰出的研究、创新和学术中心,曼大的筹资决心和筹资策略也跃然纸上。在知识和技术转让方面,该计划提出,要为学校师生提供机会,使以学校为依托的知识和知识产权得以实践应用和商业化,以便更好地促进地区、国家和世界的经济

发展。主要的业绩指标有:在 2004—2015 年,第三方对学校子公司的投资每年递进 10%;增加通过企业赞助获得的研究经费份额,从 2004 年的 8%提高到 2015 年的 20%。在国际竞争资源方面,曼大要确保能够取得足够的经常性费用和资本资源,增加输入渠道,特别是在任意支配基金方面。主要战略如下:第一,实质性地提高生均经费;第二,增加学生入学比例,弥补他们参与的教育项目的经济消耗;第三,提高外国留学生的入学人数;第四,发掘切实可行的办法吸引外部利益相关人参与大学筹资活动和建立筹资伙伴关系。

(三)解决自身经费不足的需要

曼大的经费支出远远高于从政府那里取得的收入。为了吸引更多更优秀的学生,曼彻斯特大学加强硬件方面的建设,曼彻斯特大学将完成英国高等教育史上最大的一项资本投资项目,约 4 亿英镑投入到校园环境建设方面。此外,将有 2.5 亿英镑继续投入到环境建设中。到 2015 年,总计支出达到 6.5 亿英镑。与此同时,为了提高曼彻斯特大学的世界知名度,大学还重金礼聘世界级大师(包括数名诺贝尔奖得主)前来任教、讲学和指导研究。整合后的曼大在财务方面并非一帆风顺:2004—2005 年度,财务赤字达 2300 万英镑。随后,由于在招聘大学教研人员和薪水奖励等方面的费用剧增,使之财务赤字继续恶化。至 2006 年 7 月底,曼彻斯特大学的财务亏绌达 3000 万英镑,至 2007 年 7 月底,曼彻斯特大学的营业亏绌达 1240 万英镑。为了走出财务困境,学校采取了一些有争议的办法,如获取更多科研项目,变卖土地,中断 650 名员工(多为行政管理人员)的延聘等等。在面向 2025 年的战略规划中,曼大期待进入世界顶尖 25 所大学的行列,并将实现 5%的财务盈余。① 大学专门提出了"全球挑战、曼大答案",针对全球关键性的议题和挑战(如先进制造技术、能源、癌症、生物科技、全球不平等)彰显曼大的科研优势,并以此为基础展开与企业家和社会各界的合作。

三、曼彻斯特大学政府拨款外筹资的途径和方式

曼大为跻身世界前 25 强,积极地进行政府拨款外的多种渠道的筹资,主要途径和手段可以归为以下四个方面。

---

① http://documents. manchester. ac. uk/display. aspx? DocID＝46723.

(一)瞄准企业,共建双赢

曼大积极寻求企业投资,在发掘共同的兴趣和契合点的基础上,推行绿色环保的概念。其中最成功的是 2007 年与英国超市巨头特易购(Tesco)投资约 2500 万英镑的合作。在该资金的帮助下,曼大设立了可持续消费研究所(Sustainable Consumption Institute),凝聚世界顶尖级专家的力量,治理气候问题并倡导绿色消费的革命。特易购首席执行官特里·莱西(Terry Leahy)认为,特易购的长期目标之一就是对环境治理做出积极贡献,虽然环境治理需要时间,但是和全国顶尖级的大学合作具有里程碑式的意义,标志着低碳的未来已经启程。可持续消费学院的一个重要目标就是帮助消费者和零售商们建立一个可持续发展的绿色的未来,并且帮助人们建立绿色消费观,同时发展一些研究领域,包括如何鼓励和刺激消费者购买绿色产品和服务,如何培养下一代的环境领导者和专家。对于校企间的合作,时任英国外交大臣戴维·米利班德(David Miliband)这样评论:"曼彻斯特大学的可持续消费研究所就是一个很好的例子,证明企业在治理气候变化方面可以扮演很重要的角色。"

(二)搭建环保平台,改善社会福利

曼大于 2008 年初与英国能源企业 EDF 签署了一份研发协议,为重要的能量网络研究铺平了道路。在首次为期四年的合作里,曼大从 EDF 那里获得了 200 万英镑的研究经费。在过去的 20 多年里,曼大和 EDF 能源公司成功地合作过很多项目。这次新的项目合作将涉及工程及物理系群中的三个学院,他们将为环保研究搭建很好的平台,如:双电子学院将研究风能突破和有助于环保的变压器绝缘油;材料学院将检验能源工业中的压力腐蚀。除了资助这些研究,EDF 还将资助曼大一些和核能研究有关的博士、博士后项目。

除了上述的企业对大学的投资,也有人以个人的名义对曼大进行投资,其中一个典型的例子就是罗里·布鲁克斯(Rory Brooks)以个人名义对曼大的布鲁克斯世界贫困研究院①(BWPI)捐款 130 万英镑。BWPI 是一个多学科的对世界贫困问题进行研究的中心,使人们了解怎样把知识转化成政策和行动,用以消除世界贫困,改善社会福利。此外,BWPI 还聘请到了诺

---

① Rory Brooks 对该贫困研究中心个人出资 130 万英镑,曼大配套出资 200 万英镑。

贝尔经济学奖获得者约瑟夫·斯蒂格利茨(Joseph Stiglitz)教授为该院院长,带领相关的研究工作。与一般私人捐助不同的是,布鲁克斯本人也参与到建设 BWPI 中来,他一方面发挥自己善于经营的优势,积极为研究中心筹资,另一方面又给予研究中心极大的学院自主权,把研究和招聘等事宜交给研究院独立处理。布鲁克斯说:"目睹有关贫困和发展的研究很有启发意义,这样可以促进新的研究方法解决深层次的问题,以便改善人们的生活。"

(三)重视校友资源开发,特别是海外校友的资源开发

曼大在全球 190 多个国家有 50 万名校友。为了更好地动员私人对大学进行研究合作投资,曼大利用校友基金会,发动本校毕业生对母校进行捐助。自 1994 年,校友基金会已经从 6500 校友那里筹得 240 万英镑。如曼大北美校友基金会(NAFUM)成立于 1998 年,是一个独立的、非营利性的组织,其主要活动就是发展和促进驻美国的曼大校友间的联系,对曼大的教育、教学、研究等提供慈善捐助。目前此基金会有 4000 多名大西洋彼岸的校友通过提供奖学金、对教研进行捐助、联系美国合作大学等活动对曼大作出贡献,每年对曼大的学术和社会发展贡献约 54 万英镑,随着曼大北美校友基金会不断地发展壮大,这个数字每年还在不断增加。2018 年,香港商人、曼大名誉博士李启鸿捐赠 500 万英镑,在大学成立中国研究院,资助中国政治经济全球化的研究、社区活动拓展以及在曼大和中国举办公开讲座。在英国,慈善机构对高校科研(包括博士生培养、合作研究等)的捐助已成为一个日趋重要的趋势,对当地的高校和经济发展带来积极的贡献。[1]

(四)加大大学的高科技企业孵化功能,重视大学专利成果的转化速度和周期

曼大积极地以自己的知识和技术为依托,创办企业,为学校增加税收。曼大孵化器公司(UMIC)就是曼大校办企业,它依靠大学的高品质研究和世界影响力,为大学公司的孵化器活动提供设备和商业支持,为子公司和刚起步的公司提供最优化的环境。从建立之日起曼大孵化器公司已经帮助建立起 50 多家公司,现在管理着约 25 万平方英尺的孵化器空间。2008 年,斯

---

[1] Kundu, Oishee, Nicholas E Matthews. "The Role of Charitable Funding in University Research." *Science and Public Policy*, 2019, vol. 46, no. 4, pp. 611-619.

托克波特①城市委员会批准与曼大孵化器公司合作,建立 1.2 万平方英尺的孵化器空间,提供顶尖的工作空间和设备,为新公司和小公司的培育和发展创造条件。这种聚合了地方政府、大学和私有企业的商业运作方式,有利于地方经济的发展,有利于一个刚起步的公司发展成为有弹性的、成功的商业公司。

曼大知识产权公司(UMIP)与曼大孵化器公司为姐妹公司,曼大知识产权公司是曼大知识产权商业化的管理部门,主要作用就是通过成功的子公司运作和开展商业许可活动,提高曼大在知识产权发展和管理方面的声誉。在过去的五年中,曼大子公司已经吸引了 1.5 亿英镑的投资,一些成功的例子如与 Transitive、Renovo② 这些世界著名的医药公司的合作。曼大知识产权公司与英国领先的技术投资商 MTI 合作,开发大学的商业潜力。他们联合宣布,欧洲最大的学院基金 UMIP Premier 基金已经到位。该基金会很好地利用首笔投资,约在 25 万至 75 万英镑之间,然后追加投资两三百万英镑,总计预计约有 20 笔投资。这些资金将重点考虑一些年轻的技术公司,以帮助它们进行可持续发展。

四、对中国高校的启示

曼大是英国规模最大的大学,它具有大学的融合性、典型性和复杂性等特征,虽然中国与英国的国情和教育环境不同,但在打造双一流的过程中,研究类似曼大这样国际知名高校的筹资方式和策略对中国大学目前发展有一定的启示作用和参考价值。

(一)进一步促进大学资金来源渠道的多样化

研究型大学要充分意识到仅仅依靠政府不能完全解决自身面临的财政问题,要积极地寻求多渠道的筹资策略。高等教育的成功不仅仅取决于一个政府对其进行了多少投资,③大学自身的经营理念也很重要。一是利用高校科技优势和人才优势,加强学校与社会、企业的合作,建立教学、科研、生产联合体。大学是发明的场所,是知识创造的中心,在知识经济的今天,

---

① 英格兰西北部城市,位于曼彻斯特以南的默西河畔。该城于 1220 年获特许为自治市,以生产纺织品和机械著称。
② Renovo 是一家生物制药公司,在研发淡化疤痕和促进伤口愈合的药物方面处于领先地位。
③ Porter, M. E. *The Competitive Advantage of Nations*. Macmillan, London, 1990.

专利转让不仅成为大学与企业合作的一种形式(如前面介绍的曼大的知识产权公司和曼大孵化器公司),而且已经成为大学经济收入的一个亮点。

由于中国科技链和产业链之间的渠道不畅,造成高校的科技成果产业化率只有 10%～15%,大部分具有产业化前景的科技成果被束之高阁。[①] 到了 2017 年前后,转化率虽然提升到了 25% 左右,但切实达到产业化比重的还不到 5%。[②] 还有分析指出,目前中国的科技成果产业"转化模式低效、产学研协同不够、中介服务不足。产学研信息沟通平台有待健全,政府、企业、高校、中介服务机构的信息不对称问题还比较突出,科技资源、人力资源、社会资源、政策资源等还未实现有效共享,高校科技成果同市场需求脱节,使成果转化率低、效果不佳"。[③]

因此,应该建立中间协调部门,使大学知识产业化,使企业技术化与知识化。同时引入企业化管理经营概念。传统的以学术为主的经营方式,已无法适应环境变迁所带来的各种挑战,引进企业管理概念,主要适应市场经济和市场竞争的需求,通过企业多元理财、成本效益、管理效率、绩效指标、绩效责任、品质保证以及策略规划等观点的引入,进而提升大学的经营绩效。提高筹资意识,成立专门筹资管理机构,进行专业化管理和运作,监督筹资绩效。即便是国家对高等教育进行了足够的投资,大学的可持续性很大一部分在于财务稳定和良好的财务管理模式。如成立专门的筹资办公室,建设筹资专业人员的队伍,筹资专业人员除了要有企业开拓精神和市场前瞻眼光,还要了解大学的研究动向以及可以对外合作的结合点。

(二)将开发资源渠道与大学的优先发展目标有机结合起来

大学应有长远发展的战略目标,不应该片面地、盲目地追求经济收入。大学应该在开发资源渠道的同时,有机地融入自身的优先发展目标。曼大在筹资的同时,以大学的知识和技术为依托,创立了校办产业,此举一方面为大学增加了收入,另一方面也符合曼大发展的大方向。在大学的迈向2015 年的奋斗目标中,曼大特别强调知识和技术转让,一些可供其他大学参考的策略有:促进可供其他大学校效仿的知识产权实践和政策,完善知识

① 唐兴华、宋兰容:《对我国高等教育融资政策的若干思考》,《决策参考》,2006 年第 1 期,第 24—25 页。
② 黄长兵:《高校科技成果转化协同管理路径分析》,《合作经济与科技》,2017 年第 24 期,第 146—147 页。
③ 张耀天、史昱锋:《我国高校科技成果转化现状分析》,《中国科学报》,2019 年 10 月 24 日。

产权的政策,使大学成为知识的创造者和改革者的向往之地;参与知识产权商业化前的研究革新和积极促进知识产权的商业化。大学和以研究为主的企业进行持续和互利的合作,提高效率,使国内外企业愿意与之合作;采用大学的奖励机制,突出科研、革新和知识转让方面的重要性。在调整晋升和薪酬标准的同时,还要注意保持教研人员进行教学和基础研究的进取心。世界一流大学有这样一个特征,即它们是主要的发明、知识产权和子公司的诞生地,都有很强的科研能力,能够和大公司开展广泛的合作。积极与企业开展知识转让活动对大学的整个研究活力和创新意识有积极作用,还有助于大学招募到最好的研究人员,创造更多的大学收入,从而提高依靠自身进行内部筹资的能力。

(三)开发出有特色的筹资策略

研究型大学塑造了知识型社会与知识经济的形态与特质。当企业和政府更多地转向应用研究和发展的时候,研究型大学作为社会智力的资源变得更加重要,是研究型大学在引领着知识的生产和传播。但是值得注意的是,盲目效仿的时代已经结束,要保持世界领先地位的大学,一定要有自己的竞争优势和改革渠道。我们鼓励大学进行筹资,但不能盲目效仿美国和英国大学的筹资方式。曼大在改革的同时,结合了自身的特点,开发了具有自己特色的筹资策略。比如通过整合利用校内的科研力量,参与国家重大科研项目竞争。2018—2019 年度,曼大从校外获得的科研经费是 3.91 亿英镑,其中包括来自海外的 4600 万英镑和英国企业界的 2400 万英镑。① 曼大从英国工程物理研究委员会和经济社会研究委员会获得了 200 万英镑的科研经费,用以开发新的评估核能量持续性的工具。另外,曼大利用自身的强大的研发队伍和有新意的研发理念,与前面介绍的企业特易购合作,走出了一条有自身特色的筹资之路。

(四)政府制定相应的措施,为大学筹资提供良好的政策环境

大学能从其他渠道获得资金、增加税收,当然值得肯定,但是政府不能因此推卸自己的责任,减少对教育的投资,相反,政府应该改革财政管理模式,从直接管理向间接管理转变,赋予高校经费使用的自主权,拓宽高校的发展空间。近年来,进一步开拓资金来源渠道是英国高等院校财务改革追

---

① https://www.manchester.ac.uk/research/environment/funding/.

求的目标之一,虽然比起强调市场机制的美国仍有差距,但英国政府积极倡导高等教育机构筹资的多元化,特别是鼓励形成社会捐助风气,鼓励大学通过社会捐助增加大学收入。英国政府出资配套金额总值为2亿英镑,在三个层次上对大学进行奖励。第一层为1∶1的配套资助,大学每从社会捐助获得1英镑,将从政府那里得到1英镑的奖励,奖励上限为10万英镑;第二层为1∶2的配套资助,大学每从社会捐助获得2英镑,将从政府那里得到1英镑的奖励,奖励上限为200万英镑;第三层为1∶3的配套资助,大学每从社会捐助获得3英镑,将从政府那里得到1英镑的奖励,奖励上限为500万英镑。由此可见,政府一方面要有科学的教育拨款体系,确保政府对教育的投入,避免拨款之中的权力寻租与随意现象;另一方面要为大学筹资提供良好的政策环境,刺激大多数大学积极开辟社会捐助渠道,从而解决大学自身的财务压力。

本章原稿为祝洵、刘宏:《英国研究型大学政府外渠道的筹资目标、战略及举措——以曼彻斯特大学为例》,《外国教育研究》,2010年第37卷第9期。收入本书时做了大幅度资料更新。

第八章　孔子学院的网络力
与汉语教学的本土化
——以英国曼彻斯特大学为例

一、导言

　　第一所孔子学院自 2004 年开办以来,发展迅速,使世界民众更为普遍地感受到中华语言和文化的魅力。到 2019 年底为止,全球 162 个国家(地区)共建立了 545 所孔子学院和 1170 所中小学孔子课堂。孔子学院(以下简称"孔院")将中国文化和社会发展介绍到海外,使更多的外国人对中国有更全面和客观的了解。据报道,世界上除中国以外目前有 1 亿人在学习和使用中文。"中文热"的原因很多,是中国在国际上的经济和政治地位日益提升的产物,也是包括孔子学院在内的中文教育和文化机构共同努力的结果。[①] 相关研究亦表明,孔子学院把中国的教育、经济和政治利益很好地结合在了一起。[②]

　　作为世界第二大经济体,中国在国际经济领域已有举足轻重的影响力,但在世界话语权上,她的声音则较为薄弱。鉴于孔院的迅速发展和政府的作用,软实力被作为解读孔院的主要理论架构。然而,它在理论和实践上都面临问题。首先,在理论上,软实力是指一国政府通过影响他国公众的主观喜好和选择,以实现自身目标。它的来源包括自身的文化魅力、政治价值观在国内外的践行等。当我们用"软实力战略"形容文化活动时,双向的信息传递中,只有单方的利益得到了强调,破坏了软实力发挥作用的最佳环境,

---

① 刘宏:《孔子学院与中华文化的国际传播:成就与挑战》,《公共外交季刊》,2012 年第 12 期(冬季号),第 80—83 页。Starr, Don. "Chinese Language Education in Europe: The Confucius Institutes." *European Journal of Education*, 2009, vol. 44, no. 1, pp. 65-82. Paradise, J. F. "China and International Harmony: The Role of Confucius Institutes in Bolstering Beijing's Soft Power." *Asian Survey*, 2009, vol. 49, no. 4, pp. 647-669. Hartig, F. "Confucius Institutes and the Rise of China." *Journal of Chinese Political Science*, 2012, vol. 17, no. 1, pp. 1-24.

② Huang, Wei-hao, and Jun Xiang. "Pursuing Soft Power through the Confucius Institute: A Large-N Analysis." *Journal of Chinese Political Science*, 2019, vol. 24, no. 2, pp. 249-266.

某种程度上使得它被"硬化"。

孔院设在所在国家的校园内,这是它与欧洲国家独立设置的语言文化机构(如英国文化协会、法语联盟、歌德学院等)最大区别,但这并非如某些批评者所说,是为了渗透。事实上,孔院是由中国国家汉办、中国的大学与国外机构(通常是高校)合作建立和管理,是中外共同目标和投入的产物。设立海外孔院首先要由外方提出申请,在组织结构和财物支持上,从总部到海外孔院,均离不开中外协作。海外孔院由双方组成的理事会管理,作为所在院校的正式雇员,外方院长通常在工作中起主导作用。它的年度运作预算经费(包括人员、场地等)由双方共同筹措,承担比例一般为对半。孔院总部理事会的 15 名理事中,有 10 名来自海外。

作为文化交流机构,孔院开创了不同国家参与者合作实现共同目标的模式。中方虽然在启动资金的投入和师资供给上发挥主要作用,但这可能改变外方参与共建孔院的动机。外方的意愿可能与中方一致,也可能相左。分歧必须通过协商解决。孔院并非全由"一国"控制,而软实力理论仅反映中方视角,缺乏解释力。

其次,从政策和政治的角度讲,过于强调软实力的作用,不仅为孔院的批评者提供了靶子,而且不利于所在机构展开教学和交流工作。更重要的是,这种争论忽略了外方合作机构的利益和投入,使它们似乎变成了中国软实力的一个棋子。

笔者认为,从网络的角度理解跨国社会和文化活动,可以更好地厘清孔院的作用及其特征。网络由一组相互连接的"节点"(node)构成,它们根据自己的观念和利益进行协作,创建网络并定义其目标和规程。各个节点对于网络的重要性并不相同,一般只有少数节点连结许多其他节点,而大部分节点只与少数相连。有许多连结的节点,就成了网络的"枢纽"(hub)或"中心"。

跨国网络的协作需要依照一定的标准才能进行,如共同的语言、法律、技术和行业标准等,这些标准就具备了"网络力"。它体现在两个方面:第一,使用某个标准的人越多,网络越大,这个标准相对于发挥同样作用的其他标准而言,就越有价值;第二,某一标准的确立,会导致其他可能的替代标准逐渐被边缘化,甚至消失。[①]

孔院是国际协作的产物,反映的不仅仅是单方的利益和诉求。孔院经

---

① Grewal, David Singh. *Network Power: The Social Dynamics of Globalisation*. New Haven and London: Yale University Press, 2008, p. 26.

过十多年的发展,已形成了一个跨国合作的汉语及中国文化传播网络的雏形,既反映了分散的自发性,也有明确的中心节点。

第一,孔院的诞生和迅速发展,是因应了中国崛起的大背景之下,世界各国对中文教学日益增长的需求,是中外双方的共同利益的产物。第二,作为汉语和中国文化传播网络上的节点,汉办、国内高校与海外合作伙伴,是同处于跨国网络关系圈中,并非等级化的隶属关系。但由于汉办联系了中国国内的许多资源和社会经济网络,是孔院品牌的创造者,它对孔院网络整体的意义最为重大,是连结多重网络、整合资源的中心节点。海外孔院教授中文,举办文化活动,提供与中国相关的各种信息,也是当地华语网络、文化网络和经济社会信息网络上的节点。第三,汉办对于海外孔院来说,不仅是中心节点,更提供了网络协作的标准。比如,孔院教授的普通话本身,就是一个有着巨大潜力的"协调标准"。世界上各个汉语社区,都可以通过它进行交流。当普通话整合的资源越多,"网络力"越强之时,所有说汉语的人都将从中获益。

二、汉语教学的本土化及其挑战

孔子学院教育的本土化可以说是网络力的重要一环,它指的是网络节点所在地的汉语教师、教材、管理模式在与网络中心充分协调与合作的基础上,以当地受众和市场为导向的发展方向。目前对本土化的关注主要是从师资的角度。[1] 有关英国孔子学院的相关报道聚焦于软实力、汉语教学的重要性和对中国的批评,[2]但并未有人关注到汉语教学的本土化如何有助于减少对孔子学院的批评和推动它的未来发展。

孔子学院的建立和迅速发展给汉语教学提供了前所未有的机会,与此同时,对外汉语教学也面临新的挑战。好的教材是外语教学的核心和成功的基础。随着大规模的对外汉语教学和文化活动的开展,各色辅助教材也争奇斗艳。对英国而言,非学历汉语教学和文化推广活动的发展规模是空前的,但适应本土的教学法和本土教材的开发尚处于初级发展阶段。最近

---

[1] 鲁修红、薛茹茹:《国际汉语教师本土化研究现状分析与建议》,《大众文艺》,2019 年第 9 期,第 198—200 页。

[2] 彭飞、于晓:《英国主流媒体报道中的孔子学院形象与话语体系》,《学术探索》,2016 年第 11 期,第 112—119 页。

几年大量问世的新汉语教材,如《快乐汉语》《新实用汉语》《汉语乐园》等,①已经使从前具有"世界上最难学的语言"之称的汉语变得较为容易,特别是一些多媒体学习软件的开发,如《长城汉语》②,以及网络孔子学院③等网络学习平台的出现,给教师和学生提供了更为丰富的资源选择。不过,在曼彻斯特大学孔子学院的教学实践中,我们发现很难从现有教材中挑出完全适于本地教学的教材。这主要是因为现有教材的定位(以中文本体的特点为主)和学习者的需求不能完全匹配。本章以英国曼彻斯特大学孔子学院学习者的学习特点和需求以及教材现状为讨论主题,并就开发本土教材提出一些建议。本章也希望从比较研究的角度,对英国孔子学院的相关研究有所裨益。④

(一)学习者的学习特点和需求

曼彻斯特大学孔子学院设立于 2006 年,是曼彻斯特大学、北京师范大学和国家汉办合作的机构。它也是英国 30 所孔子学院中第二间孔院。根据曼彻斯特大学孔子学院目前学生的情况和英国西北部(以大曼彻斯特为核心)中文教学的发展状况来看,现在英国学习汉语人数增长最快的群体之一是非汉语语言专业的成人和中小学生。2007 年的一项调研显示,英格兰有 300 至 400 间中学开设中文课程,占所有学校的十分之一左右。⑤ 英国教育部发言人在 2012 年 11 月表示,"在英国中学教育中,学习汉语已是学生们比较流行的选择。2009 年,16% 的中学开设汉语课。2009 年和 2010 年,获得普通中等教育证书的人数上涨了超过 5%,2002 年至今这一数字增长

① 李晓琪、罗青松、刘晓雨、王淑红、宣雅编:《快乐汉语》,北京:人民教育出版社 2003 年;刘珣主编:《新实用汉语》(第 1 版),北京:北京语言大学出版社 2002 年;《新实用汉语》(第 2 版),北京:北京语言大学出版社 2010 年;刘富华、王巍、周芮安、李冬梅:《汉语乐园》,北京:北京语言大学出版社 2005 年。

② 马箭飞主编:《长城汉语》,北京:北京语言大学出版社 2006 年。

③ "网络孔子学院是由国家汉办/孔子学院总部主办的汉语教育类综合网站,致力于满足世界各国(地区)人民对汉语学习的需要,增进世界各国(地区)人民对中国语言文化的了解,加强中国与世界各国教育文化交流合作,发展中国与外国的友好关系,促进世界多元文化发展,构建和谐世界。"详见 http://www.chinese.cn/。

④ 有关英国孔子学院的发展,参看王治敏、Lucy Xia Zhao:《海外汉语教师的培训与培养模式研究——以英国谢菲尔德大学孔子学院为例》,《汉语国际传播研究》,2018 年第 1 期,第 44—54 页。Cai, Liexu. "A Comparative Study of the Confucius Institute in the United Kingdom and the British Council in China." *Citizenship, Social and Economics Education*, 2019, vol. 18, no. 1, pp. 44-63.

⑤ 张新生、李明芳:《英国汉语教学的现况和趋势》,《海外华文教育》,2007 年第 2 期,第 46—57 页。

了近 40%"[1]。此外,从 2014 年开始,汉语将成为英国小学生从三年级开始的必修课之一。汉语教育已经成为英国教育中的重要内容之一,越来越多的学校开设中文课程。英国已将汉语纳入国民教育体系,是欧洲建立孔子学院和孔子课堂数量最多的国家之一。英国政府还在 2017 年提出 2020 年汉语学习人数要达到 40 万人。[2]

　　非汉语语言专业的成人对汉语的学习又可以分为因为职业需要的有目的的学习和一般的兴趣学习。[3] 曼彻斯特大学孔子学院开设的初级、中级和高级的汉语课的学员主要是本校的大学生和教职员工,以及一些从事不同职业的社会人士。课程基本上都设在晚上。每门课程一周一次,一次 2 个学时。一些学生是因为对汉语或者中国文化感兴趣而前来学习的,有的是为了丰富自己的简历,还有不少是为了去中国工作或者旅行做语言准备。这一特点与英国人以实用性为导向学习汉语的特点相一致。据一项对英国及欧洲其他国家和澳大利亚、新西兰等国的 1500 名人力资源管理人士的调查,38% 的受访者认为,汉语在不久的将来会成为最重要的商业语言。[4] 这种实用主义的传统其实也是英国汉学/中国学的一个主要特征。[5] 这些成人学生不缺乏学习动力和自主性,但是学习过程有趣与否,他们的进步是否足够大,还有他们的时间是否充裕,是影响他们学习汉语的几个主要因素。从这些学生的学习能力来看:有学能特别高的,接受能力特别强的;有学能一般的;还有学习语言没什么天分,但对汉语始终不离不弃的。同一个班的学生从年龄差异到能力差异都很大。

　　这些夜班课的学生汉语文化背景也不同:一是家里有一定中文背景的华裔学生;二是本身不是华裔,但是家庭成员中有华人,接触过一些汉语或者中国文化;三是去过中国,但是没系统性地学习汉语,对汉语有一些认识;四是完全没有任何汉语背景,对中国了解非常少。

---

① 中国网—资讯中心:《英国小学生三年级起学习汉语》,2012 年 11 月 9 日,取自 http://www.china.com.cn/info/2012-11/09/content_27061333.htm.

② 《英国将汉语纳入教育体系:3 年学习人数要达 40 万》,2017 年 10 月 25 日发布,http://www.bjhwxy.com/detail_3205.html。

③ 有关成年人与儿童的不同学习特点,参看徐子亮、吴仁甫:《实用对外汉语教学法》,北京:北京大学出版社 2006 年;侯晓倩、赵兴国:《成人学习特点及其学习策略生成的途径探讨》,《成人教育》,2009 年第 4 期,第 42—43 页。

④ 杨蓉蓉:《海外在校汉语教育发展趋势初探——以英国为例》,《全球教育展望》,2009 年第 38 卷第 10 期,第 86—89 页。

⑤ 刘宏:《近十年来英国的中国学:政策、机构、视野》,《海外中国学评论》,2012 年第 4 期,第 38—48 页。

想要针对这样的成人班进行汉语教育,不仅需要了解学生的类型,还要了解他们的学习特点。

第一,成人学生的目的很明确,希望很快能看到效果。他们很清楚自己喜欢什么,不喜欢什么。如果课堂上学到的东西能在偶尔的实际交流中用到,并且发挥作用,会给他们带来莫大的成就感。他们对学习汉语的需求是"短,快",希望能很快上口,并看到自己的进步,从而完成阶段性的学习目标。

第二,孔子学院的学生学汉语不以拿学位、通过考试为目的,所以课堂上要让他们享受汉语,从语言的角度了解中国文化,而不能让他们觉得压力太大,换言之,不能让汉语课成为他们的负担。这个时候,轻松快乐的课堂氛围对激发并保持学生的兴趣变得非常重要。吸引学生持续学下去成为教学的首要目标。但我们也要兼顾教学的系统性和完整性。成人学生的理性思维已经成熟,他们具备举一反三的能力,给他们一条规律或者一个句型结构,他们可以说出很多句子。我们教的必须是正确的汉语,至于是多教一点,还是少教一点就不是那么重要了。特别是在初期,好的汉语语感的培养能对兴趣的提高和学习的进一步延伸及扩展起到很重要的作用。因此教材的内容要注重搭建语言的知识结构,不需要有过多的词汇、烦冗的对话,而是要展现基本词汇的灵活搭配、不同句型的简单变化、语言点在不同语境的重复率以及必要的灵活练习,这些都是让他们可以对教材轻松上手的有利条件。[①]

第三,学得快,忘得更快。20多岁的人一般记忆力比较好,但是学习目的比较随意,可能只是对中文有冲动性的兴趣,但很快就消失了。年龄大一些的学习者决心更大,虽然学得很慢,但是一旦掌握就比较牢固。因为学生的学习时间有限,而且与国内学汉语的留学生不同,他们缺乏语言环境,日常生活基本上用不到汉语。孔院的学生工作或学业都很繁忙,平时课下没有时间练习,也找不到合适的练习形式。如果能提供他们更多的自主学习的辅助学习资源,将有所帮助。

第四,教学方法不同。群读是中国语言教学时常用的方法,多数亚洲国家和中东地区的学习者更接受群体反复诵读,知道如何更好地将自己的声音融合到群读里去。但由于西方文化更鼓励个性发展,欧洲人较重视单人

① 赵金铭:《对外汉语教学法回视与再认识》,《世界汉语教学》,2010年第2期,第243—254页;李莉、任重远:《浅析成人与儿童学习外语的最佳教学策略》,《科教文汇》,2012年第17期,第124—125页。

的练习而不是群体学习。欧洲的学生更喜欢多说、多练,一堂课下来学生就能使用所学的句子和词汇,这会加强学生的自信心。① 通常夜班课都涵盖听说读写四项技能的训练任务。课堂的效率很重要,即使是简单的朗读环节,也要避免一种操练的方式时间过长。由于汉语听说读写的难度不一,成人学生对听说的需求远远大于写汉字的需要,但是又有个别人希望写汉字。对于汉字教学,可以从文化导入,简单介绍,并以额外作业作为补充材料。

除了成人教育以外,曼彻斯特大学孔子学院还在英国西北部的中小学开展了文化体验活动,建立了孔子课堂和课后俱乐部。当时汉语教学的对象就是这些完全没有汉语语言背景、4 岁到 16 岁的中小学生,其中只有极少数是华裔子弟。孩子的学习特点和大人完全不一样。第一,学习的自主性差,所以教学目标和内容要明确,对教材的连续性要求比较高。教师需要建立教学内容之间的联系,便于学生整体记忆。第二,理解力较弱,教材需要跟儿童熟悉的人物相结合,多利用实物和话题教学。内容和指示性的语言需要简明易懂,虽然现在儿童学习汉语的多媒体练习很多,但是让孩子独立操作的机会不大,不是所有的中小学都提供硬件设施给学生学习汉语。除了教材以外的课本,相关的课堂设计和活动安排以及配套实物展示对于低年级的教学都非常有帮助。第三,儿童注意力集中时间较短但记忆力较强,多以兴趣学习为主。在教学时间只有 30 至 60 分钟,一周一次的汉语课上,教师必须能够把意义相关、便于组成一个完整语段的几个词放在一组,通过以词带句的方式,以学习一个动词或者语法点为主展开练习。

(二)孔子学院汉语教学的教材现状

目前,国内对外汉语教材的种类有上千种,其中有印刷品,还有音像制品、多媒体教材;有语言知识性的教材,还有文化读物、工具书和教辅材料,可谓是琳琅满目。每本(套)教材都有自己的特点和专长,当然也难免会有不足和缺憾。没有一个教材可以适应所有的市场要求,正因为每本教材都力求做到尽善尽美,包罗万象,覆盖汉语教学中的方方面面,以至市场上有针对性的教材不多,特别是适合当地国情的本土教材十分欠缺。

从海外汉语教材的定位来看,伦敦大学孔子学院前院长张新生博士和伦敦欧洲商学院教师李明芳一针见血地指出:"很多教材都是以中文本体的

---

① 刘颂浩:《对外汉语教学中练习的目的、方法和编写原则》,《世界汉语教学》,2010 年第 1 期,第 111—120 页;张先亮:《关于"语言学概论"内容与方法的再思考》,《中国大学教学》,2010 年第 2 期,第 44—47 页。

特点为出发点,很少考虑学习者的习得特征。所以,语言技能的学习设计及对汉语本体的解释往往使学习者,尤其是初学者,觉得中文高不可及,从而望而却步。这同样也表现在教材的内容方面。有的教材过多地强调与突出真正的中国文化社会内容,没有考虑到海外学习者的文化背景及他们的接受能力,结果往往是事与愿违。"①

在教学实践中,我们感到现有的汉语教材不完全适合非母语环境下面向成年学员以及儿童的汉语教学。主要的问题表现在以下几个方面:对象群不清楚;难度过大,教材中出现课文难度突增;语言点不衔接;每一课的新词过多,重复率不足,练习不足;课文所阐述的国情、历史及文化知识给予的信息不足;语法解释烦琐;课文对话内容不符合学员的实际需要,缺乏实用性;汉字教学缺乏系统性;教学进度与实际的教学时间不匹配。曼彻斯特大学孔子学院一个学期是 10 周,一般来说,一门课一学期只有 20 学时。一个学期结束后,大部分教材根本学不完。另外,翻译也是一个问题,有些生词的翻译不准确,造成初级汉语学习者的误解以及词语的误用。很多时候,曼彻斯特大学的教师都是以一本教材为主,选择其他不同的教材作为辅助材料,并自主安排成人汉语教学内容。中小学则多以自编学习材料为主,内容形式灵活多变。

曼彻斯特大学孔子学院夜班课主要用的是《博雅汉语》②《信心汉语》③和《长城汉语》④,各教材的使用情况可参考表 8-1。

表 8-1　教材使用情况

教材	班级	学生情况
《信心汉语》	初级班	适用于初学者,没有或只有很少汉语学习经验的学生。
《长城汉语》	以初、中级班为主	适用于汉语学习经验很少的学生。
《博雅汉语》	中、高级班	适用于已经成功完成初级课程,或学习汉语至少 120 小时的学生。

以上这些教材的优点很多,但在使用过程中我们还是收到一些反馈和建议。

《信心汉语》力求使汉语学习变得简单、有趣,让学习者充分享受学习的

① 张新生、李明芳:《英国汉语教学的现况和趋势》,《海外华文教育》,2007 年第 2 期,第 54 页。
② 李晓琪主编:《博雅汉语》,北京:北京大学出版社 2004 年。
③ 严彤主编:《信心汉语》,北京:高等教育出版社,伦敦:常青图书 2006 年。
④ 马箭飞主编:《长城汉语》,北京:北京语言大学出版社 2006 年。

过程,帮助学习者建立用汉语交际的信心,从而有效地提高交际能力。但是,教材话题之间似乎缺乏联系性。当然这有利也有弊。有利的是学生如果没有上前一节课,第二课还可以跟得上;不利的是,对之前所学东西复习不够,学生可能学了后面的就忘了前面的。课文只有对话没有叙述短文,对学生的成段表达有影响。课后练习形式比较单一。另外,教材中关于有用的语法结构的介绍不够多,可能会影响学生的句子、短语生成能力。不过从另一个角度来看,淡化语法也是一个优点。尽管《信心汉语》有些不足,但是总的来说还是适合孔院夜班初级班的学生。

《长城汉语》作为汉办新开发的面向中小学的多媒体教材,内容新颖生动,易于掌握,练习和对话也灵活多样,是我们使用的主要教材。不过,孔院的夜班课多数是以 20 个小时为一个阶段,而《长城汉语》没有相适应的阶段内容分割,对一些学生而言,难度过大,词语较多,对初级阶段的学习者具有较大的挑战性。

《博雅汉语》以编者多年积累的经验为基础,在内容上侧重于介绍语言基础知识。但课文有的很长,书面语和口语的划分不太明显,有些练习没有拼音注释和英文翻译。现阶段高级班的教师多数是从听说读写方面自主选择材料来配合课文的内容和进度。

以上三种教材虽然都有其不足之处,但由于是孔子学院总部的主导教材,也是目前市面上较适合外国学生的教材,所以曼彻斯特大学孔子学院夜班课师生仍然采用这些教材。针对这些教材的不足之处,笔者也希望能够开发适合英国学生的本土教材。

(三)关于开发本土教材的建议

从以上的讨论来看,开发本土化教材对孔子学院是很必要的,但是真正的本土化教材应考虑两国文化差异、两种语言之间的语法差异以及语法比较、双语翻译练习等主要因素。刚开始接触汉语的初学者对语言的感性认识几乎没有,都是逐字逐句对照学习并套用母语的一些规律。帮助学习者了解语言的差异并在循序渐进的过程中培养正确的学习方法是使学习者持之以恒学下去的关键。关于教材内容,应该更加注意跟学习者的生活密切相关,而且尽可能保持信息更新。有些系统性的教材很好,但是内容却是数十年前的,即使经典,但相较于当今媒体的最新信息则显得太过陈旧,成人学习者可能会对教材内容失去兴趣。此外,有一些学习者只是把教材当成参考书,他们需要具有系统性的语法和词汇教材,以便有问题时能找到相关资料。针对口语、阅读、书写的分类教材更能帮助成人学习者加强有关方面的学习。

如果说我们的目标学习者是 20—50 岁的英国成人,也就是那些对中文听说读写以及中国文化有真正兴趣的学习者,本土教材的开发可以考虑以下几点:

第一,由于许多初学者都有畏难情绪,在开篇不要立刻进入非常难的学习要点,比如说"r""sh"这些需要锻炼发音肌肉才能发好的音,而要营造轻松有趣的环境。

第二,在英语中找到跟声母和韵母相近的音,帮助学生记忆。最好有 CD 附件,甚至在教材中有阶段性地要求学生找老师一对一纠正发音。年龄大的成人学生一般愿意自己花时间练习,只在遇到疑难时需要别人点拨一下。

第三,在设计教材时,内容最好跟他们的日常生活相关,除了成段的对话,还要提供一些组合的可能性,以便他们在真实生活中能应用。若学生没有语言环境,教材应提供学生自我练习和自我检查的机会。

第四,指导学生写字时,需要解释汉字词根、笔画笔顺和结构。讲解单个汉字的来源和发展对他们这个年龄层的学生很有帮助,不仅可以使他们更容易记住汉字,少写错别字,还有助于促进他们对中国文化的理解。对文化的了解反过来又有助于他们学习汉字。

对于开发适用于中小学生的汉语教材,我们有以下几点建议:

第一,课程单元按照话题形式编制。例如:话题一"看看我"(Look at me),话题二"生日快乐"(Happy Birthday)。"话题一"单元可以通过这个话题扩展课程内容。比如词汇方面可以包含对外貌的描述,表达方面可以引导学生学习问候用语、自我介绍用语等,文化方面可以和学生一起讨论中国和西方国家问候习惯的不同。"话题二"单元的词汇可以围绕数字、年月日的表达,文化方面可以讨论其他国家的人和中国人庆祝生日的不同(例如中国人过生日通常要吃长寿面、鸡蛋等)。编制的时候可以和当地小学生的主课结合,选取最适合、学生最感兴趣的话题。

第二,一个单元(用三节课来完成一个单元)不要超过两个语言学习点。因为面对零起点的语言学习者,特别是小学生,什么都是陌生的。如果一堂课设置的对话或游戏有太多的语言学习点,就会让他们弄不清重点。特别是年龄比较小的学生,开始上课时就让他们知道要达成的学习目标是非常必要的。这就要求教材里的每个单元的语言学习点要精准明确。

第三,教材语言点和词汇要有扩展性和针对性,也就是因材施教。在一段时间的教学以后,孩子之间在学习进度上就会产生一定的差距。这就要求好的教材对不同程度的孩子有不同的要求,具有扩展性和收缩性。比如,在话题二"生日快乐"这个单元里,除了基本对话词汇外,要有可针对这些学生的扩展内容。例如,设置一个小的单独板块,基本词汇是数字 1~10,而学习能力强的孩子可以要求扩展到 1~20。相反地,对于接受能力较慢的孩子来说,教材也应该具备收缩性,给授课老师提供简化对话、词汇的机会和方法。

第四,汉字教学从每个话题单元里选择容易记忆和书写的词。水平比较高的孩子,可以适当扩展。

第五,书面课堂练习的每一个板块尽量集中在一页。因为英国孩子很多都没有课本,人手一本练习册比较难以实现。所以当地教师大部分都用练习页来给孩子做练习。这样每段练习集中在一页会方便授课教师复印给孩子使用。

第六,头五个单元不要加入系统形式的拼音教学内容。刚开始的主要教学目的是激发学生学习中文的兴趣,所以头几节课应尽量做到以对话为主,让孩子在短时间内做到能说。这样他们就会觉得中文其实很简单,然后再带入相对有点烦琐复杂的拼音。

当然,除了教材以外,还可以开发介绍中国以及中国文化方面的英文书籍和儿童读物。特别是关于中国地理、历史、故事以及传统文化的英文书籍。这些都是有助于学习语言的好工具。语言和文化相辅相成,语言是了解文化的工具,从文化中的语言现象可以很好地学到中华民族的文化习俗、思维方式、价值观念,而进一步了解文化也能够更好地激发学习者对语言学习的兴趣。此外,还可以开发一些中国文化讲座方面的影像资料、带有汉语拼音的字典和适用于外语学习的输入法和发音练习。最后,师资(包括汉语教学志愿者)的素质、跨文化能力、对学生学习需求的有效把握,也是孔子学院汉语教学发展的重要保障。[①]

---

① 王建喜:《孔子学院对汉语志愿者教师的指导与培养——以英国曼彻斯特大学孔子学院为例》,《云南师范大学学报(对外汉语教学与研究版)》,2014 年第 12 卷第 6 期,第 1—6 页。Ye, Wei, and Viv Edwards. "Confucius Institute Teachers in the UK: Motivation, Challenges, and Transformative Learning." *Race Ethnicity and Education*, 2018, vol. 21, no. 6, pp. 843-857. Yang, Juan. "Understanding Chinese Language Teachers' Beliefs about Themselves and Their Students in an English Context." *System*, 2019, vol. 80, pp. 73-82.

三、结语：从软实力到网络力

过去十多年来，孔子学院在数量上发展迅速，质量也在稳步提升。但与此同时，一些西方国家(尤其是美国)对孔子学院的质疑和反对声音也有所增长，并采取不同方式限制孔子学院的发展和壮大。毫无疑问，这些行为背后有其政治目的，对此中国相关部门如外交部都给予有力反驳。从教育的角度来看，在维护汉语规范化和标准化的基础上，推出一套面向当地社会和受众的教材，并和所在国家和地区的教育制度相接轨，能够有助于培养当地人才，从而化解少部分个人和组织对孔子学院的批评和偏见。与此同时，软实力在解释和指导孔院发展方面有两点不足。第一，其固有的国家立场和利益，暗示放大了国家意志，不利于形成开放和多元的交流环境和机制；第二，它没有彰显孔子学院的跨国及跨机构合作的基本特征。以网络力来分析孔子学院，更贴近它的真实状态，也还给它一个更利于发展壮大的环境，并进而实现中外文化交流的双赢。

本土化是从孔子学院网络节点的角度参与和贡献的，涵盖了师资、教材、管理、市场开发等不同的方面。本章的讨论和建议主要来自笔者在英国和其他国家(如新加坡、日本)分别从事中国研究和汉语教学实践基础之上的观察和分析，并非建立在详尽的调研基础之上。因此，它们还只是不成熟的思考。若要进行更为具体的分析，还需要进一步结合调研来得到量化的详细报告。好的教材必须具备简明易懂、容易上手的特点。否则编写的理念再好，学生看不明白、用不出来，还是事倍功半。我们认为，开发出教材并不等于大功告成，还要结合适宜的渠道宣传和推广才能达到预期的效果。自主开发适合当地使用的汉语教材是一个长期的过程。教材的生命力必须通过实践的检验，要在教学实践和学生的反馈中循环修改，才能不断完善。从宏观的角度来看，孔子学院的教材的打造及其本土化也是它未来的发展方向之一。

本章初稿为刘宏、马思睿：《从软实力到网络力——孔子学院发展的新思路》，《联合早报》，2014 年 10 月 20 日；刘宏、张晓晨：《英国汉语教学和教材现状与需求分析——以曼彻斯特大学孔子学院为例》，《华文学刊》，2013年第 11 卷第 2 期。

第九章　新加坡的跨界华人场域
——动力、变迁、特征

一、导言

从改革开放至今的 40 多年来,华人新移民的数量增长迅速。根据国际移民组织《2020 年世界移民报告》,到 2019 年为止,已有 1070 万位出生于中国大陆的移民散居于世界各地。[①] 华人新移民社群的重要特征之一是其明显的跨国流动性,这也促进了他们和故乡联系模式的多样化。华人新移民通过多种机制与自己的祖籍地/国建立有效的联系,并借此为海外的华人建构起一种集体性的认同。在历史发展进程中,华人的社会组织在建立华人的跨国联系和华商网络方面扮演了关键的制度性角色,这一功能在全球化时代也得到了承续和加强。

已故的哈佛大学教授孔飞力(Philip Kuhn)认为,作为海外华人研究的重要参照系,"祖籍国(homeland)"的概念"既是客观事实(中国革命和现代华人国家)……又是海外华人思想中的主观意象"的必然认识。[②] 本章以新加坡作为学术案例,尝试以制度化的方式来分析"客观事实"和"主观意象"之间的联系和互动,并探寻"祖籍国"概念是如何在后殖民时代和全球化时代被想象、拷问和重构的。

笔者选择新加坡这个城市国家作为深入研究的对象,是基于两重考虑:第一,新加坡长期以来一直是亚洲社会和商业网络中最具代表性的节点之一,并且通过它的特殊定位把东南亚的华人与中国(尤其是华南)以及世界

---

① 参见 https://publications. iom. int/system/files/pdf/wmr_2020_en_chapter1_004. pdf; Liu, Hong. "An Emerging China and Diasporic Chinese: Historicity, State and International Relations." *Journal of Contemporary China*, 2011, vol. 20, pp. 813-832.

② 参见 Kuhn, Philip. *The Homeland*: *Thinking about the History of Chinese Overseas*(The Fifty-eighth George Morrison Lecture in Ethnology), Australian National University, 1997; "Toward an Historical Ecology of Chinese Migration", in Liu, Hong ed., *The Chinese Overseas*, Vol. 1: *Conceptualizing and Historicizing Chinese International Migration*. London and New York: Routledge, 2006, pp. 67-97.

其他地区的华人有机地联系起来。第二,在过去的 30 年中,新加坡成为华人新移民在亚洲最主要的移民目的地之一,数十万华人新移民成为当地社会和文化场域的重要组成部分,并进而对海外华人认同结构的变化产生了明显的影响,他们与"祖籍地"联系的范围(不论是个体、家庭或商业上)也更趋多样化。本章主要关注制度性联系,集中研究那些已经在新加坡和移民的祖籍地之间建立和维持的制度化横向联系,并纵向考察在过去的半个世纪中殖民地/后殖民国家和本土社会中存在的社会组织的作用。

　　作为世界经济和社会变革的重要驱动力,全球化在过去的几十年中几乎影响了社会和政治生活的方方面面,包括国家—社会关系。首先,全球化在解释亚洲政治经济的发展动力方面让不同的学者的论证面临严峻的挑战。全球化被视为"全方位削弱国家权威"的重要力量,如今"蒸发、缩水、有缺陷、空洞"等概念已经成为描述当代国家特征的典型形容词。[1] 然而,对于全球化时代国家的角色定位也有不同的观点。一些学者提出,国家仍然是非常重要的国际行为体,认为"国家安全依然是民族国家的核心关切"和"没有其他类型的政治机构(无论是地方的、地区的,还是跨国的和全球的)可以像国家这样有着完全的多维度能力"。[2]

　　聚焦于跨界社会场域的角色,可以使我们超越在全球化时代对国家—社会二元关系的传统认识。目前对于全球性互联网络和族群等媒介的研究,就像研究中国和海外华人的社群中的性别一样揭示出跨国公共领域研究的重要性。[3] 杨国斌就提出跨国华人的文化网络在华语世界本身就是"开放的交流空间",而"这些空间在中国内部和外部的世界中是共同存在的"。然而,"从技术层面或者更深层次的社会层面上来看,这些空间与全球网络相连接,有着明显的全球性。它们的话语可以在全球范围内流动并跨

① 参见 Evans, Peter. "The Eclipse of the State? Reflections on Stateness in an Era of Globalization." *World Politics*, 1997, vol. 50, pp. 62-87. Paul, T. V., G. John Ikenberry, and John A. Hall, eds. *The Nation-State in Question*. Princeton: Princeton University Press, 2003. Weiss, Linda. *State in the Global Economy: Bring Domestic Institutions Back In*. Cambridge: Cambridge University Press, 2003.

② 参见 Paul, T. V. "States, Security Function, and the New Global Forces," in Paul, Ikenberry and Hall, eds. *The Nation-State in Question*. Princeton: Princeton University Press, 2003, pp. 139-165.

③ 参见 Yang, Mayfair ed., *Spaces of Their Own: Women's Public Sphere in Transnational China*. Minneapolis: University of Minnesota Press, 1999. Shi, Yu. "Identity Construction of the Chinese Diaspora, Ethnic Media Use, Community Formation, and the Possibility of Social Activism." *Continuum: Journal of Media & Cultural Studies*, 2005, vol. 19, pp. 55-72.

越国家边界的限制将公众联结起来"。①

本章通过强调网络和制度的角色来聚焦跨界华人场域的发展和演进,展示现代亚洲从以国家(和社会)为中心到以社会和经济为中心的路径转变。换言之,作为纽带力量的华人社会组织已经将祖籍地的"客观存在"和华人的"主观意象"有机联结在一起。本章中所论及的"主观意象"就是由海外华人通过诸如报纸、杂志、网媒和艺术品等媒介建构起来的关于祖籍地或故乡(侨乡)的认知和想象。这些意象有着浓厚的主观色彩,可能并不能如实地反映中国已经取得的快速发展的"客观事实",但是却彰显着海外华人不断变化的身份认同,该认同反映了移民在移入国社会内部所拥有的归属(或缺失)感。

通过对过去的半个世纪里新加坡华人与中国不间断联系的案例分析,本章认为,海外华人和其祖籍地之间的多层互动导致了跨界华人社会场域的形成,并体现出三个主要的特征:第一,为海外华人和祖籍地之间的常规和持续扩大的人口、观念、商品和资金的跨国流动提供了广泛的空间,国家(包括中国和海外华人所在国)也在推动这些要素流动的过程中扮演重要角色。第二,作为横跨经济、政治和文化等多领域的动态范畴,跨界华人社会场域已经并将继续如社会性和商业性的网络(通过共同的族群活动)那样推动海外华人的身份认同的发展与演进(通过建构对祖籍地的"主观想象")。第三,目前跨界华人社会场域已经形成涵盖地域性、血缘性的宗乡社团以及专业性机构的制度化组织体系,并为全球华人的社会和商业联系搭建起有效的桥梁。

跨界社会场域的概念化和目前的国际移民研究紧密相连,它将跨国移民视作在流动的社会性空间里发生的现象,并通过在多个社会的同时嵌入而得到持续的重构。② 目前,对"网络"的研究已经给社会科学的发展带来了深远的影响。美国两家顶级社会学期刊(《美国社会学评论》和《美国社会学》)上所发表的以"网络"作为关键词的文章在过去的 30 年里出现了令人瞩目的增长:从 1980 年的 1.2% 到 1990 年的 2.2%,再到 2000 年的 7.8% 以及 2005 年的 11.6%。③ 经济学家杰克逊指出:"关于'网络'的研究文献增长非常迅速,该领域的多学科属性令人激动,很难想象其他研究领域也可以像网络研究一样,

① 参见 Yang, Guobin. "The Internet and the Rise of a Transnational Chinese Cultural Sphere." *Media*, *Culture & Society*, 2003, vol. 25, pp. 469-490.

② 参见 Levitt, Peggy, and Nadya Jaworsky. "Transnational Migration Studies: Past Developments and Future Trends." *Annual Review of Sociology*, 2007, vol. 33, pp. 129-156.

③ 参见 Rivera, Mark, Sara Soderstrom, and Brian Uzzi. "Dynamics of Dyads in Social Networks: Assortative, Relational, and Proximity Mechanisms." *Annual Review of Sociology*, 2010, vol. 36, pp. 91-115.

如此容易地获取和应用诸多学科的知识。"①移民研究的学者也指出："聚焦于移民的社会网络是研究的重要出发点。"②简言之，华人跨国场域主要通过与祖籍地的联系来建构并维系制度化的网络和双向交流与互动。

下文将重点讨论新加坡华人和他们（想象的或真实的）祖籍地之间的跨国联系的形成与转型。这一联系的演化可以分为三个阶段：第一阶段（1950—1965 年）展示了非殖民化和民族国家建构两个进程，新加坡华人社团此前与"侨乡"的密切联系在该阶段被瓦解，而他们与处境相当的邻国（区域内部）之间的联系则受到了强有力地支持。对于海外华人来说，中国作为新独立的民族国家正在逐渐演变成一种祖籍地的想象而存在，已经不再是先前开展社会经济活动的主要目的地的实体。第二阶段（1965—1990 年）过渡到了民族国家时代，该阶段新加坡华人与祖籍地（地方与国家的双重层面）的制度化联系被迫中断，中国已经不再被视为新加坡华人的"祖国"，然而东南亚内在的华人网络却因此得到了大大的加强。第三阶段（1990 年至今）是全球化背景下的新发展，此时随着冷战后新加坡与中国的建交和友好往来，两国之间的跨国网络得以重构和巩固，大量新移民的涌入使新加坡华人与祖籍地的联系更加紧密，但这一现象同时也影响了新移民与新加坡国人之间的关系。笔者认为，对历史上新加坡华人社会与作为祖籍国的中国之间关系的研究，有助于增进东南亚各国与中国的相互认知，同时，跨国华人社会网络的提出超越了传统的民族国家框架，有助于更好地理解"跨界亚洲"③的建构和发展。

二、故乡联系的新动力（1950—1990 年）

新加坡在亚洲社会与商业网络中的角色以及新加坡华人与祖籍地的联系取决于两个关键要素：

第一，地理区位优势明显。从全球层面来说，新加坡是东西方交通的战略要冲，从地区层面来看，它处在东亚、南亚和东南亚交会的十字路口。新

---

① 参见 Liu, Hong. "Beyond a Revisionist Turn: Network, State, and the Changing Dynamics of Diasporic Chinese Entrepreneurship." *China: An International Journal*, 2012, vol. 10, no. 3, pp. 20-41.

② Bilecen, Başak, Markus Gamper, and Miranda J. Lubbers. "The Missing Link: Social Network Analysis in Migration and Transnationalism." *Social Networks*, 2018, vol. 53, pp. 1-3.

③ 参见刘宏：《跨界亚洲的理念与实践：中国模式、华人网络、国际关系》，南京：南京大学出版社 2013 年。

加坡所处的马来半岛南端这一战略位置,使其在海路、空路和陆路(通过新柔长堤)交通中拥有多条线路可以抵达该区域中不同的国家和地域,比如印尼和中国。新加坡的重要地理位置和网络容量并没有被外部观察家所忽视,一份提交给政府的官方中文报告这样描述新加坡:"坐落在南洋群岛的中心,是欧亚之间的重要通道,它在商务方面的重要性在本区域的诸多城市中无出其右者。"[①]

第二,转口贸易在新加坡经济发展中处于支配性地位。作为英国殖民地的悠久历史和冷战时期的全球与周边环境赋予了新加坡作为一个全球性城市国家的命运。[②] 在 20 世纪 60 年代工业化起飞之前,其经济主要依赖于转口贸易领域,如根据海外市场的需求对热带产品进行分类、分级、处理和深加工,以及进口大件西方产品并根据亚洲分销商的需求进行小容量分装等。

这一经济形式充分体现了贸易伙伴关系和商业网络之间所存在的高度相关性。如新加坡立法会 1956 年的一份报告显示,[③]其转口贸易获得成功的最主要因素是"商人之间的贸易联系"。作为西方贸易公司和消费者/生产者之间的中间人,大大小小的华商不论是在大规模的贸易领域还是小规模的零售领域中都是不可或缺的,他们主要活跃在托收用于出口的本地产品以及销售进口来的制成品等领域。

总之,浓郁的跨国和跨地区特性——与基于籍贯和方言群的多种跨国网络联系在一起——很早就作为华人商业活动的标签而存在。新加坡的华人在构建这些跨界联系纽带方面非常积极,因为这些纽带不仅汇集着大量深具代表性的资本和人力资源,而且更为重要的是,它们掌控着当地经济的生命线。

(一)从故乡联系到区域化的推动(1950—1965 年)

早在 20 世纪 40 年代末,中国就在新加坡建立了与当地华人社团拓展联系的重要联络机构。这些社团以"政治参与者、社会保护者、商业信用护

---

① 参见 Liu, Hong. "Singapore in the Regional Context of Social and Business Networks," in Liu, Hong and S. K. Wong. *Singapore Chinese Society in Transition: Business, Politics and Socio-Economic Change, 1945-1965*. New York: Peter Lang Publishing, 2004, pp. 229-272.

② 参见 Kratoska, Paul. "Singapore, Hong Kong and the End of Empire." *International Journal of Asian Studies*, 2006, vol. 3, pp. 1-19.

③ Liu, Hong. "Singapore in the Regional Context of Social and Business Networks," in Liu, Hong and S. K. Wong. *Singapore Chinese Society in Transition: Business, Politics and Socio-Economic Change, 1945-1965*. New York: Peter Lang Publishing, 2004, pp. 229-272.

卫者和文化行动者"的角色推动跨国与跨洋沟通桥梁的搭建,促进中国与东南亚地区之间的贸易活动。然而,1949 年中华人民共和国成立后,原本已经建立起来的联系开始转型。一些年轻的华人受到新中国崛起趋势的鼓舞。更重要的是,随着东南亚新的民族国家纷纷建立,对华人的同化与歧视政策也受到支持,最终推动华人社群所形成的侨居心理向本地认同转变。①与 1949 年之前相比,20 世纪 50 年代新加坡华人社团影响祖籍国的社会、经济和政治议程的尝试锐减为寥寥数例,且仅限于特定的问题领域。作为文化符号的"侨乡"纽带也在此时遭遇断裂危机。在 1941 年以前,还有相当多的华人社团热心于提升和促进源自遥远的华南故乡的传统文化在南洋的发展,但是到了 20 世纪 50 年代早期华人社团在该议题上的关注点已经有了新的变化,他们意识到应该给予本地(东南亚)文化以同样的关注度。②

简单来说,20 世纪 50 年代早期新加坡华人社团网络已经和中国(既作为民族国家也作为故乡)渐行渐远,而这很大程度上是由于受到快速变化的外部环境所驱使。二战以后东南亚民族国家的成立与冷战大背景的存在为本地区的国家关系与身份认同搭建起全新的框架,新加坡和其他地区的海外华人必须在政治和文化的取向上适应并推动认同的本地化。然而,由于这种突如其来的瓦解趋势是迫于外部敌对环境的压迫,所以华人社团的内部结构以及他们与"侨乡"之间的既有联系很大程度上还是得到了保留。因此,海外华人才能借助于这一制度化的基础于 20 世纪的最后 10 年里在区域和全球层面重建与祖籍地的联系。

20 世纪 50 年代华人与祖籍国之间关系的弱化所造成的损失最终借助新加坡作为本地区网络中心地位的加强而得到部分的补偿。加上诸如地缘性和方言群联系等原生性的纽带在华人社会依然发挥着重要的作用,华人社团也得以有机会借助地区化的推动来巩固和拓展已经积累的金融资源和会员势力。

以新加坡台山会馆为例,台山县坐落在珠江三角洲,是广东省四邑地区的一个县城。在 20 世纪 40 年代该县有接近 100 万人口,包括大约 20 万海外侨胞(他们当中约有一半生活在英属马来亚和新加坡)。在八个台山会馆

① 参见 Wang, Gungwu. *Don't Leave Home: Migration and the Chinese*. Singapore: Times Academic Press, 2001.
② 参见 Liu, Hong. "Bridges across the Sea: Chinese Social Organizations in Southeast Asia and the Links with Qiaoxiang, 1900-1949," in Leo, Douw, Cen Huang, and Michael Godley, eds. *Qiaoxiang Ties: Interdisciplinary Approaches to "Cultural Capitalism" in South China*. London and New York: Kegan Paul International, 1999, pp. 87-112.

的支持下,1947 年泛马来亚台山会馆联合会在新加坡举行了开幕典礼,联合会旨在推动共同的族群团结,处理有关同胞的教育、文化、经济、互助和福利等方面的所有事务。而提升东南亚地区台山同胞之间的经济合作是非常重要的一项议程,比如联合会就鼓励台山同胞通过集资联营来创立企业和公司,并力主通过此举"在南洋(东南亚)地区建立和增进台山同胞之间的合作,就像北美地区已经实现的那样"。[①]

华人社团在地区化趋势的推动下,逐渐对与新加坡和东南亚相关的事务表现出越来越浓厚的兴趣,特别是在马来亚和印度尼西亚。新加坡潮州八邑会馆在推动这些议程和事务发展中发挥了重要作用,该会馆 30 多年的议事日程可以清晰地展示这一转向(参见表 9.1)。

表 9.1 潮州八邑会馆的主要议事日程(1929—1965 年)

时 期	与祖籍地相关/项	与新加坡相关/项	与马来亚和印尼相关/项
1929—1949 年	26	11	14
1950—1965 年	2	23	34

资料来源:改编自潘醒农:《新加坡潮州八邑会馆金禧纪念刊》,新加坡潮州八邑会馆 1980 年,第 298—305 页。

"客观事实"与"主观意象"之间的互动在战后的东南亚一直存在。20 世纪 50 年代末期和 60 年代,当地方化进程导致新加坡华人和东南亚其他国家的华人在身份认同上逐渐有了同胞的亲近感时,祖籍国的概念得以再次浮现。中国在与海外华人产生联系与互动时,其角色已经转换为"民族国家",而非此前的"侨乡"。下文将详细讨论新加坡中华总商会在战后积极推动与中国关系的重建这一典型案例。

20 世纪 50 年代中期,新加坡华人社会和中国之间的关系明显减弱,并且随着 1951 年以后英国殖民政府强制执行对诸如橡胶、锡等战略物资的禁运而变得更加扑朔迷离。因为华商所从事的经济贸易活动主要涉及橡胶的进口、贮藏、深加工、分装、再出口等等领域,所以这项禁运的实行沉重打击了华人商业社会。为了摆脱困境,华商便由其代表性组织中华总商会出面,

---

① 参见 Liu, Hong. "Singapore in the Regional Context of Social and Business Networks," in Liu, Hong, and S. K. Wong. *Singapore Chinese Society in Transition: Business, Politics and Socio-Economic Change, 1945-1965*. New York: Peter Lang Publishing, 2004, pp. 229-272. 台山也是东南亚华人侨批网络的重要节点之一。参看 Benton, Gregor and Hong Liu. *Dear China: Emigrant Letters and Remittances, 1820-1980*. Berkeley: University of California Press, 2018, pp. 130-150.

尝试重建与庞大的中国市场的联系。

新加坡华人社团的想法得到了中国政府新政策的支持。当时的中国处在工业化的起步阶段,国内建设需要大量的橡胶、锡等原材料,而马来亚又是世界市场上这些产品的主要供应者。在 20 世纪 50 年代中期,中国调整了它对东南亚以及海外华人的政策,外交上也提出了和平共处五项原则。在 1956 年 8 月到 10 月间,中国外贸部长邀请新加坡中华总商会代表团访问了中国的 14 个省份和十几个大城市。代表团在中国受到包括周恩来总理和陈毅副总理在内的高级领导人的接见和欢迎。这次访问收获颇丰,代表团最终与中国签下了超过 2000 万美元的经贸合同,包括从新加坡出口 7000 吨橡胶给中国的许可。此行也给代表团成员留下了深刻印象,总商会会长高德根在回国后提交的报告书中指出,所有总商会会员都被中国快速的经济发展和社会进步所深深感染。

总之,新加坡独立后,基于本地会馆的社会网络在 1950—1965 年也发生了巨大的变化。其与中国的联系渐行渐远(不论是侨乡还是国家的层面都是如此),但是众多本地会馆在区域化的推动下加强了联系,并逐渐在重新定位它们与东南亚各国的关系方面取得了较大的成绩。祖籍地的概念在特定的场域中曾经被"侨乡"所代表,被作为民族国家的"祖国"所代表,虽然中国的民族国家定位使它在政治上与新加坡华人不断地疏离,但是在经济上它却与这个南洋岛国的生存与发展息息相关。

(二)跨国联系的再兴(1965—1990 年)

从新加坡人的立场来看,二战结束后的 20 年间,新加坡华人与中国之间的制度化联系主要由社会力量发起推动,很少或没有国家的干预。在中国,更多的则是通过国家来实施。1965 年新加坡独立后,国家开始注重自身在跨国联系中的作用,因为国家对跨国议程的管控能力在不断增强,而且国家也深深卷入了跨国进程中,并参与塑造个体与故乡之间联系的属性。1965 年后在新加坡本土出生的大多数华人,都把新加坡视作他们的故乡。1970 年,新加坡公民和永久居民的总和超过总人口数量的 97%,其中新加坡公民占到 93.1%。[①] 20 世纪 80 年代末期,海外华人力图重建与祖籍地联系的努力与全球化进程紧密地联系在一起,从而为新加坡华人型塑对中国新的主观想象提供了机会。

---

① Sun, Shirley Hsiao-li. *Population Policy and Reproduction in Singapore*: *Making Future Citizens*. London: Routledge, 2012, p. 13.

　　新加坡独立后,在新加坡中华总商会的推动下,逐步打破了西方在本地区内的航运垄断,拓展了华人社团运用政府和商业网络的力量来提升经济发展的能力。航运长期以来一直是新加坡经济的中心内容,早在国家独立之前,航运就被远东航运公会(FEFC)所垄断,其他的航运公会也不得不接受西方大国的强有力控制。由于长期垄断,造成运费高得离谱,甚至比那些非航运联盟高出 20％～50％,这一局面给新加坡和马来西亚的经济和贸易发展都造成了沉重的压力。

　　在新加坡政府的支持下,一个旨在结束远东航运公会的垄断地位和取消高昂运费的运动被有效地发动起来。中华总商会确立了两个主要战略:一是积极与马来西亚的其他华人商会建立联系,二是努力争取获得国家的支持。新加坡树胶公会主席陈永裕在 1967 年倡议总商会和政府共同组织,一致行动,时任新加坡财政部部长吴庆瑞博士则表示政府会全力支持。1971 年,中华总商会的一个代表团以低于远东航运公会 1/4 的运费在中国成功赢得了它的委托权。在 20 世纪 70 年代早期,中国总共有 38 艘船只到新加坡和马来西亚,中华总商会则抓住机会,与菲律宾的华人运输公司展开积极合作,加强海外华人之间的商贸联系。通过这一系列的努力,新加坡逐渐打破了远东航运公会在该地区的垄断,增强了新加坡与西方航运公会谈判的话语权。[①]

　　20 世纪 70 年代新加坡人很自然地将中国视为族属与商业联结的契合点,并在 20 世纪的最后十多年中使这一想象得到了加强,经济活动与中华文化和华人性等元素之间的关系也更加密切地交织在一起。全世界特别是在亚洲的华人社团已经积极参与到国际社会中,由全球华人社会和商业网络组成的制度化轨道已经形成,而新加坡则处在这一全球性华人跨界网络复兴的核心部位,并且已经在推动与祖籍地之间关系的重新热络(不像 20 世纪 50 年代或者 60 年代时将中国看作民族国家)。尽管国家仍然在继续推进新加坡本地社团与祖籍地的跨国联系中扮演着非常重要的角色,但是这些社团自身在组织全球联系时变得更加积极,而对祖籍地的想象是必不可少的因素。

　　在国家推动社团跨国联系的背后还存在很多因素。首先,直到 20 世纪 80 年代新加坡的经济变得越来越依靠国际(特别是亚洲)市场。政府为了

---

① 参见 Liu, Hong. "Singapore in the Regional Context of Social and Business Networks," in Liu, Hong, and S. K. Wong. *Singapore Chinese Society in Transition: Business, Politics and Socio-Economic Change, 1945-1965*. New York: Peter Lang Publishing, 2004, pp. 229-272.

本地经济发展积极寻求建立所谓"地区之翼"的政策。为了这一议程,政府尽力去恢复华人社团与中国和其他地方的制度性联系。李光耀资政 1993 年在香港第二届世界华商大会上宣布说:"我们如果不利用华人网络来更好地把握这些机会将是愚蠢的。"①

其次,虽然政府已经在国内建立起诸如民众联络所、社区俱乐部等多种基层组织,但是它们与外部世界的接触范围非常有限,不能满足跨国网络议程拓展的需要。从社团领袖的视角来看,参与祖籍地所举行的国际性恳亲大会或者确保维持与其之间的制度化联系等都是避免下降趋势的有效方式。这些下降趋势对于城市社会中的很多社团来说都经历过,正如时任贸工部部长的杨荣文所说:"新加坡与中国、印度和东南亚之间最密切的联系不仅仅是经济的,而且是文化的。如果新加坡能够孕育它的文化内核,它的经济主干将变得更加强壮,而它的枝叶会伸展的更远更广。"②

因此,复兴与祖籍地之间的联系在新加坡被国家(在全球化时代有着维系商业网络和促进经济增长的目的)和华人社团共同驱动,目的就是要让一个愈加全球性的新加坡在国际化的进程中获得更多生存的可能性和正当性。在这里,诸如地方化和宗族关系等原生性的联系就变得更加不相关了。换而言之,"主观意象"就是在经济实用主义和文化战略相结合的情况下的产物。

另外,"客观事实"的新变化对新的"主观意象"的形成也产生了重要影响。中国政府通过改变旧政策,推出新政策来为海外华人与祖籍地之间的跨国制度化联系的复兴提供额外的推动力,这些变化体现在中央和地方的双重层面。③ 随着中国与东南亚国家关系的改善以及中国东南部沿海地区随着 20 世纪 70 年代改革开放政策的实施,海外华人的定位逐渐从原来所认为的"历史包袱"转变成为发展所需的重要"优势资源"。作为海外华人全球性经济活动的主要受益者,华南地区的地方政府正在积极努力"抓住机遇,善打'侨牌'"。

中国政府重构与海外华人联系的政策转变与后者所推动的复兴与祖籍

---

① Liu, Hong. "Old Linkages, New Networks: The Globalization of Overseas Chinese Voluntary Associations and Its Implications." *The China Quarterly*, 1998, no. 155, pp. 582-609.

② *Straits Times*, March 26, 2004.

③ Thunø, Mette. "Reaching Out and Incorporating Chinese Overseas: The Trans-territorial Scope of the PRC by the End of the 20th Century." *The China Quarterly*, 2001, no. 168, pp. 910-929. 刘宏:《跨界亚洲的理念与实践:中国模式、华人网络、国际关系》,南京:南京大学出版社 2013 年。Liu, Hong, and Els Van Dongen. "China's Diaspora Policies as a New Mode of Transnational Governance." *Journal of Contemporary China*, 2016, vol. 25, no. 102, pp. 805-821.

地之间联系的努力相契合。在新加坡政府的支持下,第一届世界华商大会于 1991 年在新加坡召开,组委会主席陈永裕指出,华商大会所倡导的基本理念就是"华人的共性"。此后各届大会轮流在世界各地召开,2011 年 10 月第 11 届大会再次由新加坡主办。大会一直遵循的一个传统就是强调文化在海外华人商业成功中的重要地位,"华性"已经被确定为华人国际商业网络的起始点。海外华人的这一信仰已经与中国正在崛起的事实联系在一起,时任新加坡中华总商会会长的张松声说:"随着经济中心转移到亚洲,华人在商业事务中的优势也开始提升到了世界范围。"①

新加坡福清会馆可以说是当地会馆中参与祖籍地建设和凝聚内部族群联系的代表性机构。1988 年世界福清恳亲大会之后,世界福清同乡联谊会成立,总部设在新加坡。联谊会的目标是为会员提供"规划、组织和领导力",并出版《融情》杂志,该季刊主要介绍世界范围内的福清人在社会、经济等领域的详细信息,每期大约有 4000 份的发行量,传播范围很广,阅读量也很大(目前已经有网络版供在线阅读)。②

总之,在新加坡和中国政府新政策的共同推动下,新加坡华人社团与祖籍地之间的制度性联系得到了重构和加强,该联系在持续增长的贸易和投资发展中已经创造了切实的经济成果。事实上,已经建立起来的商业和社会网络对国际贸易有着相当大的影响。劳奇(James Rauch)和崔林德(Vitor Trindade)的研究显示,"华人在不同的层面推动了国家之间差异化产品贸易的发展,这一现象在东南亚非常普遍,我们的估计(1990 年保守的看法)是华人网络推动了近 60% 的双边贸易增长"③。

三、新移民及其与中国的新联系(1990—2020 年)

前文对新加坡华人社团和"祖籍地"之间的跨国联系进行了分析解读。

---

① Teo, Siong Seng. "Message by the President of the Singapore Chinese Chamber of Commerce and Industries at the 11th World Chinese Entrepreneurs Convention (WCEC 2011)." http://www.11thwcec.com.sg/en/01about1.0.html.

② 《融情》季刊于 2000 年 1 月更名为《世界融音》,在香港创刊编辑出版,截至 2018 年 9 月已经出版了 60 期。见《世界福清社团联谊会简介》,http://www.iafqc.com/sc/pages.php? pid=2。

③ Rauch, James, and Vitor Trindade. "Ethnic Chinese in International Trade." *Review of Economics and Statistics*, 2002, vol. 84, pp. 116-130. Tung, Rosalie, and Henry Chung. "Diaspora and Trade Facilitation: The Case of Ethnic Chinese in Australia." *Asia Pacific Journal of Management*, 2010, vol. 27, pp. 371-392.

需要指出的是,这些社团的领导和会员都是第一代或第二代华人移民,他们在 20 世纪 70 年代之前就来新加坡拓殖,并把这里视为是他们永远的"家"。过去的 30 年见证了一个不同类型华人移民的快速出现,即所谓的"新移民"。他们出生于中国大陆,并在 20 世纪 80 年代早期从中国移民到世界各地。他们优先选择的目的地是北美国家、欧洲国家和澳大利亚,日本和新加坡是他们在亚洲的主要选择。本章接下来考察新加坡新移民的特性以及他们与中国的制度性联系的建立。其中,国家将继续在塑造祖籍地的映像以及与祖籍地维持联系中扮演重要角色。

(一)新加坡的新移民

较大规模华人新移民社区的形成受益于新加坡的指导性的移民政策,该政策的实施主要是源自新加坡人口下降所造成的压力。过去的 30 多年里,新加坡的人口持续走低,使其成为世界上人口出生率最低的国家之一:从 4.93‰(1960—1965 年)到 2.62‰(1970—1975 年)到 1.57‰(1995—2000 年)再到 2009 年的 1.2‰,2015 年的 1.24‰,这一数据已经远远低于人口替代标准所需的 2.1‰。[1] 为了解决这一问题,政府将灵活的移民政策作为实现人口更新的重要途径。时任总理吴作栋在 1999 年指出:"没有人才,我们就不能成为第一世界经济体和一个全球性的城市家园,必须从海外引进优秀人才以弥补本地人才的不足"。[2] 李光耀资政也确信新加坡人口增长率的下降将放缓经济增长,并把增加本国人口数量视作是新加坡要解决的主要任务。李光耀以日本忽视引入移民而造成经济停滞的事实作比较,并坦率地指出,"不管你是否喜欢,除非我们可以生育更多的婴儿,否则我们需要接纳更多的新移民"[3]。1992 年,政府开始提供全额奖学金给来自中国的高中生,帮助他们进入本地的初级学院和大学。奖学金所附加的一项主要条款就是他们毕业以后至少要在新加坡服务六年。在经济方面,国家给新移民企业家提供财政上的支持,启动资金总额达到 1300 万新元。[4] 这一发展战略与支持来自

[1] Sun, Shirley Hsiao-li. *Population Policy and Reproduction in Singapore: Making Future Citizens.* London: Routledge, 2012, p. 13.

[2] 《联合早报》,1999 年 8 月 23 日。

[3] *Straits Times*, February 4, 2012.

[4] Liu, Hong. "Immigrant Transnational Entrepreneurship and Its Linkages with the State/Network: Sino-Singaporean Experience in a Comparative Perspective," in Wong, Raymond ed., *Chinese Entrepreneurship in the Era of Globalization.* London: Routledge, 2008, pp. 117-149. 有关新加坡的人才政策,参看刘宏、王辉耀:《新加坡人才战略与实践》,北京:党建读物出版社 2015 年。

中国的公司在新加坡交易所主板市场上市联系在一起。到 2011 年 1 月，157 家中国公司在新加坡上市，市场资本接近 495 亿新元（387 亿美元），第二波上市的公司价值则达到 45 亿新元（35 亿美元）。[①] 2018 年新加坡交易所上市公司中有 40% 是外国公司，其中四成是中国公司。[②]

在新加坡政府积极鼓励引进"外来人才"的灵活移民政策的推动下，21 世纪初的十几年间，外来的永久居民人口增长速度很快，它代表了新加坡人口的最快增长区段（表 9.2）。新加坡的总人口截至 2019 年 6 月有 570 万，包括 400 万新加坡居民，其中有 350 万新加坡公民和 52 万永久居民，还有 167 万非居民的外国人，他们持有不同的工作准证或长期访问签证。出生于新加坡之外的人口（包括就业准证持有人、永久居民和新归化的公民）也从 1990 年的 72 万增加到 2019 年的 215 万。[③] 新永久居民中有不少是来自中国，他们大多有着良好的教育背景或者相关的专业技术经验，当给予他们永久居留权时，政府会根据他们的教育学历证书和薪酬水准进行严格的审核。

表 9.2　新加坡人口增长情况（1990—2019 年）

单位：千人

年份	总人口	新加坡居民			非居民
		总数	公民	永久居民	
1990	3047.1	2735.9	2623.7	112.1	311.3
2000	4027.9	3273.4	2985.9	287.5	754.5
2004	4166.7	3413.3	3057.1	356.2	753.4
2005	4265.8	3467.8	3081.0	386.8	797.9
2006	4401.4	3525.9	3107.9	418.0	875.5
2007	4588.6	3583.1	3133.8	449.2	1005.5
2008	4839.4	3642.7	3164.4	478.2	1196.7
2009	4987.6	3733.9	3200.7	533.2	1253.7
2010	5076.7	3771.7	3230.7	541.0	1305.0
2011	5183.7	3789.3	3257.2	532.0	1394.4
2012	5312.4	3818.2	3285.1	533.1	1494.2
2019	5703.6	4026.2	3500.9	525.3	1677.4

资料来源：新加坡统计局 2012 年，2019 年。统计数据截至 2019 年 6 月。http://www.singstat.gov.sg/statistics/browse_by_theme/population.html；https://www.singstat.gov.sg/find-data/search-by-theme/population/population-and-population-structure/latest-data.

[①]《环球时报》，2011 年 2 月 22 日。

[②] http://kuaixun.sten.com/2018/1105/14639486.shtml.

[③] Tan，Ee Lyn. "Migrants in Singapore: UN Report Debunks Popular Perceptions." *Sunday Times*，January 19，2020.

没有官方统计显示华人新移民的具体数量,因为这对于多元族群社会的新加坡来说被视为敏感话题。一些学者估计,新加坡的这类移民总数(包括短期居留者,诸如短期合约劳工等)大体介于 50 万人至 60 万人之间。[①]根据 2020 年 1 月联合国的数据,自 1990 年(中新建交)到 2019 年底,有超过 38.8 万中国人移居到新加坡这个仅有 570 多万人口的国家,占移民总数的 18%,仅次于来自马来西亚的移民。[②]

新加坡的华人新移民与其他地方的华人群体开始具备更多的共同特征,这些新移民已经不仅仅来自华南侨乡,他们在中国的家乡已经扩展到了全中国。李光耀当年就承认华人移民有不少"来自北方,或者说是长江以北。他们都受过很好的教育,所以他们的到来让新加坡获得了很多优秀的人才"[③]。那些有着先进的专业技能的新移民,一般来说都比本土人口的受教育程度高,他们在科研和高等教育部门占有较大比例。以新加坡国立大学为例,在 1671 名全职教职员工中(2000 年数据,此后的数据没有公开),有 887 名(53%)是新加坡公民,其余的 784 名(46.9%)是外国人,其中又有 110 名(14%)是中国公民。在 842 名全职研究员中,只有 221 名(26%)是新加坡公民,外国人则有 621 名(74%),其中 329 名(39%)是来自中国大陆。[④]

(二)新加坡的华人社会组织:超越地缘与血缘

华人新移民在新加坡人口总量中的比例在增加,那么他们又是如何在社会层面被组织起来的呢? 他们与依靠地缘和血缘关系联结在一起的前辈之间是否存在不同? 他们与中国的联系有什么新特征? 笔者认为,对于新移民而言,"祖籍地"的古老概念已经从明确的地域符号向文化或者族群符号转变,以代表那些从中国大陆来的华人和作为民族国家或一种文明的中国。

与传统的华人社团相比,新移民社团涵盖面更广,他们从一个更加宽广的多样化的地理和社会背景下吸收会员,涵盖的范围也摆脱了诸如地域和血缘等原生性纽带的束缚。比如,在美国的新华人社团更倾向于双文化,并

① 谢美华:《近 20 年新加坡的中国新移民及其数量估算》,《华侨华人历史研究》,2010 年第 3 期,第 52—59 页。

② Tan, Ee Lyn. "Migrants in Singapore: UN Report Debunks Popular Perceptions." *Sunday Times*, January 19, 2020.

③ *Straits Times*, January 19, 2011.

④ 《新加坡国立大学 2001 年度报告》。

且在会员吸收和机构组成上遵循"独特的混杂"标准，要"同时对中国和美国的文化了解深刻，并在这两种文化下受到良好的教育，流利使用两种语言"。他们大多由来自中国大陆的新移民组织的专业性团体和校友会组织起来。[1] 日本的新移民团体也是如出一辙，他们也是基于共同的学术兴趣、技术和其他经济因素，取代了此前所依托的原生性纽带。[2] 另一些研究则发现，那些出生在中国大陆的美籍华人的祖籍地的社会化在塑造他们的政治观点中扮演着重要的角色。[3]

同样地，在文化与象征意义方面的相似发展趋势正在新加坡的华人新移民中发生。新加坡华源会（后来更名为中国新移民总会），由出生于大陆的华人专业人士组成，成立于 2001 年，主要从成为新加坡公民和永久居民的新移民中吸收会员。它同时也在持有长期学生准证或工作准证的中国公民中吸收"准会员"。根据它的章程，该组织有六个主要的使命："协助新移民更好地融入新加坡多元种族社会；促进会员间的信息交流与沟通；发扬互助友爱精神；促进会员与其他社团的友谊及交流；通过各类活动丰富会员及家人的业余生活；促进新加坡和中国两地商贸往来。"作为新移民的最大的社团组织，华源会会员超过 5000 名会员，他们广布各省，其中超过 80% 的会员拥有大学学历。[4] 在 2016 年 11 月举行的华源会成立 15 周年庆典上，新加坡总理公署部长陈振声鼓励新移民更好地融入当地社会（包括与华族以外的少数族群合作），而非一再保留其"新"的身份。[5]

非地域性是华人新移民社团的另一个特征。与华源会一样，成立于 2000 年的新加坡天府会则以一种更为符号性的方式代表其成员的故乡。虽然天府是四川省的别称，但是该会的成员不仅仅局限于传统的地缘组织性原则（即名义上的出生在四川和讲四川方言者），而且还包括那些曾经在四川学习、工作或者从事商业文化活动的人。"同乡"这个词自 2006 年从天

---

[1] 参见 Zhou, Min, and Rebecca Kim. "Formation, Consolidation, and Diversification of the Ethnic Elite: The Case of the Chinese Immigrant Community in the United States." *Journal of International Migration and Integration*, 2001, vol. 2, pp. 227-247.

[2] 朱慧玲：《中日关系正常化以来日本华侨华人社会的变迁》，厦门：厦门大学出版社 2003 年。

[3] 参见 Lien, Pei-te. "Places of Socialization and (Sub) Ethnic Identities among Asian Immigrants in the US: Evidence from the 2007 Chinese American Homeland Politics Survey." *Asian Ethnicity*, 2008, vol. 9, pp. 151-170. 周敏、刘宏：《海外华人跨国主义实践的模式及其差异——基于美国和新加坡的比较分析》，《华侨华人历史研究》，2013 年第 1 期，第 1—19 页。

[4] *Straits Times*, May 19, 2012.

[5] Leng, Weng Kam. "Chinese Networks Can Play Wider Role: Chun Sing." *Straits Times*, November. 21, 2016.

府会的名字中拿掉（最初名为"新加坡天府同乡会"），同时成立了附属机构天府商会。天府会会员大约有 2000 名，来自中国各地。[1]

在这些社团和他们故乡的联系中存在很多共同性。首先，会馆被新中两国政府共同认可，李显龙总理在 2010 年国庆群众大会演讲中以这是"一个好现象"高度赞扬了新移民社团在新加坡国民融合中的作用。[2] 如天府会的顾问中就包括新加坡国会前议员和四川省副省长，而且国家对新移民社团的扶持已经在多个领域实施：第一，当新加坡政府旨在通过诸如华源会这样的制度化机制来吸收和融合新移民时，中国的中央和地方政府同样对通过新移民组织建立跨国社会和商业联系非常感兴趣。第二，这些新移民社团与中国的互动表明，新移民社团已经不再将中国仅仅视为传统意义上的"故乡"，而是看作民族国家。它们的活动范围并不会侧重某一个特定的地方（如四川省、天津市），而是从整体着眼，加强与作为一个国家的中国的密切联系。这些新移民社团所举办的具体的活动主要包括文化展览、庆祝中国成功申办 2008 年奥运会以及庆祝宇宙飞船发射成功等。作为一项历史遗产的延续，新移民社团也热衷于通过完善的制度化机制来为新生代移民企业家的社会和商业活动提供服务，协助他们与中国以及其他更多的跨国群体在一个更广的领域里合作发展。[3] 在这层意义上，这些社团组成了一个联结新加坡和中国的跨国网络。第三，新移民社团与传统会馆的联系比较有限，而且主要表现在文化日程上，诸如一些联办的典礼活动。不同的组织原则（传统会馆倾向于以"祖籍地"或本土联系为主，而新移民社团则建立在"祖国"或国家联系的原则之下）意味着他们为不同的客户和事务领域服务，他们不可能重叠。新加坡宗乡会馆联合总会是一家拥有 200 多个地缘和血缘团体的联合组织。为了响应政府的号召，把新移民更好地整合进新加坡的社会中，2012 年 1 月，总会决定建立新的华族文化中心，以帮助他们融入本土社会，并且展示本土的华族文化认同。[4]

值得指出的是，由于近年来新移民人口大量和迅速地涌入，新加坡民众

[1] 《联合早报》，2006 年 12 月 26 日。

[2] 参见 Lee, Hsien Loong. "Prime Minister Lee Hsien Loong's National Day Rally 2010" (English Text of Speech in Mandarin), August 29, 2010. http://www.pmo.gov.sg/content/pmosite/mediacentre/speechesninterviews/primeminister/2010/August/_2010_8_29_.html.

[3] 参见 Liu, Hong. "New Migrants and the Revival of Overseas Chinese Nationalism." *Journal of Contemporary China*, 2005, vol.14, no.43, pp. 291-316.

[4] *Straits Times*, January 25, 2012. 有关新加坡新移民社团的发展，亦参看彭慧、杨亚红、谢春海：《当代新加坡华人社会》，纽约：世界华语出版社 2019 年，第 20—46 页。

感受到不小的压力,包括就业、交通、学校、医疗等等。出于对这一现象以及政府移民政策的关注,一些新加坡人通过不同的方式(包括选票、主流媒体和新媒体的言论、集会等)表达不满,强调新加坡人(而非华人)的身份认同。政府的政策在 2011 年大选后也发生重要调整,提出新加坡人优先,提高移民门槛,加快新移民融入当地社会等一系列政策和措施。① 现在评估这些融合的努力是否成功和有效还为时过早,不过,它们对华人跨国场域的影响值得我们进一步关注。

与此同时,新加坡政府领导人也一再强调新加坡人身份认同的独特性及其与中国的不同。在 2019 年 8 月国庆群众大会的演讲中,李显龙总理指出,经过 200 年的演变,当地人(包括华人)已建立对新加坡的认同。在中美冲突日益严重的今天,他仍清楚地阐明了新加坡的立场:

> 新中关系是独特的。除了中国以外,新加坡是世界上唯一一个以华人占多数的国家。这种同文同种的优势,有助于我们延续并加深民间与文化上的交流,帮助两国建立友好的关系,了解彼此并成为合作伙伴。但是,在进行交流与合作时,我们要记得我们还是新加坡人,我们有自己的历史和文化,所以必须有自己的观点和立场。在外交问题上,作为一个华人居多的国家,有时候会使到我们的处境格外困难,因为其他国家很容易误解新加坡的立场。②

四、结语

对于新加坡华人和祖籍地(祖国)之间互动关系的探讨还将继续,其互动的模式以及特性还有待进一步观察。总结前文,我们可以得出以下初步看法。

第一,过去的半个多世纪里,新加坡华人与祖籍地之间关系的发展演进经历了不同的阶段,推动了跨国社会场域的形成,并通过持续的互动联系将海外华人与其他国家(包括中国)的同胞联系起来了。20 世纪 50 年代与中国联系的削弱被中国作为新加坡(老一代)华人的共同祖籍地的身份的出现

---

① 参见 Liu, Hong. "Beyond a Revisionist Turn: Network, State, and the Changing Dynamics of Diasporic Chinese Entrepreneurship." *China: An International Journal*, 2012, vol. 10, no. 3, pp. 20-41. Rahman, Md Mizanur, and Chee Kiong Tong. "Integration Policy in Singapore: A Transnational Inclusion Approach." *Asian Ethnicity*, 2013, vol. 14, pp. 80-98.

② 《联合早报》,2019 年 8 月 19 日。

而抵消。然而全球化和新加坡的经济地区化动力，在 20 世纪 80 年代推动了新加坡华人与侨乡之间非正式制度化联系的重建。这一重建随着流动性更强的华人新移民的到来而得到加强。这些新移民对于把中国视为民族国家和重新崛起的文明的观点，相较于他们对"故乡"的情感，表现出更为强烈的认同。正在发展的"客观事实"（中国自身在社会、经济和政治方面的转变）和正在建构的"主观意象"（由海外华人和社团建构起来的变化的图像）塑造了新加坡华人与祖籍地联系的新的特性。而且，新加坡和中国两个国家都在参与祖籍地的意象建构方面深思熟虑。当新加坡政府鼓励以重建与祖籍地的联系来推动它的全球商业网络建设和国民融合议程时，中国政府也与新加坡新移民及其社团联系，并将此作为跨界议程中促进华人社会与商业网络建设的重要途径。

　　第二，通过移民的持续嵌入，①流动的社会网络已经在一个以上的社会中被不断建构和重构。在联结新加坡和中国的华人的跨国社会网络中，制度化联系充当着一个关键性的媒介，这些制度基于诸如地缘、方言群、次族群等内容，而中国作为一个集体想象的场所而存在。跨国性的社会网络为国家和市场提供了基于共同的族群、经济以及社会政治互动的交流空间。作为一个跨国实体，该场域也通过新闻通信、网站和不同的文化与庆典活动等来推动关于故乡和祖籍地的理念以及民族国家概念的创造和传播。如本章引言中所展示的，仅仅通过在国家与社会之间使用严格的二分法，不能有效地分析诸如华人新移民的跨国力量这样的新兴模式。跨国社会场域的形成和演进（包括国家和市场的关系）在国家与社会的二分法之外提供了一个可供选择的分析工具。

　　第三，在更广的层面上，跨界社会场域的案例研究也揭示了重新思考亚洲研究固有知识结构的重要性。在亚洲民族国家建构和全球冷战对抗的时代中论证和提炼这一结构，防止对那些类似制度化联系的跨国力量和跨（次）地区行为体给予过多的关注。通过对国家-社会交叉点的外围和地区安排的边缘的管理，跨国行为体可以在塑造国内和地区的转化中扮演重要角色。近年来的部分研究已经揭示了跨国因素在塑造现代亚洲历史和政体

---

① 任娜、刘宏：《本土化与跨国性——新加坡华人新移民企业家的双重嵌入》，《世界民族》，2016 年第 2 期。

中的重要作用。① 我们需要引入多样化的理论工具来超越这些传统分类方法的局限。在这个可供选择的体系中，对于国家机构的权威和能力的纵向建构将被放置到横向跨国网络的宽广轨道上，以便于在公共领域和私人舞台的交互空间内发展运作。

---

① Evans, Grant. "Between the Global and the Local There Are Regions, Culture Areas, and the National States: A Review Article." *Journal of Southeast Asian Studies*, 2002, vol. 33, pp. 147-162. Hamashita, Takeshi. *China, East Asia and the Global Economy: Regional and Historical Perspectives*. London: Roultledge, 2008. 刘宏:《跨界亚洲的理念与实践:中国模式、华人网络、国际关系》,南京:南京大学出版社 2013 年。Liu, Hong. "Transnational Asia and Regional Networks: Toward a New Political Economy of East Asia." *East Asian Community Review*, 2018, vol. 1, no. 1, pp. 33-47.

第三辑　认同的政治

第十章　新加坡多元种族政策与客家社群
——认同变迁的政治

一、导言

　　作为一个多元种族国家,新加坡不仅生活着四大种族,即华人、马来人、印度人和欧亚混血儿,在华人当中,还有福建人(闽南人)、潮州人、广府人、客家人和海南人五大主要的亚族群或方言群。今天的新加坡,是一个各种族和谐共处的国家,"新加坡人"的认同意识非常强烈。① 然而,追溯到几十年前,政府却面对着严峻的考验以及构建"新加坡人"共同价值观的迫切性。其中,华人族群始终是一支关键力量。1965 年独立之前,新加坡人口就以华人为最多数,而华人族群当中大部分人都是来自华南的第一代移民,他们对于祖籍国和祖籍地仍然有着很深的感情,许多人认同自己为中国人。在二战结束后,不同的政治与种族群体在新兴的政治体制中所扮演的角色以及社会和文化(教育)资源的分配等议题就引起了当时不同政治力量之间的争论,相关议题包括:那些中国出生者是否应该被赋予新加坡公民权;议会中非英语(特别是华语)的使用问题;非英语源流学校的财政资助问题等。② 对这些议题的关注一直延伸到新加坡建国后,与此相关的是如何进一步推动同化,构建"新加坡人"的共同认同。因此,当时的政府推行了一系列相关的族群政策,希望构建一个具有共同语言、共同价值观、共同国家意识的新加坡。

　　对于独立后新加坡政府的族群政策,有不少学者进行过探讨。有学者认为,新加坡实行的是多元、平等与和谐的族群政策,它为每个社会成员提供了平等的机会,打破了不同族群之间在居住、通婚和信仰等方面的隔阂,具有完善的社会分配机制,严格控制可能对族群、宗教关系产生负面影响的

---

① Lim, Leonard, and Mathew Mathews,"Emerging Sense of S'porean Identity Independent of Ethnic Heritage."*Straits Times*, November 15, 2017.

② 刘宏:《战后新加坡华人社会的嬗变:本土情怀·区域网络·全球视野》,厦门:厦门大学出版社 2003 年。

言论、出版和结社自由。① 有学者指出,在国家主导,族群与社区积极参与的族群多层治理结构中,上位的国民身份成为取代原有的族群身份的首要认同选项。同一的国家认同的确立,在制度上强化了国家意识和国民身份,同时也弱化了族群认同的影响力。② 新加坡独立初期,面对极其严峻的局面,国家认同并不是首要的问题。③ 于是,从独立初期到 20 世纪 80 年代,政府的重点以发展经济为主。直到 20 世纪 80 年代,政府开始意识到,经济的发展不能成为强化国家认同的唯一条件。由此开始,政府自上而下进行了一系列塑造新加坡认同的措施。

多数研究都关注到新加坡族群尤其是华人族群在政府的族群政策或塑造国家认同的进程中所受到的影响和反应,但很少人再进一步探讨华人族群内部的亚族群对此的态度及举措。虽然华人族群在新加坡的多元种族政策下获得了应有的利益及平等的机会,但对于族群内部的亚族群而言,这些政策也不可避免带来一定的冲击。而这些亚族群对此是积极接受还是消极反抗,他们对于自身的族群认同又将如何调适,本章将以新加坡的客家族群为个案进行探讨。

客家族群虽然是新加坡人数较少的族群,但引起不少学者的关注。他们分别从社团、经济、文化、语言等角度进行探讨。④ 然而,多数研究将客家族群自身作为重点加以探讨,而非将其作为一个亚族群,重新置入新加坡华人族群及国家发展的大背景下来进行考量。本章尝试从宏观的角度,结合客家族群这一微观的群体,分析新加坡独立后的族群政策与华族亚族群之间的关系。从学术史的角度来看,对新加坡和海外华人社会客家社群的个案分析也有助于进一步推动客家研究从传统的"地方性知识"上升为现代人文语境下的"客家学",并从全球史和跨国研究的角度审视客家学。⑤

---

① 毕世鸿:《多元、平等与和谐:新加坡族群政策评析》,《东南亚南亚研究》2009 年第 1 期,第 85—94 页。

② 范磊:《新加坡族群和谐机制:实现多元族群社会的"善治"》,长沙:湖南人民出版社 2016 年。

③ Ortmann, Stephan. "Singapore: The Politics of Inventing National Identity." *Journal of Current Southeast Asian Affairs*, 2009, vol. 28, no. 4, pp. 23-46.

④ 部分相关研究可参阅黄贤强主编:《新加坡客家》,桂林:广西师范大学出版社 2007 年;王力坚:《新加坡客家会馆与文化研究》,新加坡:世界科技出版公司 2012 年。

⑤ 王东、杨扬:《客家研究的知识谱系——从"地方性知识"到"客家学"》,《史林》,2019 年第 3 期,第 117—132 页;吴忆文:《由全球史视角从事客家研究的几点看法》,《中正历史学刊》,2017 年 12 月第 20 期,第 211 — 233 页;Leo, Jessieca. *Global Hakka: Hakka Identity in the Remaking*. Leiden: Brill, 2015.

二、新加坡独立后的族群政策

新加坡的族群以华人、马来人、印度人和欧亚混血人为主,因此华语、马来语、淡米尔语、英语是这些族群中流通的语言。而在每个族群内部,可能还有不同的亚族群,流通着不同的语言。例如在华人族群内部,有闽南话、潮州话、广东话、客家话、海南话等。语言是凝聚一个族群的重要因素,也是构筑族群价值观的前提,语言不通可能造成族群之间的疏离,甚至引发冲突。因此,语言政策也成为新加坡族群政策的核心内容。

早在 1965 年独立之前,李光耀就意识到语言是未来新加坡社会需解决的重要课题。当新加坡在 1959 年自治时,就规定英语、华语、马来语和淡米尔语四种语言为官方语言,而此一政策在教育上的体现则为四种源流学校并存。在四种语言中,英语和华语占据较强势的地位。虽然为了照顾四大族群的利益而规定四种官方语言,然而在实际的行政操作中,如果四种语言都使用,就会造成极大的不便。1960 年,李光耀在南洋大学的一次演讲中,就谈到多元种族社会因语言差异而出现的政治纠纷,他指出"使一个混合的社会集团说同样的语言,要比使他们成为同一个民族的成员来得容易。一个民族的形成可能要好几个世纪的时间,但是,使不同种族的人说一种语言,在一代里可以办得到"[1]。此后,英语成为"工作语言",其地位大大提升。在教育上,政府则推广双语教育,提出"教育界的任务和政界的任务是一致的。教育界在培养一个统一的民族,政界也是在培养一个统一的民族。……当前我们的任务是:推行共同的语言,培养共同的感情"[2]。

独立初期新加坡的学校,存在着两种模式:一种是英语学校,以英语为第一语言,母语为第二语言;另一种为母语学校,以母语为第一语言。经过独立后 20 多年的发展与演变,到了 20 世纪 80 年代,各母语学校也都改为英语学校,主要教学语言为英语,母语则成为其中的一门科目。虽然在新加坡建国后的 20 多年里,英语和母语的地位有了很大的变化,但其所带来的影响更多的是对于四大族群本身,对于族群内部的亚族群而言,其冲击并没有那么强烈和明显。各族群本身仍然有机会接触和学习母语,而华族社群内部的各亚族群,仍能以方言、会馆或宗教活动等来维系族人之间的感情及

---

① 新加坡联合早报编:《李光耀 40 年政论选》,新加坡:现代出版社 1994 年。

② 新加坡联合早报编:《李光耀 40 年政论选》,新加坡:现代出版社 1994 年。

维护本身的文化认同。能够对这些亚族群带来直接影响的,应该为自 1979 年起政府所提倡的"讲华语运动",该运动倡导用华语取代方言。

方言是新加坡华族社群内部各亚族群之间由于祖籍地不同,而使用的源自家乡的语言。早期华人移民新加坡时,会根据自己的籍贯而聚居于不同的地方,如早期的新加坡河两岸,分别聚居了福建人和潮州人。同一亚族群的人之间,也多数使用方言进行交谈,如客家族群内部都会使用客家话交流。在家中,长辈也通常会用方言与孩子交流。然而,到了 20 世纪 70 年代末,政府意识到方言的普遍使用会影响到彼此之间的交流甚至在工作上带来影响,同时,方言的存在可能会使学习更加复杂和困难。例如,李光耀就指出,"各族之间务必要有一种共同的语言,这一点在新加坡武装部队中尤其明显。即使一起上战场,彼此也不能以任何一种官方语言沟通。许多国民服役人员只会讲方言,军队里不得不特别为他们成立福建话兵团。在家里,华人说的是新加坡不下七种华族方言中的一种,在学校里学习的华语和英语都不是在家中使用的语言"[1]。他还指出,"在学校里所教的某种语言,如果不是天天应用,充实它,加强它,就不可能成为他们生活中自然而然的一部分。我们必须尽力而为,使那些因为家庭和街坊环境只讲方言而无法掌握英语的人,数量尽量减少。没有方言的干扰使学习更加复杂、困难,也许连那些进度比较缓慢的 20%,也可能通晓两种语言,至少通晓的程度能足够应付日常工作的需要"[2]。方言的使用,在行政上也带来许多不便。如当时小孩出生时,都需领取报生纸,但填写报生纸的工作人员来自不同的籍贯,他们会根据自己的方言发音来拼写小孩的名字,这样所带来的结果,即一家人在身份证件上的姓氏拼写,都各有不同。[3]

有鉴于此,从 1979 年开始,新加坡政府开始推行"讲华语运动",活动的宗旨为简化新加坡人的语言环境,第一届"讲华语运动"由时任总理的李光耀宣布开幕,并呼吁华族社群多讲华语,少用方言。(参见表 10.1)

---

[1] 李光耀:《李光耀回忆录》,新加坡:联合早报 2000 年,第 171 页。
[2] 新加坡联合早报编:《李光耀 40 年政论选》,新加坡:现代出版社 1994 年。
[3] 张慧梅博士与郭建才先生的访谈,新加坡,2015 年 5 月 12 日。郭建才为客家人。

表 10.1　新加坡"华语运动"的主题(1979—1998 年)

年份	主题内容
1979	李光耀总理宣布开幕,呼吁华族社群多讲华语,少用方言。
1982	推广华语委员会在工作场所推广华语。
1983	"讲华语运动"走进巴刹与熟食中心。
1984	"讲华语运动"以华族家长为诉求对象。
1985	"讲华语运动"以公共交通工友为诉求对象。
1986	"讲华语运动"以餐饮场所顾客为诉求对象。
1987	"讲华语运动"诉求对象转为购物中心的民众。
1988	"讲华语运动"欢庆十周年,与当时的交通部、新闻部、新加坡中华总商会、新加坡宗乡会馆联合总会、联合早报社、联合晚报社、丽的呼声及人民协会联合于嘉龙剧院举办综艺节目大会演。
1989	"讲华语运动"以华族社群为主要诉求对象。
1990	"讲华语运动"诉求对象为高级执行人员。
1991	"讲华语运动"诉求对象转为受英文教育的华族新加坡人。
1994	"讲华语运动"在香格里拉酒店举行开幕式,晚宴收入所得捐给国家艺术理事会作为推动中华文化活动用途,另外也制作通联车资卡公开发售。
1995	"讲华语运动"开幕礼上呈献相声节目和英语环境剧《同在屋檐下》短剧,教育部和新视第 12 波道联办初级学院华语辩论会。
1996	"讲华语运动"开幕典礼配合嘉华电影公司新戏院开幕,与许鞍华导演的影片《阿金》全球首映会一起举行,影星杨紫琼也出席了开幕典礼。讲华语运动的网站正式启用。
1997	"讲华语运动"走向"高科技",推出网页并鼓励人们使用华文互联网。
1998	推广华语委员会易名为"推广华语理事会"以更贴切地反映委员会所扮演的角色。理事会的新标志以汉字"门"为设计重点,象征通往华文华语的学习之路。

　　资料来源:参考自新加坡推广华语理事会网站,http://mandarin. org. sg/ch/about/milestones。

　　可见,"讲华语运动"从一开始就逐级推广及扩大,到 1989 年开始以华族社群为主要诉求对象。那么,作为华族社群里的亚族群,客家族群是否受到很大影响,他们又是如何应对的?

三、客家族群的自我调节与在地化

　　客家族群是新加坡华族社群中众多亚族群之一,其人数与规模虽不如福建族群、潮州族群和广东族群,但在本地也具有一定的影响力。根据近年的统计,客家族群的人数位居福建、潮州、广东族群之后,是新加坡位列第四的亚族群。① 作为移居异国的族群,客家族群与其他亚族群一样,也经历了一个调适、融合及维持原有族群认同的过程,尤其是在新加坡建国后的一系列变化进程中。

新加坡的客家族群,通过各种方式,维持或重塑本身的族群文化。首先,会馆组织是维持族群认同最重要的方式之一,它不仅是海外族群与家乡联系的桥梁,也是帮助移民适应及融入当地生活的组织。在新加坡,也存在着许多客属会馆。例如,客属总会是涵盖全体客家人的组织。另外,还有根据祖籍地成立的次级会馆,如茶阳(大埔)会馆、应和会馆、丰顺会馆等。也有以姓氏和家族为单位组成的非正式组织。如斯美堂,就是一个姓郭的客家人所组成的非正式组织。② 会馆组织所处理的事务范围比较广,早期主要是协助南来移民融入本地、赈济家乡灾荒、处理会员事务,其后的重点更多的是参与本地社会事务,包括一些宗教及祭祀活动等。

除了会馆组织,语言是维系客家族群的另一种方式。客家族群在聚会或活动时,多数会用客家话交流。而父辈是客家人的家庭,在家里也多用方言交谈。据 1980 年的一项调查,当时在家中使用方言作为家庭用语的家庭占 76％。③ 虽然这个比重逐年减少,但移居海外的客家族群与其他族群一样,努力维系自身族群的联系,传承本族群的文化,建构族群的认同。国家出于族群团结的考量,必须通过整合和统一国家用语来达致目标,这对于客家族群是否带来很大的冲击,他们又会不会做出强烈的反应?

早在新加坡独立前的 1958 年,马来西亚的广播电台决定停止部分方言(潮州话、客家话、海南话和福州话)的广播时,就引起了这些亚族群的反对。为了维护本族群的利益和保持本族群的语言文化,客家族群与其他族群先后采取措施,反对政府的这一决定。当时,客属总会就连同其他受影响的方言团体联名向当地政府抗议,最后使得方言广播得以保留。④ 当一个广播电台决定取消方言广播时,客家族群的反应已经如此激烈。然而,当 1979 年新加坡政府推行"讲华语运动"以减少方言的运用时,他们的态度却截然

① Department of Statistics Singapore,http://www.singstat.gov.sg/statistics/latest-data#15.
② 斯美堂的先祖来自福建省上杭县,但目前斯美堂的会员已经涵盖了来自各地的郭姓客家人。
③ 谢燕燕:《郭振羽教授:方言在本地已边缘化,但仍有生命力》,《联合早报》,2013 年 10 月 6 日。
④ 参看刘宏:《战后新加坡华人社会的嬗变:本土情怀·区域网络·全球视野》,厦门:厦门大学出版社 2003 年,第 59—61 页。

不同。

1979 年,当政府开始推行"讲华语运动",南洋客属总会就表示支持,并积极响应及配合。1981 年,南洋客属总会首次举办华语演讲比赛。同年,总会与星洲日报联办"全国华语演讲比赛",除设立学生组外,还特设公务员组与家庭主妇组,以"在政府部门和华人家庭间掀起讲华语的风气,使每一个会讲华语的人,能够在家中和工作场所自然地以华语交谈,并借此起引导作用,使家中成员、朋友和公众人士,都能用华语来表达思想"为号召。时任客属总会主席的卓济民,也为该活动主席团成员。[①] 此后几年,南洋客属总会都会举行活动,支持"讲华语运动",在 1983 年,总会与星洲日报、六大社团和三个文教团体联合主办"奉养父母辩论会",与南洋商报、丽的呼声联合主办"家家户户讲华语有奖问答"比赛,分函各属团及商号会员,吁请热烈推动"在工作场所讲华语"。[②]

与此同时,政府所推行的构筑"新加坡人"共同价值观,也影响深远。启发小学是由客籍先贤所创办,但新加坡建国后,学校负责人在学校教育中却秉承这样一种理念,即:新加坡是一个国家,学生首先要爱新加坡这个国家,其次要爱家庭,孝顺长辈、父母。新加坡是一个多元族群并存的国家,希望所有新加坡人都能够将各族人士当作自己的同胞,没有种族歧视。[③]

对于政府政策的拥护,并不代表客家族群就会放弃自身的文化与方言。本地的客家族群并没有完全放弃本身的方言。政府推广"讲华语运动"后,客家族群在家庭中仍然用客家话交谈,尤其是年纪较大、不会普通话的老一辈。然而,此运动给他们也带来一定影响,如一些之前不会华语的老一辈客家人,他们虽然仍用客家话交谈,但能慢慢听懂华语。[④] 此外,客家族群也会定期聚集到一起,进行本族群的宗教文化活动,同时也用客家方言交谈。如上文所提及的"斯美堂",它是于 1952 年由姓郭的客家人所创立的非注册组织。斯美堂成立后,其成员每年都会于正月十五后的首个星期日聚集到一起祭祀先辈。早期,他们在位于荷兰路的客家人的三邑祠祭祀先辈,祭品则由宗亲们自愿捐赠筹办,祭祀结束之后大家就在祠堂内共进午餐。这一祭祀仪式一直延续到今天,而斯美堂也已设立固定的基金用于每年的祭祀活动。现在祭拜结束后的当天晚上,大家都会在酒楼聚餐。无论以前还是

① 新加坡南洋客属总会编:《新加坡南洋客属总会会讯》,第 1 期,新加坡:南洋客属总会 1981 年。
② 新加坡南洋客属总会编:《新加坡南洋客属总会会讯》,第 4 期,新加坡:南洋客属总会 1983 年。
③ 启发小学前校长蓝蒙干访谈,取自新加坡口述历史档案馆口述档案(Access No. 002892)。
④ 张慧梅博士与郭忠橙先生的访谈,新加坡,2015 年 5 月 12 日。郭忠橙为客家人。

现在,斯美堂的成员相聚之时都会以客家方言进行交流,而老一辈的成员也会带着年轻一辈的成员参加每年的活动。虽然他们每年只相聚一次,但借此活动维系彼此之间的感情,纪念先辈,保留自己的语言、文化传统。① 除此之外,很多客家家庭若家中有人去世,也会采用客家仪式办理后事,并请来客家道士用客家方言进行诵经仪式。客家族群也有属于本族群的观音庙宇,用客家方言进行祭拜仪式,例如清德堂即为客家人的观音庙之一。在文化方面,客属会馆所举办的活动中,有一些也具有很浓厚的族群文化特色,如客家山歌就是其中之一。②

随着全球化的发展,一些客属会馆的活动日趋多元化、国际化和年轻化。新加坡茶阳(大埔)会馆在 2008 年庆祝成立 150 周年时,举办了"客家文化节",介绍客家的歌曲、美食、风光等等。茶阳(大埔)会馆、应和会馆等客属会馆也经常组织会员回乡寻根兼观光,加强会员与家乡的联系。③ 茶阳(大埔)会馆还曾编辑出版"学生文集"系列丛书,④其中收录了来自中国各客家地区学生以及新加坡本地客家学生的作品如作文、摄影、绘画等,文集的出版在两地客家年轻人之间建立起了文化交流的桥梁,同时也让新加坡本地客家年轻一辈了解本族群的文化。值得一提的是,自从 1971 年第一届"世界客属恳亲大会"在香港举行后,每隔两年在世界各地轮流举行。新加坡的客家族群也积极参与其中,并在 1996 年主办了第十三届大会。这种世界性的大会,不仅是一种历史性的再生与社会重建,也代表一种经济的扩展和文化的认同。⑤

由上可见,在本族群内部,客家族群仍然维持着自己的语言、宗教、文化等传统,随着时代的变迁,客家族群也进行自我协调,开始跨出国界,加强与世界各地客家族群的凝聚力,增强本族群的力量。同时,开始吸引年轻一

---

① 斯美堂成员郭建才所提供的资料。有关海外华人社团的全球化现象与文化认同的关系,参看 Liu,Hong, "Old Linkages, New Networks: The Globalization of Overseas Chinese Voluntary Associations and Its Implications," *The China Quarterly*. 1998, no. 155, pp. 582-609.

② 张慧梅博士与郭建才、郭忠橼的访谈,新加坡,2015 年 5 月 12 日。他们两位都为客家人。

③ 新加坡茶阳(大埔)会馆编:《志向四方·心系家园:新加坡茶阳(大埔)会馆一百五十周年纪念特刊》,新加坡:茶阳(大埔)会馆 2008 年;新加坡茶阳(大埔)会馆编:《小荷尖尖:新加坡茶阳(大埔)会馆 150 周年纪念学生献礼》,新加坡:茶阳(大埔)会馆 2008 年;新加坡应和会馆编:《承前启后、温故知新:应和会馆 181 周年会庆暨大厦重建落成纪念特刊》,新加坡:应和会馆 2003 年。

④ 新加坡茶阳(大埔)会馆编:《志向四方·心系家园:新加坡茶阳(大埔)会馆一百五十周年纪念特刊》,新加坡:茶阳(大埔)会馆 2008 年。

⑤ 刘宏:《跨界亚洲的理念与实践——中国模式·华人网络·国际关系》,南京:南京大学出版社 2013 年,第 161 页。

代,希望族群的文化能代代相传,让年轻一辈不忘自己的"客家人"身份。

四、客家族群认同的多样性与灵活性

新加坡政府在独立后,为了维护种族和谐,社会稳定,推行了种族和谐政策,淡化族群意识,尽力建构新加坡人的国家认同。这些政策首先对新加坡的四大族群带来直接影响。而对华族社群内部的亚族群而言,他们本身除了具备"华人"这一身份外,同时还有不同的地域认同,如新加坡的客家族群。对于他们而言,新加坡政府的族群政策可能对整个华人族群施加了影响,但对于他们本身"客家人"的身份认同并没有很大的冲击。他们所感受到的直接影响更多是通过教育和语言方面的政策变化来体现,即方言的淡化。当探讨新加坡族群政策下的客家族群时,不能只用单一的身份认同、单一的应对态度来讨论。而是要看到在客家族群身上,有着多重的身份认同,如新加坡人、华人、客家人,乃至某一姓氏的族人,而他们对于政府族群政策的反应,并不一定是单向地接受或反对,而可能是采取一种比较温和且中立的态度。

1979年,当新加坡政府开始推行"讲华语运动"时,客家族群并没有强烈拒绝,反而拥护和支持政府的活动。究其原因,笔者认为有以下几个因素。

首先,在1979年时,客家族群移居新加坡已经有比较长的时间,他们大多数已获得新加坡国籍,落地生根,成为新加坡人。因此,他们更倾向于考虑如何能更好地在本地工作和生活。政府所提倡的"讲华语运动",就是以新加坡的双语环境及以英语为主要工作语言作为前提的,语言的使用将会影响到未来工作的选择。例如,当时的新加坡公务员首长沈基文就通函各部门指出"政府法定机构柜台服务员尽量调任会讲华语人员"。[1]讲华语将成为一种趋势,为了适应社会的需求,获得更好的就业机会,客家族群也会响应政府的号召。虽然客家族群在政策引导下所作出的应对可能被认为是妥协,但从另一个角度而言,却恰恰反映了客家族群对于环境的适应性及本族群认同所具有的灵活性,这跟该族群本身的特性是分不开的。

其次,"讲华语运动"虽然提倡减少方言的使用,但并没有完全废除方言。这一活动也获得多个社团的支持。如时任新加坡潮州八邑会馆的三位

---

[1]　《星洲日报》,1979年9月26日。

副会长张泗川、林继民、许平海都撰文支持"讲华语运动"。① 新加坡全国华团大会也通过提案"要使华语成为华族共同语言"。② 作为新加坡本地位列第四的族群，客家族群也势必顺应整个华族社会的潮流，支持政府的活动。

最后，客家族群的形成是在不断迁徙中产生的，这使得他们不同于其他亚族群，执着于一个具体的地域，其观念和活动都具有跨地域化和泛华化（trans-local and pan-Chinese）特征，③这使得他们更容易进行自我调节，来适应移居地的生活。客家族群一方面支持政府"讲华语运动"，号召减少方言的使用，另一方面又通过自身族群的活动，维持本族群在语言、文化、宗教方面的特色，重申族群的身份认同。

新加坡的客家族群并不只是拥有单一的身份认同，在他们身上，叠加着不同的身份认同，包括新加坡人、华人、客家人等，甚至还有宗族和姓氏的认同。这些身份不一定是矛盾的，而可能同时并存。客家族群对于新加坡政府所提倡的构筑"新加坡人"认同的族群政策，也有不同程度的接受。一方面，他们拥护政府的决定，另一方面，他们又在族群内部尽力维护本族群的语言、文化、宗教等。他们的族群认同并不一定被削弱，而是以另外一种方式存在。因此，当我们审视新加坡社会的客家族群及其在新加坡建国后的身份认同转变时，不能以单一的角度去考量，而是要看到这一族群本身的多样性，以及在社会变迁中所做出的适时调节。他们的身份认同受到当地政治和社会脉络的影响和制约。

五、结语

无可否认，社会的变迁（如新一代出生地皆在新加坡）以及政府政策的调整使得各个族群都面临着方言式微的境况，为了在本地求得更好的发展机会，他们在某些时候必须做出妥善，以寻求新的发展空间。在年轻一辈中，方言的延续并不乐观，很多年轻一辈都已经不再会讲本族群的方言。但是，华语的流通，语言的统一，又让他们可以更方便地从各种渠道了解本族

---

① 《星洲日报》，1979 年 9 月 9 日。

② 《星洲日报》，1979 年 9 月 9 日。

③ 刘宏：《跨界亚洲的理念与实践——中国模式·华人网络·国际关系》，南京：南京大学出版社2013 年，第 157 页；刘宏、张慧梅：《原生性认同、祖籍地联系与跨国网络的建构：第二次世界大战后新马客家人与潮州人之比较研究》，《台湾东南亚学刊》，2007 年第 4 卷第 1 期，第 65—90页。

群的文化。随着新移民的增多,本地的客家年轻人还可以用华语与来自客家地区的新移民进行沟通,从而重新理解其自身族群的语言、文化,重寻自己的文化之根。

流动性是客家族群不同于其他亚族群的特性,这使得他们不那么强调自己的亚族群身份及认同,更容易适应本地社会。虽然新加坡的客家族群是人数比例较少的亚族群,但身处新加坡这样一个国际化的大都会,加之其本身所具备的流动性,使他们更能够与世界各地的客家族群进行联系,加强本族群的力量,在一个全球性的客家平台上维持本族群的文化认同。此外,新加坡多元族群并存的政策,也维系了各族群的发展,包括亚族群。例如在近几年的选举活动中,有一些候选人开始使用方言进行演讲。

关于新加坡华人亚族群的语言、文化的维持与发展并不是一个单一、简单的课题,它受很多因素的影响及现实的限制。本章只是以新加坡政府在建国后所推行的族群政策尤其是教育、语言政策为重点,以客家族群为个案,探讨这一时期的客家族群面对当地的政策变化如何做出应对,希望能揭示客家族群本身身份认同的多面性及其应对变化时的灵活性,也希望借此能为其他亚族群的研究提供借鉴。

第十一章 超越同族群性
——差异性政治与新加坡华人新移民的融合及其挑战

一、导言

　　同一族群内的联系在塑造族群间关系和族群内认同方面有着重要作用。尽管学界对新加坡这个被视作"小红点"的小国的关注度有待提升,但新加坡还是以其作为大中华区域外唯一一个华人人口占多数的主权国家而成为华人视域下共同族群理论的独特试验场。新加坡对种族与族群关系态度的晚近发展状况①表明,政治在阐释族群间的关系方面要比文化和认同更加重要,新加坡的马来人和印度人的相关发展情况也证实了这一观点。

　　同一族群内的合作与冲突一直以来就是移民研究中非常重要的议题。有学者就认为:"移民个体对移民或离散社群的依附因为接纳了他们过往的移居历史以及与那些有着相似的同一族群性情感的他者之间难以避免的联系而得以证明。"②关于族群多样性和差异性的研究强调了同一族群内部的雇员和雇主之间的相互利益关系。③ 同一族群的偏好也在对诸如瑞典等国的研究中被提及,④对海外华人的研究就强调了同一族群性和共同文化的

---

① 这包括 2012 年 11 月发生在新加坡的中国籍巴士司机罢工事件,这是 26 年来新加坡发生的第一起罢工活动;2013 年 2 月新加坡人在芳林公园举行了大规模的集会来抗议国家移民政策;2013 年 12 月还发生了南亚籍客工的骚乱事件,这是自 1969 年以来新加坡发生的首起骚乱。

② Cohen, Robin. *Global Diasporas: An Introduction*. London: UCL Press, 1997, p. ix.

③ Zonta, Michela. "The Continuing Significance of Ethnic Resources: Korean-owned Banks in Los Angeles, New York and Washington DC." *Journal of Ethnic and Migration Studies*, 2012, vol. 38, no. 3, pp. 463-484.

④ Ahmed, Ali. "Co-Ethnic Preferences in a Cooking Game: A Study Based on *Come Dine with Me* in Sweden." *Ethnic and Racial Studies*, 2013, vol. 36, no. 12, pp. 2220-2236.

重要性。① 也有学者将移民群体的内生差异和更细微的有着相同背景的移民代际冲突作为研究热点。再比如美国，那些在同属拉丁裔族群的上司主管下工作的人要比那些在非拉丁裔的上司主管下工作的人的收入少得多；②在加拿大，只有很小比例的移民以及他们的后裔会在有着"族群"背景的单位内工作。③ 来自中国的朝鲜族人在韩国也受到明显的歧视。④ 这种移民群体内部的差异也可能存在于几代人之间。跨国劳工间的阶级意识和反抗同一族群雇主的群体行动就有力地塑造了意大利和英国的华人认同。⑤ 在其他一些案例中，同一族群的联系让诸多群体分分合合："族群性不仅成为差异性建构的基础⋯⋯而且成为有组织的歧视行为的理据。"⑥

　　上述关于移民背景中同一族群联系的研究与更大范围内关于本土移民关系的文献相联系。大多数的既有理论是基于欧洲人和美洲人的经历而得以建构，诸如文化威胁理论（来自不同文化背景的移民与那些本土居民的区别在于前者助长了对本土文化的可见威胁）和经济竞争理论。⑦ 也有学者

---

① Mckeown, Adam. "Conceptualizing Chinese Diasporas, 1842 to 1949." *The Journal of Asian Studies*, 1999, vol. 58, no. 2, pp. 306-337. doi:10.2307/2659399. Liu, Hong. "Introduction: Toward a Multi-Dimensional Exploration of the Chinese Overseas," in Liu, Hong ed., *The Chinese Overseas, Vol.1: Conceptualizing and Historicizing Chinese International Migration*. London and New York: Routledge, 2006, pp. 1-30.

② Morales, Maria Cristina. "The Utility of Shared Ethnicity on Job Quality among Latino Workers." *Latino Studies*, 2011/12, vol. 9, no. 4, pp. 439-465.

③ Hou, F. "Immigrants Working with Co-Ethnics: Who Are They and How Do They Fare?" *International Migration*, 2009, vol. 47, no. 2, pp. 69-100.

④ Seol, Dong-Hoon, and John Skrentny. "Ethnic Return Migration and Hierarchical Nationhood: Korean Chinese Foreign Workers in South Korea." *Ethnicities*, 2009, no. 9, pp. 147-174.

⑤ Wu, Bin, and Hong Liu. "Bringing Class Back In: Class Consciousness and Solidarity Among Chinese Migrant Workers in Italy and the UK." *Ethnic and Racial Studies*, 2014, vol. 37, no. 8, pp. 1391-1408.

⑥ Kim, Jo. "'They Are More like Us': The Salience of Ethnicity in the Global Workplace of Korean Transnational Corporations." *Ethnic and Racial Studies*, 2004, vol. 27, no. 1, pp. 69-94. Tseng, Yen-Fen. "From 'Us' to 'Them': Diasporic Linkages and Identity Politics." *Identities*, 2002, vol. 9, no. 3, pp. 383-404. Dragojevic, Mila. "Incorporation beyond Identity: Co-Ethnic Immigrants in Serbia." *Ethnic and Racial Studies*, 2013, vol. 36, no. 12, pp. 2096-2116.

⑦ Wimmer, Andreas. "Explaining Xenophobia and Racism: A Critical Review of Current Research Approaches." *Ethnic and Racial Studies*, 1997, vol. 20, no. 1, pp. 17-41. Pettigrew, Thomas, and Linda Tropp. "A Meta-Analytic Test of Intergroup Contact Theory." *Journal of Personality and Social Psychology*, 2006, vol. 90, no. 5, pp. 751-783. Maneveska, Katerina, and Peter Achterberg. "Immigration and Perceived Ethnic Threat: Cultural Capital and Economic Explanations." *European Sociological Review*, 2013, vol. 29, no. 3, pp. 437-449.

指出"一种对于文化规范或者经济状况的可见威胁导致出现了更多针对移民的负面观点"①。抛开地域偏见(主要集中在北美和欧洲)不论,既有文献更多地集中在基于文化差异性和经济竞争的族群间冲突等领域。

这些研究揭示了族群性以及身份认同形成的复杂性。然而,既有文献也存在两种不足:首先,研究较多地针对发达工业化国家(尤其是美国),这些国家的移民体制和社会政治的多样性与南方的发展中国家和亚洲新兴工业化国家都存在较大的不同,而后者也正在成为受欢迎的移民目的国。作为世界上最大的移民群体之一,海外华人在非西方国家中的移民情况并没有引起足够的重视。其次,尽管关于族际冲突的研究倾向于围绕文化差异和经济竞争而展开,但是大多数对同一族群联系的研究文献还是集中在商业和职场活动方面,而不是将本土人士对其同一族群同胞的看法以及对公共政策的影响作为研究对象。检视同属一个族群的土生居民与在外国出生的人士之间的族群内部冲突以及土生居民如何超越种族边界以强化族际团结并因此而影响国家认同是同等重要的。

本章以中国新移民与新加坡本土华人之间的关系作为研究案例,并希望为化解这种存在于同一族群内部的隔阂与歧异提供相应的建议。自1990年(中新建交)到2019年底,超过38.8万中国人移居到新加坡这个仅570多万人口的国家,占移民总数的18%,仅次于来自马来西亚的移民。②新加坡人口中有将近3/4是早年从中国南方下南洋的华人移民,所以来自中国的新移民主观上认为新加坡社会应该是欢迎他们这些新来者的。如今的新加坡本土华人对新移民的态度如何呢?是将其视作同为移居者的同族同胞还是与本土社会差异明显的外来群体?如果存在相关性的话,同一个移居群体的内在联系(比如中国新移民和土生的新加坡华人之间)和不同族群间的联系哪一个更直接?新加坡在国家层如何处理科技人才的引进战略与保护本地人免于竞争压力的关系?新加坡在协调族群性、文化、权力以及移民这四者的关系时有何经验?对这些问题的回答将会对新加坡这个全球化的城市国家的认同政治以及各种族之间持续变化的联系产生明显的影响。

① Zarate, Michael, Berenice Garcia, Azenett A. Garza, and Robert T. Hitlan. "Cultural Threat and Perceived Realistic Group Conflict as Dual Predictors of Prejudice." *Journal of Experimental Social Psychology*, 2004, no. 40, pp. 99-105.
② Tan, Ee Lyn. "Migrants in Singapore: UN Report Debunks Popular Perceptions." *Sunday Times*, January 19, 2020.

　　最近的研究表明，不同国家的排外情绪都在上涨，特别是在发达的北方国家。学者们提出了诸多解决路径，其中包括放弃多元文化主义、增强包容性与文化间性、复兴公民自由以及践行"公共政治"。① 既有研究大多会在多元族群语境中讨论不同族群之间的排外主义，而本章将会对有着共同的祖先和血缘关系从而具有共同的族群特性的群体进行研究，探讨同一族群内部所存在的内在张力，由此新加坡的例子就非常有代表性。也有部分学者对新加坡的新移民和政府的移民政策展开了研究，②却鲜见依托中国崛起的大背景对同一族群内部的凝聚力与歧异展开研究的成果。

　　本章的研究主要基于官方与非官方的论坛中所呈现的关于中国新移民的观点、对新加坡本土居民和新移民的访谈，以及笔者自己的切身体验和多年观察。同时，也会从新加坡的网络和新媒体中收集整理较为率真、犀利却又具有代表性的多元化声音作为参考资料，不过此来源可能在某种程度上存在一定的局限性。③

　　笔者从 1995 年开始研究新加坡的人口变化与政策变迁。20 多年的研究中涵盖了以华人为主的本土新加坡人对新移民的观点和态度、新加坡国家对本土居民和新移民之间冲突的反应等多个领域，并认为同一的族群性和共同的文化传统在形塑新加坡人对新移民群体的接纳和认同方面作用不大，反而是包括经济实用主义、眼前的政治利益、文化差异和认同政治等在内的因素决定了公众观点及政策选择。而在此之外，不同族群之间的融合

---

① Amin，Ash. "Land of Strangers." *Identities：Global Studies in Culture and Power*，2013，vol. 20，no. 1，pp. 1-8.

② Ng，Pak Tee. "Singapore's Response to the Global War for Talent：Politics and Education." *International Journal of Educational Development*，2011，vol. 31，no. 3，pp. 262-268. Montsion，Jean Miche. "Chinese Ethnicities in Neoliberal Singapore? State Designs and Dialect (ical) Struggles of Community Associations." *Ethnic and Racial Studies*，published online on March 21，2013. Rahman，Mizanur, and Chee Kiong Tong. "Integration Policy in Singapore：A Transnational Inclusion Approach." *Asian Ethnicity*，2013，vol. 14，no. 1，pp. 80-98. Gomes，Catherine. "Xenophobia Online：Unmasking Singaporean Attitudes towards 'Foreign Talent' Migrants." *Asian Ethnicity*，2014，vol. 15，no. 1，pp. 21-40. Yang，Peidong. "Desiring 'Foreign Talent'：Lack and Lacan in Anti-Immigrant Sentiments in Singapore." *Journal of Ethnic and Migration Studies*，2018，vol. 44，no. 6，pp. 1015-1031. Gomes，Catherine. "Identity as a Strategy for Negotiating Everyday Life in Transience：A Case Study of Asian Foreign Talent in Singapore." *Current Sociology*，2019，vol. 67，no. 2，pp. 225-249. 任娜、刘宏：《本土化与跨国性——新加坡华人新移民企业家的双重嵌入》，《世界民族》，2016 年第 2 期，第 44—53 页。

③ Gomes，Catherine. "Xenophobia Online：Unmasking Singaporean Attitudes towards 'Foreign Talent' Migrants." *Asian Ethnicity*，2014，vol. 15，no. 1，pp. 21-40.

与团结却因同一族群内部所存在的内生性冲突而得以加强,这实在是一个让人意外的结果。

二、变化中的人口多样性

作为一个城市国家,新加坡的自然资源匮乏、国内市场狭小,所以只有依赖优秀的人力资源来推动经济发展。但是,在过去的 20 多年里,该国人口生育率却呈现持续的下降趋势,从 1947 年的 6.55‰,1965 年的 4.62‰,1975 年的 2.08‰一直跌到了 2000 年的 1.7‰和 2010 年的 1.15‰,成为世界上人口出生率最低的国家之一,远低于人口替代率水平(2.1‰)。[①] 持续的人口下降让新加坡意识到了危机的存在,吴作栋主政时期(1990—2004年)开始采取一系列应对措施来缓解这一趋势,其中包括鼓励国民生育以及引进外来人才和劳工等多项政策和运动。内阁资政李光耀也积极参与其中,并明确指出新加坡必须积极引进新移民,因为这将有助于缓解这个国家的低出生率并保持经济增长的持续性。[②] 最终,新加坡采取了一系列的协调政策以确保这场"全球人才战争"的成功。[③]

作为上述政策和运动的结果,外来人口的数量增长很快。截至 2019 年6 月,新加坡总人口为 570 万,其中包括 350 万公民、53.3 万永久居民(他们被合称为居民)和 168 万非居民外籍人口(占总人口的 29%)移居到新加坡。而出生地为新加坡以外国家和地区的居民比率也由 2000 年的 18%增长至2010 年的 23%。[④] 出生于新加坡之外的人口(包括就业准证持有人、永久居民和新归化的公民)也从 1990 年的 72 万人增加到 2019 年的 215 万人。[⑤]这一人口增长的速度和规模引起了当地人对新移民的焦虑与不满。

中国迅速崛起以及它与周边国家关系的热络是推动中国人口外流的重要原因。新加坡对人口流入的自由化政策正好契合了中国自 20 世纪 80 年代中期以来日渐宽松的人口外流政策,最终造成从中国大陆移居国外的人

---

① Sun, Shirley Hsiao-Li. *Population Policy and Reproduction in Singapore: Making Future Citizens*. London: Routledge, 2012, p. 11.

② *Straits Times*, September 6, 2009.

③ 刘宏:《新加坡的国际人才战略及其对中国的启示》,《第一资源》,2012 年第 1 期,页 123-130。

④ "Population in Brief 2012." http://www. population. sg/population-in-brief/2012/files/populationin-brief-2012. pdf.

⑤ Tan, Ee Lyn. "Migrants in Singapore: UN Report Debunks Popular Perceptions." *Sunday Times*, January 19, 2020.

口数量剧增,这一趋势在诸多因素的驱动下不断加强,与过去相比,中国人(尤其是其中的富人)越来越倾向于到国外定居生活。一项针对千万富翁的调查显示,他们中的14%已经或者即将移居国外,而其中的46%也正在考虑移民。[1] 鉴于在历史、文化以及地缘上中国与新加坡比较接近,中国成为新加坡新移民主要来源国的同时,新加坡也成为中国新移民移居国外最中意的目的国之一。在20世纪90年代初期,新加坡开始为中国学生提供奖学金以吸引优秀的学子到新加坡留学,申请奖学金的基本条件仅仅是要求这些年轻人毕业以后在新加坡工作至少六年。后来调查发现,这些年轻人中有74%在毕业后成为新加坡永久居民。[2] 此外,新加坡政府还会为新移民企业家和那些在新加坡证券交易所主板(Singapore Exchange Mainboard)上市的中国公司提供财政方面的支持。截至2011年1月,有157家中国公司在新加坡上市,形成了约540亿新元(合426亿美元)的资本市场。[3] 2018年新加坡交易所上市公司中有40%是外国公司,其中四成是中国公司。[4] 在新加坡日渐增长的中国经贸份额是激增的两国双边贸易的重要组成部分。2012年双边的贸易往来从1990年的28亿美元增长了24倍达到693亿美元,两国已经建立起正常的外交关系;两国间的人员流动在2012年达到280万人次。[5] 资金和人口流动在交通和通信等因素的推动下得到很好的发展。中新两国之间每周已经有超过590班次的航班,而新加坡报业控股旗下的联合早报网也成为中国影响力较大的国外媒体网站。

新加坡早期几乎所有的华人移民都是来自华南地区,但是当前新移民的来源地则已经涵盖了整个中国。目前只有少部分来自传统的侨乡,而来自其他地区的移民数量近年来则显著提高。新加坡(以及海外其他国家和地区)的新移民在组织形式上已经与他们的先辈那种大多建基于同乡(地域)和同祖(血缘)之上的方式有了明显的不同。在过去,曾经特指某个故乡或村庄之"同乡"概念,如今的新移民时代则被用来指代整个中国或华人群体。新移民社团也更具包容性,他们不仅接受那些地理上相异的成员,也接

[1] *Wall Street Journal*, November 3, 2011.
[2] Liu, Hong. "Transnational Chinese Sphere in Singapore: Dynamics, Transformations and Characteristics." *Journal of Current Chinese Affairs*, 2012, vol. 41, no. 2, pp. 37-60.
[3] 《环球时报》,2011年2月24日。
[4] http://kuaixun.stcn.com/2018/1105/14639486.shtml.
[5] "Chinese Vice Premier Visits Singapore to Strengthen Ties." http://news.xinhuanet.com/english/china/2013-10/21/c_132817359.htm.

受社会背景上相异的成员。①

　　总之,新加坡人口的数量和结构在过去的 30 年里都发生了重大变化。不仅人口总数增长了将近两倍,而且公民比重下降,外籍人员数量显著上升。在非本国出生的居民中(包括新公民和永久居民),来自中国内地、香港和澳门等大中华区域的人口数量位居第二位(仅次于马来西亚)。② 但是,大量的持一年或者其他短期工作签证和留学签证的劳工和留学生的到来让中国人成为新加坡最大的外籍人士群体之一。马来西亚籍的华人一般被新加坡人视作"兄弟",因为他们认为新马华人在历史联系、家庭血缘、文化交流以及地缘接近等多方面有着天然的相似性,存在于其间的共同的故乡、方言、风俗习惯等加深了他们的亲近感。这些相似性已经制度化。比如,2013年 12 月新加坡在对外国人租住组屋政策进行调整时,马来西亚人就被排除在"外国人"之外。所以,出生于马来西亚的华人很少会被纳入华人新移民这个群体,在新加坡人看来,这些来自邻国的外来者不论是在语言还是行为习惯等多个方面都有别于在中国出生的新移民。

三、新加坡人对(中国)新移民的看法

　　过去二十年中新加坡新移民的迅速增长已经引起新加坡人的焦虑、不满与偶尔的敌意,他们往往借助报纸、国会辩论和网络等渠道表达对该议题的关注。虽然并非所有的不满情绪都是针对中国新移民,但是华人作为占新加坡总人口 75% 的多数族群和新移民中的主力军的地位,最终还是将中国新移民推向了新加坡公众舆论的中心。

　　目前,关于中国新移民的舆论和评论主要涵盖三个不同的但又彼此相关的内容:(1)尽管在族群性以及语言方面或多或少存在共同点和相似性,新加坡本地人与新移民之间在社会和文化背景等方面还是存在明显差异;(2)新移民与本地人在工作职位、教育机会、住房、健康福利、交通以及其他多个方面都存在竞争;(3)新移民不论是在情感上还是政治认同上依然支持中国,缺乏对新加坡的忠诚。虽然这些观点有异于政府所支持的言论,但他们也时不时地会在诸如《海峡时报》和《联合早报》这样的主流媒体中找到宣

① Liu, Hong. "Transnational Chinese Sphere in Singapore: Dynamics, Transformations and Characteristics." *Journal of Current Chinese Affairs*, 2012 vol. 41, no. 2, pp. 37-60.

② *Census of Population 2010*, Table 8. http://www.singstat.gov.sg/publications/publications_and_papers/cop2010/census_2010_release1/cop2010sr1.pdf.

泄口。

（一）社会与文化层面的差异

　　尽管新移民在族群属性上也属于华人，但是很多新加坡本地华人还是将他们视作另类——不仅与现今的他们不同，就是与一个世纪前从华南下南洋到新加坡的祖先们也有着巨大的差异。有网友这样写道："文化上的差异、摩擦以及迅速而大量的移民涌入潮令新加坡本地人很难接受并适应这一新变化。这些大量涌入的外国人/新移民导致新加坡变得更像一个'外国人的国家'，而非是本地人的家园。"①

　　这种身居国内却心存陌生的感觉也借助主流媒体得以宣泄，如《海峡时报》的专栏作家就曾表示："突然，身处自己国家的我感到变成了一个异乡人。这与上周六晚上我去芽笼（新加坡地名）时的感受如出一辙……走在路上，身边是川流不息、摩肩接踵的中国人……讲着让我感到陌生的各种中国口音。"②

　　"大陆人看起来既像我们又不像我们"，一名社区剧场的艺术指导这样说道。"新加坡人瞧不上大陆中国人，将他们看作是乡巴佬，而大陆人则认为新加坡人数典忘祖，连纯正的普通话都讲不好。"③新加坡人不仅强调新移民与他们之间的差异，而且对新移民将他们称作"老移民"的说法非常不满，有一名新加坡本地人抱怨道："常听到新移民称本国国民为'老移民'，或说我们是'先来这里的人'；新移民对国人这种眼明手快的定义，我这个土生生长的新加坡人，听在耳里，真有百般的不痛快……这就好像一只鸟，辛辛苦苦地筑了一个坚固美观安全舒适的巢。为了扩展，欢迎新鸟同来共同建设。新鸟申请到居留权之后，说旧鸟不过是'先飞来这里的鸟'；大家都是鸟，没有多大差别……不过于情于理，这种近乎喧宾夺主的态度，似乎说不过去吧！……我是土生土长的新加坡人，从来没有移民过。如果有人用老移民称呼我，或说我是'先来的人'，我是会生气的。"④

　　不仅是普通大众认为新移民是不同的，新加坡的政治家也敏锐地意识到新加坡人和"中国人"之间在文化上的差异性，就像李光耀所指出的东西方文化背景的差异那样："中国人有着自己思想、习惯以及行事方式。虽然

---

① http://www.chinahistoryforum.com/index.php?/topic/33547-new-china-migrants-to-singapore.
② Tan, Sumiko. *Sunday Times*, July 10, 2011.
③ 《纽约时报》，2012 年 7 月 27 日。
④ 吴大地：《那些先来的人，请举手》，《联合早报》，2009 年 9 月 24 日。

我们也是华人并且会讲华语,但是我们在工作方式和心智构成方面都与他们存在差异。我们的社会体系和工作方式已经西方化了。我们不会依靠'关系'或者类似的东西。我们对法律的标准和态度与他们有着完全的不同。"①

(二)对稀缺资源的竞争

目前,每五名新加坡人中就有两名来自他国,很多本地人对新移民有着忧惧心理,将他们视为就业、住房、教育以及健康福利等多个领域的竞争者。报纸头条通常会用一些如"恐惧"和"担心"这样的词语来形容本地人对外来移民的态度,"新移民就是一块烫手的山芋",《海峡时报》的一名评论员这样写道。② 这些情绪被"2007年新增了23.5万个工作机会但是有六成以上都被外国人占用了,2008年新增的22万份工作中这一比例更是达到了70%"等诸如此类的报道所渲染发酵直至激化。③

而关于外国人与本地人竞争工作机会的议题在国会辩论中也被反复提及,有政治家就指出:"新加坡人可能已经开始感到自己的生活方式正在被侵蚀。新加坡人的消极反应正是他们不得不与他人尤其是那些有着不同的社会习俗和思维方式的人分享有限的公共空间的挫折和烦恼之一。"④

退休的高级公务员严崇涛(Ngiam Tong Dow)曾在《海峡时报》撰文指出:"我们除了通过引进移民来增加人口之外别无选择。但是,我们为什么要同化这些新来者呢? 小国寡民的我们有资格去同化别人吗? 或者我们反而会被来自更强大文化的他们所吞噬吗? ……我不想杞人忧天,但是我反复浮现的一个噩梦就是有朝一日我们可能会发现在这片自己的土地上我们竟然是外乡人。"⑤

(三)政治忠诚的缺失

不少新加坡本地人批评新移民没有为国家服务的意识(诸如服兵役等义务),所以也就缺失了对移居国家的政治忠诚。某位网民的愤恨之情非常典型:"当下从中国来的新移民是不同的(与早期那些别无选择才移民来新

---

① *Straits Times*, August 14, 2009.

② *Straits Times*, September 6, 2009.

③ Soon, Debbie. *Singapore: Year in Review 2009*. Singapore: Institute of Policy Studies, National University of Singapore, 2010, p. 4.

④ *Straits Times*, March 4, 2010.

⑤ *Straits Times*, September 24, 2009.

加坡的先辈们相比）。新移民一般都是受过良好教育的成年人。他们并非为了离开一个一无是处的国家而来新加坡，移民的目的就是提升他们自己抑或孩子们的生活（品质）。对很多人而言，一本新加坡护照是他们寻找更多机会的敲门砖。他们并不打算割舍与他们母国的任何联系，因为它的经济与政治地位正在变得越来越强大。事实上，小红点与红巨人之间也真的不可等量齐观。"①

　　2009 年发生的张元元事件就引发了人们对政治认同的思考。张元元2003 年到新加坡从事教师职业，并在两年后拿到了永久居民的身份，后来回北京参加了庆祝中华人民共和国成立 60 周年的国庆阅兵方队。在中国央视对她的采访中，她亮出她的新加坡绿卡并"满脸洋溢着笑容而自豪地"声称，她之所以回国参加阅兵是由于为祖国服务是她最大的理想。尽管在新加坡待了六年，但是她的心一直在中国。当她在中国大陆满获赞誉的同时，她的言论却在新加坡社会遭到了谴责。有人甚至向政府请愿要求收回她的永久居留权，更多的人则对（中国）新移民的忠诚度提出了质疑："外来人才离开新加坡的动机不是已经显而易见了吗？新加坡就像一家酒店，外来人士在工作完成后就带着他们满满的收获凯旋归国了。而那些在新加坡得到提升的人士更会在加拿大、澳大利亚以及美国觅得新的家园。"②新加坡政府不得不介入此事并宣布永久居民的条件依然很严格。吴作栋则指出，中国的国民对他们的祖国保有忠诚是可以理解的，并要求新加坡人对外国人的态度应该更为开放包容一些。③

　　张元元事件意味着移民问题已经政治化，公众和网络都在探讨这一问题并力图扩大化这一讨论。在 2011 年 8 月雅虎进行的一项有 3 万本地网民参与的调查显示（虽然调查过程不够科学但是反映了本土的部分声音），有 41% 的新加坡人认为移民来此只是出于眼前利益，最终他们还是会离开新加坡。④ 中国的崛起可能加剧了新加坡人对新移民政治忠诚度的猜疑。中国官方的《环球时报》所做的一项涉及 14 个国家 1.44 万人的调查显示，与中国越近的国家对中国的崛起越有恐惧感（仅有 25.4% 的人认为他们喜

①　http://theonlinecitizen.com/2009/11/new-immigrants-loyalty-to-spore-sm-gohs-amazing-conclusion.

②　http://groups.yahoo.com/group/Sg_Review/message/6165.

③　http://www.pmo.gov.sg/content/pmosite/mediacentre/speechesninterviews/seniorminister/2009/November/speech_by_mr_gohchoktongseniorministeratdeepathirunal200907novem.html.

④　http://sg.news.yahoo.com/blogs/singaporescene/ft-approach-netizens-biggest-beef-poll-111739873.html.

欢中国,而其他非邻国则达到 36％);29％的受访者认为中国是"好战的"。①
新加坡人对中国新移民的态度也受到国家对华政策中矛盾心理的影响,这
是一种混合了经济实用主义和安全现实主义的政策取向,并且随着中国军
事的日渐崛起而得以强化。②

　　部分中国新移民也感到了他们所受到的歧视。③ 中国大陆的媒体在报
道中批评新移民所遭受的非正常待遇。2013 年的一则以"谁让中国移民成
头号公敌?"为题的评论激起了中国大陆网民的不满情绪,他们认为"华人小
国歧视华人,令人恶心"。④ 作为对拘押 2012 年非法罢工的中国籍巴士司
机的反应,《中国日报》2012 年 12 月 06 日刊发了题为《新加坡必须停止虐待
外来移民》的文章,该文指出,如果新加坡的法律"不能保证人权的基本原
则,那么将会树立一个坏榜样"⑤。

四、同一族群的内生性冲突与族群间团结的相关性

　　共同的文化传统和同一的族群性并没有促使新加坡本地人和中国新移
民之间实现团结,而新移民对不同族群的"老"新加坡人之间的关系产生了
何种影响呢? 可以说,新移民的到来重置了亘于族群内部和族群之间的界
限,从而推动国家认同迅速超越了既有的族群或者亚族群认同。从 1965 年
(新加坡独立建国)到 1990 年(大规模移民计划开始),大多数新加坡华人的
"华人性"在民族国家的框架以内部分地由族群内部的联系塑造而成。如有
的学者⑥所指出的,"没有被称作'华人认同'的简单事物,华人是新加坡成
分最复杂的群体,被方言、祖籍地、阶级甚至有时候是宗教区分成不同的亚
族群"。然而,自 1990 年以来,方言和地域的差别开始变得模糊了。这一定

① *Straits Times*,December 11, 2013.
② Liu,Hong. "An Emerging China and Diasporic Chinese: Historicity, State, and International Relations." *Journal of Contemporary China*, 2011, vol. 20, no. 72, pp. 813-832. doi: 10.1080/ 10670564.2011.604502. Tan, See Seng. "Faced with the Dragon: Perils and Prospects in Singapore's Ambivalent Relationship with China." *Chinese Journal of International Politics*, 2012, vol.5, no.3, pp. 245-265. doi:10.1093/ cjip/pos012.
③ *Wall Street Journal*, August 27, 2013.
④ 张圆:《谁让中国移民成头号公敌?》,新浪专栏, http://finance. sina. com. cn/column/ international/20130219/101714581556. shtml.
⑤ Liu,Huawen. "Singapore Must Stop Ill-Treating Migrants." *China Daily*, December 6, 2012.
⑥ Clammer, John. *Race and State in Independent Singapore*, 1965-1990: *The Cultural Politics of Pluralism in a Multiethnic Society*. Aldershot: Ashgate, 1999, pp. 19-20.

程度上要归功于"讲华语运动"的推行以及国家认同的形成,原本旧有的亚族群分野逐渐让位于新加坡本地人与外来的新移民之间的移居群体内部差异性区隔。

在关于中国新移民的社会舆论中,值得关注的是在关于族群凝聚力和共同文化认同的问题上,大陆华人和非华人的看法非常不统一。本地人的争论大多集中在共同的传统或文化理念方面。很多人借助国家认同和政治忠诚来应对新移民议题,一些媒体暗示外国人的大量涌入造成了一种"新加坡人对垒外国人"的感觉,同时,华人和马来人(以及印度人)之间的民族差异反而逐渐模糊。一个新加坡华人说:"我是新加坡华人。任何外来华人只要胆敢冒犯我新加坡的马来兄弟,我肯定会让他尝尝我拳头的滋味。我们新加坡华人和马来人一起服兵役。华人或不是华人都不是重点,重点是我们是新加坡人。"①

新加坡人目前所普遍拥有的这种情感在 2011 年的"咖喱风波"中得到体现。当时一户中国新移民抱怨其印度裔邻居每天都要煮咖喱的气味。最终在官方的协调下,这家新加坡印度人家庭同意以后只会在这户华人不在家时才会煮咖喱。这起事件惹怒了很多新加坡人,因为他们把咖喱视作一种"国家象征"文化。该事件还引发了关于融合与容忍的讨论,并在更广范围内发起了"煮一锅咖喱"(后来成为舞台剧的名字)运动,以此来支持这种代表"多元文化"的食物。② 2013 年 2 月,爆发了自新加坡建国以来规模最大的一次政治集会(有数千人参加),很多参加者高举海报呼吁"新加坡是新加坡人的新加坡"。

反对新移民的活动已经影响了长期以来形成的新加坡人国家认同,这是一种消解了既有各族群之间差异的新型上位认同。2013 年由新加坡种族和谐资源中心(OnePeople. sg)和新加坡政策研究院(IPS)联合发布的一项"种族与宗教和谐调查报告"显示,③新加坡人在求职、工作以及生活中与土生异族相处要比和新移民相处舒适自在。这项调查基于 5000 份新加坡家庭的调查样本,结果显示 93.8% 的非华人受访者能接受新加坡华人作为其上司。相应地,84% 的非印度人接受新加坡印度人作为其上司,而只有

---

① *The Star*, June 25, 2011.

② *The New Paper*, August 16, 2011.

③ "Study Confirms Discomfort between S'poreans and New Immigrants." http://lkyspp. nus. edu. sg/ips/wp-content/uploads/sites/2/2013/08/CNA_Study-confirms-discomfort-between-S_110913. pdf.

73.7%接受印度新移民为上司。92.7%的非马来人新加坡人乐意与土生的马来人做邻居,95.4%的非华人乐意与土生华人做邻居,要比那些愿意和中国新移民做邻居的比例高出14.2%。

简言之,关于中国新移民的讨论在新加坡本土华人和新移民之间的差异性方面造成了紧张。而这种差异就是本地人希望能在政治、道德、文化以及经济控制权等方面比新移民拥有相应的优先权。同时,它还为一个基于新加坡人共同的历史、价值、信仰(诸如任人唯贤以及种族和谐)、新型国家象征等而形成的国家认同创设了根基。这一民族主义的话语塑造了新加坡各族群的内在族群关系。

五、新移民的融合进程

中国新移民的到来和数量的增长引发了热烈讨论和广泛关注。如前所述,他们被指责对新加坡贡献太少并且缺乏忠诚。诸如此类的观点在这个国家高速发展时不断涌现,一项针对148个国家35万名公众的调查显示,[①]新加坡连续两年(2009年、2010年)被视作世界上移民热度最高的区域,而这一局面的出现基本上是与中国崛起成为世界第二大经济体以及在东南亚的影响力日增是同步的。

新加坡国家如何应对其国民所吁求的保护呢? 这种可能会妨碍政府作为首要工作推动的全球性"人才流动"计划的反移民辩论是否令人担忧呢? 还有更复杂的,就是变化的族群认同和多元文化主义的国家建立逻辑(自1965年建国以来就由官方积极倡导)以及平等的种族文化和种族和谐理念在国家和跨国层面得以交叉,最终形成了一个"很少有人可以在政治和族群意义上来否定它的公共物品"。[②]

也有学者声称,国家鼓励新移民的政策意味着其对1990年以前所遵循的种族融合政策的背离。该融合政策希望通过消解和弱化"四大种族"(华人、马来人、印度人和欧亚人)的差异性,推动"同一个民族、同一个新加坡"的国家建设进程,将各族群的认同逐步整合到新加坡整体的国家认同框架下。随着外来人口数量的大幅增长以及对华人网络和华人认同的重估,这

---

① "Singapore most Desired by Migrants: Gallup Poll." http://news.asiaone.com/News/AsiaOne+News/Singapore/Story/A1Story20100822-233240.html.

② Chua, Beng Huat. "Being Chinese under Official Multiculturalism in Singapore." *Asian Ethnicity*, 2009, vol.10, no.3, pp.239-250.

种多元文化主义的创立逻辑和族群融合是否受到了挑战？① 在学者们对三种不同的族群融合模式的研究中，有学者提出了"差异排除模式"（differential exclusion model），②在该模式中"移民被临时整合进社会的某些领域（主要是劳动市场），但是拒绝进入诸如福利系统、政治参与和国家文化等领域"。而"文化多元主义"也就是"根据每一个社群在法律面前的平等性和获得进步的平等机会，针对不同社群的实践来促进文化宽容，接受不同社群的宗教习俗和传统的差异"。为此，学者们提出了一个新的跨国容纳模式，其中的融合不仅仅是对移入者的接纳而且还包括要包容移居到其他国家的个体（比如移居海外的新加坡人）。在本章中，我们也讨论了在国家融合进程中族群性与国族性之间的互动关系，并阐释了公民身份在国家建构中的核心地位。

显而易见，政府也已经清晰地意识到在貌似冲突的诉求之间需要娴熟的谋略来推动移民战略。在过去的许多年里，新加坡在不同的时期推行了与彼时时代发展相适应的人口政策，比如从早期的控制移民入境到后来积极吸纳新移民就是典型的体现。在对入境移民的管理过程中，国家认同的建构和强化是首要任务，而针对华人的那种在族群和文化方面的"同胞"认同很大程度上则被忽略了。

六、对新移民流入的管控

新加坡领导人认识到本地人对外国人大量涌入的关切和担忧，但是对于日益老龄化的新加坡社会而言，要想保持全球竞争力除此之外又别无选择。即使如此，国家依然制定了许多针对移民的管控措施。

2010年，"国民优先"的观点得到了李显龙总理的支持，但是他同时指出："我们必须继续保持开放，这样我们才能引进符合新加坡发展要求的人才，无论如何要从现在这一代人起克服困难，这样新加坡将始终保持活

---

① Kong, Lily, and Brenda Yeoh. "Nation, Ethnicity, and Identity: Singapore and the Dynamics and Discourses of Chinese Migration," in Ma, Lawrence, and C. Cartier ed., *The Chinese Diaspora: Space, Place, Mobility, and Identity*. Lanham: Rowman and Littlefield, 2003, pp. 193-220.

② Rahman, Mizanur, and Chee Kiong Tong. "Integration Policy in Singapore: A Transnational Inclusion Approach." *Asian Ethnicity*, 2013, vol. 14, no. 1, pp. 80-98.

力。"①他还做了进一步阐释:"我们依然需要他们(移民和外来劳工),但是我们不得不控制数量和速度,我们要能够吸收、融合并保持新加坡社会的精神。所以,我们能够保持平衡以及在本地人和新移民之间尊重多样性,确保我们的社会能够最大限度地保持舒适和渐进的融合。"②

为了控制新移民的增长,政府采取了一系列措施,主要体现在:申请永久居民和公民的标准更加严格,提高引进外来专业人才的门槛以削弱"无节制的竞争",增加针对外来劳工的税收。与此同时,更多的新加坡人被本地大学录取,在小学入学、健康福利等多个方面得到了绝对的优先权。2013年1月,《人口白皮书》将新加坡人界定为新加坡"国家与社会的核心",而且还通过特别强调"我们必须拥有一个强大的新加坡核心"来强化凝聚力。③为了进一步使这种差别对待的政策走向制度化,一个新的"公平考量框架"在2014年8月生效,该框架要求雇主"公平对待新加坡人",并且要求在雇佣外国人之前至少提前14天针对国内社会刊登工作职位信息。

七、民族国家框架下的国民融合

既然移民依然是新加坡的既定国策,那么采取的控制措施对于减轻国民的关切和焦虑应该作用有限。国家的目标则开始强调融合——最终同化——新移民以此帮助他们尽快归化成为真正的新加坡人。新移民被要求积极融入并发展出与新加坡人共有的认同,这就要求新移民要努力学习英语,主动与本地人互动,积极参加社区活动,并且适应并融入塑造了新加坡人认同的四大核心价值,即国家至上,崇法尚规,多元文化,任人唯贤。④

政府也通过相应的举措对公民和永久居民的权利与利益进行了调整,

① "Part Three: Speech from the National Day Rally 2010." http://www.asiaone.com/News/AsiaOne+News/Singapore/Story/A1Story20100830-234707.html.

② Lee, Hsien Loong. "*Singapore, Pressing Together*." Transcript of PM Lee Hsien Loong's Speech at the NTU Ministerial Forum on 28 January 2014. 见 http://www.pmo.gov.sg/media-release/transcript-pm-lee-hsien-loongs-speech-ntu-ministerial-forum-28-jan-2014.

③ National Population and Talent Division, *A Sustainable Population for a Dynamic Singapore: Population White Paper (2013)*, 见 http://www.nptd.gov.sg/content/NPTD/news/_jcr_content/par_content/download_98/file.res/population-white-paper.pdf, p. 16.

④ "REACH Policy Study Workgroup on Integration Issues Proposes Measures towards a Better Integrated Society." http://www.reach.gov.sg/portals/0/MediaRelease/REACH%20Media%20Release%20on%20PSW%20Recommendations%20-%20web.pdf.

并在一定程度上鼓励永久居民申请公民身份。因为，相比公民而言，永久居民在医疗健康方面的支出要更多，在住房权利方面缩水较大，并且他们的孩子要想升入较好的学校的难度也会更大。

众多推动新移民融入本地社会文化结构体系的自上而下和自下而上的机制已经建立起来。2009 年，旨在"联结公民、永久居民和新公民"的国民融合理事会（NIC）成立，后两个群体希望"与本地新加坡人共享共性、价值和经历"①，800 名融入与归化较为成功的人士加入进来帮助新移民融入。李光耀曾经倡导动员华人宗乡会馆的领袖来帮助新移民，比如教授他们学习英语就是非常具有亲和力的形式。② 近年来，一些会馆接纳吸收了很多新移民会员，这样便可以帮助他们不至于被边缘化，比如李氏公会执行委员会的成员中新移民的比率就占到了 10%。③

融入计划主要受到"维持社会和谐和确保政治优势的需要"这一现实考量的驱动。同一的族群性理念并没有出现在这些战略中。可能目前就评估新移民的融入对缓解本地社会焦虑的总体性效力还为时尚早。不过，不容否认的是，2011 年 5 月的大选对移民课题的关注有着决定性的意义。那次大选中，反对党阵营赢得了近 40% 的选票，从而让自 1965 年建国以来一直长期执政的人民行动党遭遇到最大的挫败感。李光耀也承认，本地人"对于在公共交通系统上看到新鲜的和奇怪的面孔会感到不舒服"，而且对于"外来人才的涌入"感到不高兴，而这无疑就是造成人民行动党支持率下降的主要原因。④ 而在 2013 年的榜鹅东补选及 2015 年的大选中移民及人口议题也是选战的热点，比如在 2015 年大选的最后 9 天竞选造势集会中，移民与外来人才课题就是其中最热门的话题之一。

在跨国场域中，中国新移民对融合与同化的态度也受到中新两国国际地位变化的影响，中国正在崛起成为世界性的大国，国际影响力已经今非昔比，而新加坡也在东盟这个一体化程度日渐增强的新地区秩序中扮演着越来越重要的角色，这两者都是影响中国新移民态度的重要因素。不过，出于对中国崛起及其影响力的多重考虑，很多新移民在同化方面多少体现出了观望的犹豫态度。当然也有人指出这种融入进程需要本地人接纳并理解。一位新移民作家就撰文指出，融入与同化是不同的，认同与身份建构是一个

---

① http://app.nationalintegrationcouncil.org.sg/Home.aspx.
② *Straits Times*, January 14, 2011.
③ 《联合早报》，2008 年 7 月 5 日；笔者对新加坡三江会馆会长的个人访谈。
④ *Straits Times*, August 14, 2011.

长期的过程,其中离不开各方的共同努力。① 中国官方也与新移民建立了非正式的制度化联系,这样可能对保持其与母国社会的联系会有一定的作用。② 例如,时任中国国务院侨办副主任的何亚非就曾指出:"'中国梦'不仅为每个中国人提供了实现梦想的机会,也为广大海外侨胞的事业发展提供了难得的圆梦机遇。一个繁荣发展的中国,不仅将造福13亿中国人民和广大海外侨胞,也必将有利于世界稳定与和平发展,造福世界各国人民。"③

八、结语

本章主要分析了新加坡本地人对中国新移民的态度、新移民的融入问题以及新加坡政府如何协调引进外来人才的战略诉求和保护本国公民利益之间的关系。移民问题在官方与非官方层面都引发了热烈的争论,而这些争论也对新移民是不是文化上的外来者和经济上的竞争者等议题进行了诸多相互关联的阐释。而这些议题也让本地人的焦虑与不满情绪波及了占新加坡外来人口1/4左右的来自印度的新移民。通过对国家而非自身族群的强调,一名新加坡的印度人有了这样的感受:"当我的同学问我是不是从印度来的时我有种被冒犯的感觉,因为我的祖先早在1800年代就已经移民新加坡了。"④

新加坡国家希望公民和永久居民都能参与国家建构,因为这是确保经济增长和社会政治凝聚力的基本前提。为了提升国家的竞争性和同化能力,政府已经开始借助促进融合来强化对移民的控制。这些战略都是对低出生率、老龄化的人口以及全球人才竞争的回应。目前,新加坡的国家认同已经超越族群认同成为上位的认同形式,相应地作为政治筹码的族群凝聚力和文化相似性也正在削弱。这是协调各方力量的关键,而且已经在国家和跨国层面的互动中得以出现。这一案例凸显了近年来跨国

① 《联合早报》,2009年9月23日。
② Liu, Hong. "An Emerging China and Diasporic Chinese: Historicity, State, and International Relations." *Journal of Contemporary China*, 2011, vol. 20, no. 72, pp. 813-832. doi: 10.1080/ 10670564. 2011. 604502.
③ 《海外华文媒体畅谈"中国梦",何亚非提三点希望》,新华网,http://news. xinhuanet. com/ overseas/2013-06/09/c_124836162. htm。
④ *The Star*, September 25, 2010.

问题研究的需求,即强调政治和权力在塑造跨国关系中的巨大作用。①

本章讨论了国家、公民社会和个人对国家及族群认同的塑造,新加坡国家认为可以将来自中国的华人同化为"新加坡人"从而赋予其这一身份。然而,在作为"个体"的新加坡人眼中,虽"同为华人"但是本地人与新来者之间的异质性要远远高于"同质性"。而之所以会有这种看法,一方面是因为新加坡本地的华人和在中国出生的华人之间在日常生活习惯与传统方面差异明显,另一方面是因为这些新来者与本地人有着(事实上或想象中的)对资源的竞争关系。如"咖喱事件"及种族和谐调查的结果所显示的那样,这场关于新移民的争论结果就是已经通过强调本土的华人和印度人、马来人之间的相似性以及新加坡华人和新移民之间的差异性而强化了新加坡的国家认同。

新加坡的个案既有特殊性也有普遍性,因此提供了一个探寻国家、族群和跨国三个不同层面之间关系的比较视角。这个案例之所以特殊,在于新加坡是中国之外唯一一个以华人为主体的主权国家,并且华人还可以主导其国家政策。而其之所以具有普遍性,则在于这些关于新移民的争论并不是一个陌生的战略,在同类国家中,该战略往往会被移民的后裔用来建立种族的真实性和凌驾于新来者之上的权力。② 在这个意义上,笔者希望通过对新加坡个案的探讨为跨文化和跨国研究中理解同一族群性和新的认同形成之间的关系作出一定的贡献。

本章部分内容曾刊于 Liu, Hong. "Beyond Co-Ethnicity: The Politics of Differentiating and Integrating New Immigrants in Singapore," *Ethnic*

---

① Waldinger, Roger, and David Fitzgerald. "Transnationalism in Question." *American Journal of Sociology*, 2004, vol. 109, no. 5, pp. 1177-1195. Levitt, Peggy, and Nadya Jaworsky. "Transnational Migration Studies: Past Developments and Future Trends." *Annual Review of Sociology*, 2007, vol. 33, no. 1, pp. 129-156. Zhou, Min, and Hong Liu. "Diasporic Development and Socioeconomic Integration: New Chinese Migrants in a Globalized World," in Um, khatharya Chiharu Takenaka, eds. *Globalization and Civil Society in East Asian Space*. London and New York: Routledge, 2022.

② Seol, Dong-Hoon, and John Skrentny. "Ethnic Return Migration and Hierarchical Nationhood: Korean Chinese Foreign Workers in South Korea." *Ethnicities*, 2009, no. 9, pp. 147-174. Liu-Farrer, Gracia. *Labour Migration from China to Japan: International Students, International Migrants*. London: Routledge, 2011. Délano, Alexandra, and Alan Gamlen. "Comparing and Theorizing State-diaspora Relations." *Political Geography*, 2014, no. 41, pp. 43-53. Ho, Elaine Lynn-Ee, Maureen Hickey, and Brenda SA Yeoh. "Special Issue Introduction: New Research Directions and Critical Perspectives on Diaspora Strategies." 2015, pp. 153-158.

and Racial Studies, 2014, vol. 37, no. 7, pp. 1225-1238。有关近十年来新加坡华人身份认同的变迁及其与当地和中国变迁的关系,参看刘宏:《当代新加坡华人社会的嬗变及其动力与特征——新政治经济学的视野》,《华侨华人历史研究》,2021 年第 4 期;刘宏、吴杰明:《新加坡华商企业的跨国商业主义——族群网络与治理策略》,《南洋问题研究》,2023 年第 4 期。

第十二章　海外华人移民劳工的
阶级意识之形成与特征
——意大利与英国的个案分析

一、导言

在种族关系研究中,阶级的概念与阶级分析的方法并非新话题,相关文献可以在移民社会学中找到。[①] 自 20 世纪 90 年代以来,受全球化和后现代主义理论思潮的影响,在国际移民的研究中,跨国主义(Transnationalism)获得了长足的发展,而阶级与阶级分析则被边缘化。跨国主义关注移民群体对所在国与祖籍国(地)的双重认同,这种双重认同体现为移民能说两种语言,在两个国家都有家园,同双方保持着密切的联系。[②] 尽管如此,我们也能听到一些对跨国主义的批评,主要针对其政治倾向和为两地政府服务的功能角色。[③] 笔者认为,这种批评并未击中要害。当跨国主义研究者强调全球化,国际劳动力市场、人力和社会资本,以及国家政策对国际移民影响的时候,他们或多或少地忽视了移民群体在价值体系、社会资源分享、社会行为规范,以及收入和利润分配上的差异性,或者假定他们在上述各方面是无差异的。这种同质性假说忽视或低估了同一族群内部雇主与移民劳工之间存在着质的差异甚至利

---

① Bonacich, Edna. "Class Approaches to Ethnicity and Race," *Critical Sociology*, 1980, vol. 10, no. 2, pp. 9-23. Wright, Erik O. *Class Counts: Comparative Studies in Class Analysis*. Cambridge: Cambridge University Press, 1997. Rex, John. "The Role of Class Analysis in the Study of Race Relations—a Weberian Perspective," in Rex, John, and David Mason, eds. *Theories of Race and Ethnic Relations*. Cambridge University Press, 1986. pp. 64-83.

② Basch, Linda, Nina Glick-Schiller, and Christina Blanc-Szanton. *Nations Unbound: Transnational Projects, Post-colonial Predicaments, and Deterritorialized Nation-States*. Langhorne, PA: Gordon and Breach, 1994, p. 6. Portes, Alejandro, Luis Guarnizo, and Patricia Lanolt. "The Study of Transnationalism: Pitfalls and Promises of an Emergent Social Field." *Ethnic and Racial Studies*, 1999, vol. 22, no. 2, p. 219.

③ Waldinger, Roger, and David Fitzgerald. "Transnationalism in Question." *American Journal of Sociology*, 2004, vol. 109, no. 5, pp. 1177-1195. Levitt, Peggy, and Nadya Jaworsk. "Transnational Migration Studies: Past Developments and Future Trends." *Annual Review of Sociology*, 2007, no. 33, pp. 129-156.

益上的冲突，而这正是资本主义全球化下的一个必然后果。从更广泛的角度来看，对阶级问题的忽视反映了国际社会科学界的一个重要误区。如法国学者托马斯·皮凯蒂(Thomas Piketty)在其广受赞誉的《21世纪资本论》一书中所说，"我很遗憾地看到，自20世纪70年代以来，社会科学就对财富分配和社会阶级的问题已基本上失去了兴趣"①。

在去阶级化占主导的学术氛围中，班国瑞(Benton)和戈麦斯(Gomez)有关英国华人社会的研究值得关注。② 他们指出了跨国研究中存在的两个关键问题：注意力放在那些维持家乡故土纽带关系的移民群体，以及对社会关系网络的过度强调，因为这两点能用来促使资本的流动，由此创造了一个虚假的画面，亦即所有华侨移民都用相同的视角看待他们自己和周围的世界。③

随着中国经济崛起，越来越多的中国公民加入国际移民的行列，我们目睹了海外华人社会在世界范围内的迅速扩展。在改革开放后30年多间中国新移民人数已增长到934万人。④ 尽管在过去的20多年里，中国留学生和高技能人才迅速增长，低技能或无技能移民仍占大多数。在这种情况下，学术界关注移民企业家或高技术移民，及其对中国融入全球化的贡献，这无可厚非，但不应忽视新移民劳工的心声、需要、贡献，及其所受的不公正待遇。主要的原因是，大多数移民劳工的语言能力有限，无法和当地社会沟通，所以很难融入当地社会。在这种情况下，他们更有可能被华人企业家雇佣，有时不得不接受恶劣的工作环境。

事实上，自从1990年末以来，华人移民劳工的工作环境已引起国际社会及其学者的关注。邝治中调查了美国纽约非法移民劳工在华人工厂的工作条件。⑤ 陈国霖等人发现在美国和欧洲，跨国的人口贩卖和剥削劳工之

① Piketty, Thomas. *Capital in the Twenty-first Century*. Cambridge: Harvard University Press, 2014, p. 32.

② Benton, Gregor , and Edmund T. Gomez, *The Chinese in Britain*, 1800-Present: *Economy*, *Transnationalism*, *Identity*. Basingstoke, Hampshire: Palgrave Macmillan, 2008.

③ Benton, Gregor , and Edmund T. Gomez, *The Chinese in Britain*, 1800-Present: *Economy*, *Transnationalism*, *Identity*. Basingstoke, Hampshire: Palgrave Macmillan, 2008, p. 17.

④ 王辉耀、刘国福:《国际人才蓝皮书——中国国际移民报告(2014)》,北京:社会科学文献出版社2014年。

⑤ Kwong, Peter. *Forbidden Workers: Illegal Chinese Immigrants and American Labor*. New York: The New Press, 1997.

间有密切的关联。① 白晓红在她的《华人劳工的呻吟》(*Chinese Whispers*)
一书中,对英国的非法移民劳工的工作条件进行了较为深入的调查研究。②
有学者对意大利华人及意大利人在纺织、服装和皮革加工工厂的工作条件
进行了比较研究。③ 有人对通过人口贩卖渠道进入英国的华人移民劳工进
行了研究,探讨了他们在英国的工作生活环境。④ 武斌等人发现,恶劣的工
作条件和被剥削现象并非仅存在于没有合法身份的移民劳工中,在合法移
民劳工群体中同样存在。⑤

　　尽管对华人新移民劳工的关注有所增加,但是总的来说,学术界对此研
究尚处于起步阶段。有鉴于此,本章试图从三个方面进行探讨:受雇于华
人老板的华人移民劳工如何看待自己? 对这些移民劳工而言,什么样的雇
佣关系是可以接受的? 如果受到不公平待遇,他们是如何应对的?

二、研究方法

　　本章中的阶级意识是指华人移民劳工群体的身份认同,这基于他们在
工厂、餐馆或其他工作场所中共同的工作经历。这种经历使他们在经济状
态、群体利益及现实或潜在的集体行动等方面同华人老板群体区分开来。
依据赖特(Wright)的观点⑥,阶级意识可以从三个维度上加以理解:第一,
共同的认知和观察。一个社会群体的归属意识源于群体成员有着共同的或
者类似的经济等级、社会地位,从而导致某种共同的利益需求,形成对于诸

---

① Chin, Ko-Lin. *Smuggled Chinese: Clandestine Immigration to the United States*. Philadelphia: Temple University Press, 1999. Chin, Margaret. *Sewing Women: Immigrants and the New York City Garment Industry*. New York: Columbia University Press, 2005. Gao, Yun, ed., *Concealed Chains: Labour Exploitation and Chinese Migrants in Europe*. Geneva: International Labour Office (ILO), 2010.

② Pai, Hsiao-Hung. *Chinese Whispers: The True Story behind Britain's Hidden Army of Labour*. London: Penuin Books, 2008.

③ Zanin, Volter, and Bin Wu. *Profiles and Dynamics of Chinese Migration in Italy and Veneto Region*. Padova: Cleup Publisher, 2009.

④ Pieke, Frank. "Migration Journeys and Working Conditions of Chinese Irregular Immigrants in the United Kingdom," in Gao, Yun, ed., *Concealed Chains: Labour Exploitation and Chinese Migrants in Europe*. Geneva: International Labour Office (ILO), 2010, pp. 139-76

⑤ Wu, Bin, Lan Guo, and Jackie Sheehan. *Employment Conditions of Chinese Migrant Workers in the East Midlands: A Pilot Study in the Context of Economic Recession*. Beijing: ILO China Office, 2010.

⑥ Wright, Erik O. *Class Counts: Comparative Studies in Class Analysis*. Cambridge: Cambridge University Press, 1997, p. 382, pp. 385-386.

如工资、福利、工作条件和社会安全保障的共同关注。第二,相应权利与后果的评判。他们对自己权利的保护意识,是指按照他们现在移居国的,而不是他们原居住国的法律和规章制度下的权利,由此产生他们在新环境下对于他们的尊严和权利的兴趣和敏感度。第三,维护权利的行动选择。对共同目标的意识促使他们动员和利用外部资源,形成某种集体行动,包括内部的团结,寻求外部介入或发展与外部组织的同盟关系。

有三个因素使阶级意识成为观察和分析海外华人移民劳工现象的一个有用的概念。首先,海外华人社会中存在着老板与打工仔的区别称谓,这不仅体现经济地位的等级差异,也反映出他们在华人社会中社会和政治地位的不同。其次,阶级意识不仅仅存在于老板和打工仔之间,同时也是那些拥有共同需要的团体成员为了共同利益目标而采取集体行动的一种指征。例如,老板群体会组建或参与各种的社团活动,为他们的经济利益服务,并同打工仔进一步区分开来。再次,华人老板和移民劳工之间是一种不平等的劳动交换关系。这种关系可以通过比较华人雇主与所在国同行雇主之间不同的劳动标准来体现,由此使移民劳工自己产生了他们受到剥削的感觉。从某种意义上说,阶级意识是一种过程的概念,它反映了移民劳工在新居住国中日益增强的公民意识和维护他们自身权利(包括相关福利)的追求。

上述概念和定义为我们在意大利和英国的一系列的实地观察、深入访谈及其数据分析奠定了基础。本章实证材料分别来自在意大利威尼托(Veneto)及英国中东部(East Midlands)两个大区的田野调查。前者集中在华人纺织成衣工厂的工作条件,后者聚焦于全球经济危机对华人移民劳工的工作条件的影响。我们选择这两个地区研究,是基于以下考虑:第一,他们分别代表两个地区华人移民劳工的主要就业领域:意大利的纺织服装业和英国的服务业;第二,它们都位于当地的唐人街之外,这也为我们比较华人企业与当地非华人企业的工作条件提供了机会。

我们对这两个地区的田野调查采用相似的过程和方法,包括对于工作场所的观察和深入访谈。工作场所实地观察的目的是了解该地区的生意历史、环境和华人企业移民劳工的流动性。同时,它也为我们同所在地华人社区建立一种互信合作关系、发现选择合适的深入访谈对象奠定了基础。在选择深入访谈对象时,我们强调了广泛代表性,以确保不同群体都能有机会表达他们的见解和看法。

表 12.1 提供了我们在意大利威尼托及英国中东部工作场所发现的细节。在威尼托,共调查了 28 家工厂,涉及服装、皮革、制鞋行业,其中 25 家

（89％）为华人企业，他们来自浙江或福建。同时，我们也进入了3家意大利企业，那里他们同样招收华人移民劳工并从事同样类型的工作。在英国中东部工作场所的观察则主要集中在华人餐饮业，但也包括其他类型的华人产业，譬如中药店，以便进行比较。就英国中东部工作场所的华人雇主而言，约一半为老华人，其余为来自大陆南方和北方的中国新移民。

表 12.1　调查取样的区域，雇主和行业

区域	行业	企业数量/家	占比/%
意大利威尼托	服装	21	75.0
	皮革	3	10.7
	制鞋	4	14.3
	总数	28	100
英国中东部	餐饮	51	83.7
	中药	3	4.9
	其他	7	11.4
	总数	61	100

表 12.2 列出了参加访谈的个人资料。按性别分，在意大利威尼托，女性受访者多于男性，而英国中东部的情况相反。关于移民的社会状态，在中东部，36％的受访者是无合法身份移民，是威尼托的两倍。从表 12.2 可以看出，在两地调研中，受访者还包括华人企业家、社区领袖、中医师，但移民劳工数均过半。此外，我们的访谈对象还包括意大利和英国当地的工会官员，以了解他们对华人移民劳工的看法。

表 12.2　访谈者的个人情况

类　别		意大利威尼托		英国中东部	
		数量/人	占比/%	数量/人	占比/%
性别	男	26	36.1	30	71.4
	女	46	63.9	12	28.6
社会状态	有合法身份	62	86.1	27	64.3
	无合法身份	10	13.9	15	35.7

续表

类　　别		意大利威尼托		英国中东部	
		数量/人	占比/%	数量/人	占比/%
工种角色	企业家	13	18.1	14	33.3
	社区领袖	14	19.4	3	7.1
	中医师	3	4.2	2	4.8
	劳工	42	58.3	23	54.8
总数		72	100	42	100

三、移民劳工的身份认同和共同诉求

许多劳工表示,他们鄙视一些华人老板的粗鲁和生硬蛮横的态度。林先生,一位来自温州的移民劳工(37 岁),举了一个例子。尽管存在着语言和文化障碍,尽管华人工厂的收入高一些,但他仍乐意选择在当地意大利人的工厂工作。除了固定工作时间相对短之外,他强调,多国籍的工友和意大利老板之间维持着相对平等的关系,这与华人工厂的工作环境、等级次序不一样。

从威尼托及中东部两地的访谈可以看出,与华人雇主保持平等的关系并得到雇主的尊重是劳工们共同的要求。他们渴望一种体面的、有尊严的生活。一个受访者说:

> 我认为老板并不关心我们的内心感受,对待我们就像是一台工作机器。举个例子来说吧,我尽了最大的努力,冒着生命危险扑灭了火源,从而阻止了一场火灾。但老板并没有向我表示任何谢意。我也没有期望获得什么金钱作为回报,但是他最起码应当说声"谢谢"。那就是我离开曼彻斯特那家饭店的原因。

要求得到尊重的呼声,在新移民中表现得尤其强烈。他们大多是从中国东北来的,以前曾在国有企业工作过,或者曾是中国城市里的白领。1990年之后,越来越多新移民劳工来自城市,为阶级意识的发展提供了新的动力。

即使如此,我们不能想当然地认为,华人雇主与雇员的关系都是一样的,或都十分紧张。胡先生,一个 2004 年从温州来到意大利的无合法身份的移民,为我们提供了新的观察视角。根据他的观察,华人雇主指望移民劳工不仅能持续稳定地努力工作,而且在需要的时候还能为他介绍好的员工。一个声誉好的老板,通过劳工的社会网络,可以吸引那些有技术的、可靠的劳工。相比之下,一个名声不佳的老板,在生产旺季可能找不到工人。因为没有一个工人会推荐他们的朋友为他们认为不好的老板工作。最后,胡先生说,"在欧洲只有朋友没有亲戚",强调移民劳工之间的互助和朋友关系的重要性。①

此外,尽管许多华人企业家会成立各种以其侨乡命名的社团协会,但没有一个组织声称他们代表该地区移民劳工的利益。因为这样的组织多是这些老板们的俱乐部,这些企业家通过俱乐部活动来相互支持,以促进生意合作。他们可以据此同侨乡政府沟通交流,发展合作的网络平台。②

四、移民劳工的反响

除了移民劳工的身份认同外,移民劳工的阶级意识可以从四个方面反映出来:对违反当地法律法规的行为的识别能力和敏感程度;对劳动剥削现象的不满及其抗争意识;对恶劣工作环境背后相关因素的理解;以及有组织的相互支持、共同抗争。

在威尼托,华人移民劳工都意识到,华人工厂的工作环境要比意大利工厂差很多,这点华人老板也不否认,由此导致许多华人移民劳工渴望为意大利老板工作。在我们实地调查期间,估计有超过 10% 的华人移民劳工在为意大利人工厂工作。

工作条件恶劣不局限于威尼托的服装行业,在英国中东部餐馆和一些中药诊所同样有类似的现象。一位厨师谈道:

---

① 有关欧洲华人社会的融入和面临的挑战,可参看王晓萍、刘宏主编:《欧洲华侨华人与当地社会关系:社会融合、经济发展、政治参与》,广州:中山大学出版社 2011 年。

② 类似的华人社团组织在北美和东南亚也广泛存在,参看 Ren, Na, and Hong Liu. "Traversing between Local and Transnational: Dual Embeddedness of New Chinese Immigrant Entrepreneurs in Singapore."*Asian and Pacific Migration Journal*, 2015, vol. 24, no. 3, pp. 298-326. Zhou, Min, and Hong Liu. "Homeland Engagement and Host-Society Integration: A Comparative Study of New Chinese Immigrants in the United States and Singapore." *International Journal of Comparative Sociology*, 2016, vol. 57, no. 1/2, pp. 30-52.

老板对我们一点都不好。他经常对我们没有缘由地大喊大叫。还有就是在这个餐馆工资很低。我一周工作 60 个小时才挣 210 英镑……我通常是周日休息一天。但是，如果餐馆那天很忙，我就必须回来工作。

像合法的移民劳工一样，许多无合法身份的移民劳工，也表达了他们对企业工作条件问题的关注：

我以前工作的地方的老板是我的湖南老乡。我一个月只有 400 英镑工资，因为她说我没有相关的工作经验。一个月后，我要求增加工资，否则我就回中国去。老板和她丈夫讨论之后，她同意增加工资至 500 英镑，但所增加的 100 英镑作为押金留在老板手中。我极力反对，但她拒绝进一步解释。我坚持她必须给我全额工资，否则我向警察报告。最后，她不得不全额支付我的工资。

收取押金是华人老板控制移民劳工的一种较为普遍的方式，它不仅适用于无合法身份的移民劳工，对于有合法身份的移民劳工同样如此。对于后者，尤其是这些新来的持有有效工作签证或者是居留许可的移民，收取押金现象也较为普遍。请看下面的事例：

上周一位伯明翰的朋友告诉我，他要更换工作，转工作签。但是他老板已经扣下了还没有发给他的 2000 英镑工资，假如他辞职了，他不可能拿到他的那部分钱……我知道老板在剥削我，但是我不敢换工作，因为害怕会因此而丢掉工作签证。因此我拒绝了伦敦那份每周 300 英镑工资的工作，而继续在这里做每周 180 英镑的工作。我期望的就是不要丢掉我的工作签，因为我们不想成为英国的非法移民。不幸的是，我们的老板很清楚这一点，于是无情地剥削我们，严格地控制我们。

类似现象在中药诊所也有体现。像大陆来的厨师们一样，新移民来的中医师必须交付中介公司 8000 英镑（相当于 8 万元人民币，一笔相当可观的数目）来办理他们的签证申请和旅行的文件。据我们的访谈者说，控制新移民中医师的一种有效的方式，就是尽可能多地招收更多的新移民，形成

"供过于求"的现象，给中医师造成很大压力，让他们为保住现有机会而拼命工作。因为如果在持有工作签证期间丢失工作或发生任何工作间断，将会导致他们获得英国永居权的梦想成为泡影。所以他们不得不无条件地接受任何工作条件，没有讨价还价的余地，也没有力量去维护他们自己的合法权利。在威尼托我们也了解到类似的情况，但费用更高（17 万元人民币）。

很明显，华人移民通过雇佣关系移民到英国和意大利的高额手续费用，从一开始就决定了他们移民后与华人雇主之间不平等的权利关系。王先生是 1995 年从温州来到意大利的移民劳工，他强调这种不平等的关系仍在恶化。移民大规模的流动导致了华人移民劳工就业市场的激烈竞争。意大利近年来多次移民大赦都要求非法移民出具他们本国的身份证件。对于这些丢失或撕毁中国护照的移民而言，他们很难再办理证明文件。在意大利，移民劳工即使得到了继续合法居留所需要的文件，他们仍然可能受到华人老板的控制。因为他们需要到意大利的有关政府部门去续签他们的合法居留文件，先是两年，后是四年。每一次续签，移民劳工都需要提交老板的证明信，表明他们在过去的一年里连续不断地工作和纳税。这也无形地强化了对移民劳工的控制。

另外一个反映移民劳工与华人雇主间不平等关系的指标是不平等的收入分配关系。在威尼托，许多知情者透露，一旦华人老板从他们意大利的同行伙伴中拿到合同，他们就会抽取其中一半作为他们的利润，另外 20% 用于生产运营和员工的食宿，剩下的 30% 才是劳工们能够分享的收入部分。工人的工资分配则主要采用计件方法，按照工作性质特点、技术等级，来决定每份工作的价格。

五、移民劳工们的集体行动与组织赋权

阶级意识并不局限于移民劳工的身份认同和抵制剥削的维权意识，更体现在他们的团结、结社和有组织的集体抗争行动上。工作流动是华人移民劳工保护他们权利、同他们老板讨价还价的诸多方法之一。从威尼托的调研来看，有条件（合法居留、会点意大利语）的移民劳工普遍愿意为意大利雇主而不是华人雇主工作。这不仅反映了他们融入当地社会的愿望，同时也折射出他们追求、选择更好的工作条件的诉求。

劳工的这种工作流动与他们之间的信息流动有关，它并不局限于亲属同乡的传统纽带，而是依托于更为宽阔的社会网络，诸如工厂的工友同事、

旅行中结识的朋友。在田野调研中,我们发现,手机作为一种现代通信设备在工人间的相互支持中扮演着重要的角色。通过手机,他们不仅能够相互传递关于就业市场和工作条件的信息,而且能够通过相互比较来衡量、判断他们的老板好坏(根据许多标准,包括工资)。

一个来自湖南的非法移民主动向我们提出,要同当地意大利律师或法律工作者取得联系,以便维护他的权益。一年前他在一个华人工厂做工,由于长时间高强度疲劳工作,他的一个手指被机器损伤,他当即被送到意大利医院进行紧急医治,没想到第二天他就被要求继续工作。更没想到的是,工厂订单高峰期刚一结束,他就被老板踢出工厂,没有任何经济补偿。他对此十分气愤,由此他想到了意大利社会的维权组织。

除了工作流动,劳工集体抗争的第二种策略就是罢工。为了阻止老板无限制地增加工作量,劳工们有时会联合起来一起罢工或者辞职,从而迫使老板重新考虑是否签新合同以提高工资或改善工作条件。这种策略的有效性和可行性,依赖于劳工之间的团结和有影响力的工人领袖,但并不是所有工厂都具备这种条件。

劳工集体抗争的第三种策略就是雇主和雇员之间的暴力冲突,虽然这种现象并不普遍。在威尼托,一个华人企业家讲了一个真实的事例。一个移民劳工由于不堪忍受恶劣的、经常被老板责怪的工作环境,决定提前结束移民打工生活,并在回国之前教训一下那个老板。为此,他叫了几个老乡把老板和家人捆绑起来,用铁锤损坏了所有的机器设备。这个老板却只能保持沉默,没敢报告当地警察局。

移民劳工阶级为自己争取权益的另外一种表现方式是寻求加入当地工会。据在威尼托的意大利工会的统计,有十几个在意大利工厂工作的华人移民劳工已加入了当地工会。在实地调查期间,我们经常能收到关于如何加入当地工会以应对可能出现的不公正待遇问题的咨询。

在英国伦敦,有一个由华人移民劳工为主体的互助组织,它的宗旨是帮助那些势单力薄的移民劳工按照法定的最低工资标准获取报酬。[①] 此外,它也组织移民劳工参加英语及相关法律、健康和安全知识的学习。自 2009年成立以来,已吸引了 200 多个华人移民劳工参加,其中的一些成员加入了英国联合工会。对此,英国联合工会官员罗利特(Rowlett)先生认为这是华人移民劳工运动的一个好的开端。尽管如此,他也指出有两个因素制约

---

① Pai, Hsiao-Hung. "How Do Chinese Migrant Workers in the UK Empower Themselves." *UKCHINESE*, a website weekly Chinese newspapers, September 24, 2010.

着华人移民劳工同英国联合工会的有效交流与合作：一是缺少自己的领袖及其领导组织能力；二是英语语言技能不足。因此，华人移民劳工阶级意识的发展强化仍有漫长的路要走。

六、结语

本章试图揭示海外华人移民劳工阶级意识的存在和发展，通过在意大利威尼托和英国中东部两地的田野调查，了解移民劳工的经历和他们对自己和华人老板关系的理解。我们的初步结论如下。

首先，华人移民劳工中存在着阶级意识，这体现在他们之间的伙伴关系、共同的身份认同，以及得到华人老板的尊重和获得公平待遇的共同诉求。毫无疑问，传统的社会网络，包括血缘、地缘和方言等，仍是连接移民劳工的主要元素。对于初来乍到的移民劳工而言，他们无其他社会资源可用，主要依赖传统的社会网络。随着时间的推移，劳工之间彼此分享他们不同的经历，阶级意识就会生长，并逐渐成为影响海外华人社会生态的一个重要因素。

其次，华人移民劳工的阶级意识，可以从他们对所处的工作环境，违背所在国劳动法律和法规的觉悟和意识中得到证实。许多人不会永远默默忍受这种不公平的待遇，而会采取一系列积极的行动与之抗争，从离开雇主到正面交涉反抗。尽管如此，有效地抵制劳动剥削，需要他们建立自己的组织来表达他们的诉求和组织集体行动，这仍是很困难的事。一个现实的问题就是语言障碍、社会隔离和缺乏对于所在国社会政治体制的了解。[①] 即便如此，他们中的许多人也已经表达了同当地社会团体、工会组织合作的愿望，一些人已加入其中或尝试建立自己的组织。

再次，我们的实证研究表明，同一民族、共同的文化背景和身份认同，以及血缘地缘关系等这些被跨国主义用来研究海外华人移民问题的理论框架，应该放在一个全球劳动力分工的大背景下来考虑，这样才能理解华人移民劳工同华人老板之间的多层面的复杂关系。当然我们也不能过分强调移民劳工的阶级意识，而否认已有的血缘地缘关系，因为后者持续存在并发挥

---

① 陈校、张义兵、杨怡：《国外劳动力市场中的中国移民社会身份认同危机——以意大利普拉托中国工人为例》，《中国青年政治学院学报》，2010 年第 4 期，第 114—118 页。

着重要的作用。① 但是,阶级意识为研究海外华人社会提供了一个新的和重要的视角,有助于观察和分析海外华人社会中不同群体间的利益关系、矛盾与冲突。

最后,欧洲华人新移民中的阶级意识的形成发展过程十分复杂,取决于诸多因素。在华人社区内部,阶级意识不仅与移民劳工个体移民前的社会地位、教育背景、工作经验有关,而且同他们国际移民的时间长短、身份状态及其后来的工作经验有关,这些都会影响他们对更高的劳动标准及相关法规的理解与追求。移民劳工的阶级意识不仅是他们对移民输出国和接收国的不同劳动制度和法规的学习理解过程,也是他们维护权益、反抗不公平待遇的实践过程。需要指出的是,如果说所有的华人移民劳工和华人老板之间的关系上都是建立在阶级对立的基础上,那也未免过于片面和简单化。因为不管是移民劳工还是华人老板,都不是铁板一块,不能用同质同类的两大社会群体来简单区分。从劳工的角度看,两种情况值得重视。其一,强调感情、友谊、信任、互助和支持,以及劳工阶层的共同利益,而不管他们移民前的身份、血缘、地缘关系。其二,强调血缘、地缘关系,而不关注雇主和雇员之间存在的等级利益关系。新移民劳工可以说是由这两类人构成的混合体。

本章初稿为武斌、刘宏:《海外华人移民劳工的阶级意识之形成与特征》,《华人研究国际学报》,2017 年第 9 卷第 1 期。

---

① Liu,Hong. "Old Linkages, New Networks: The Globalization of Overseas Chinese Voluntary Associations and Its Implications." *The China Quarterly*, 1998, vol. 155, pp. 582-609. Liu, Hong. "Introduction: Toward a Multi-Dimensional Exploration of the Chinese Overseas." in Liu,Hong, ed. , *The Chinese Overseas*, *Vol. 1: Conceptualizing and Historicizing Chinese International Migration*. London and New York: Routledge, 2006, pp. 1-30. Liu,Hong. "An Emerging China and Diasporic Chinese: Historicity, State, and IR." *Journal of Contemporary China*, 2011, vol. 20, no. 71, pp. 813-832. Liu,Hong. "Beyond Co-Ethnicity: The Politics of Differentiating and Integrating New Immigrants in Singapore." *Ethnic and Racial Studies*, 2014, vol. 37, no. 7, pp. 1225-1238. Merchionne, Giuseppina,and Hong Liu. "Arts, cuisine et design: La génération 1.75 de la diaspora Chinoise à Milan et la création d'entreprises transnationales" [Arts, Cuisine, and Design: the 1.75 Generation of Chinese Diaspora in Milan and the Making of Transnational Enterprises]. *Hommes et Migrations*,2016, no. 1314, pp. 44-51.

第十三章　归国华人科技企业家的
"跨国文化资本"
——结构、政策、作用

一、导言

  自 2000 年以来,归国华侨华人(简称"归侨")专业人士数量快速增长。其中多数是 20 世纪 70 年代末中国对外开放后赴海外接受高等教育的留学生,因毕业后留居当地而转化为移民。最近一份报告显示,自 20 世纪 70 年代末以来,中国共有 400 多万出国留学生,截至 2017 年,已有 265 万人归国。[①] 本章聚焦于归国华人科技企业家这一群体,他们是中国全球化进程中当代归侨群体的重要组成部分。

  目前有关归国人才和归国科技企业家的大部分研究是从"人才循环"或者人力资本的角度来探究归国人才的回归、归国科技企业家的形成及其对中国经济和科技进步的影响。[②] 事实上,海归现象的产生不仅仅归因于中国作为世界第二大经济体的崛起,更与中国政府引进人才的政策以及相关

[①] 中华人民共和国教育部:《2016 年度我国出国留学人员情况统计》,2017 年。http://www. moe. edu. cn/jyb_xwfb/xw_fbh/moe_2069/xwfbh_2017n/xwfb_170301/170301_sjtj/201703/ t20170301_297676. html.

[②] 张秀明:《改革开放以来留学生的回归及处境——根据归国留学生问卷调查的分析》,《华侨华人历史研究》,1999 年第 2 期,第 50—62 页;程希:《对优秀归国留学人员的若干分析》,2001 年第 2 期,第 22—31 页。魏华颖、张乐妍、徐欣楠:《海外留学归国人员就业满意度及其影响因素研究》,《人口与经济》,2018 年第 6 期,第 34—41 页。Bai, Wensong, Johanson Martin, and Oscar Martín Martín. "Knowledge and Internationalization of Returnee Entrepreneurial Firms." *International Business Review*, 2017, vol. 26, no. 4, pp. 652-665. Wang, Huiyao, David Zweig, and Lin, Xiaohua. "Returnee Entrepreneurs: Impact on China's Globalization Process." *Journal of Contemporary China*, 2011, vol. 20, no. 70, pp. 413-431.

的其他制度环境发展(如政策、规范和规则等)密切相关。① 但对中国如何与海外人才互动以及如何从制度上将其纳入国家的发展进程中,尚未有充分的研究。关于国家与企业家的互动,一些研究已经表明,制度环境、行政效率等对企业家精神以及资源获取有着密切关系。② 基于以上研究,本章以制度空间为视角,探究国家如何通过政策和制度将归国科技企业家这一群体转化为经济和社会发展的新动力。高技术移民不仅扮演着经济角色,在社会、文化、政治等领域同样发挥着作用。然而,后者通常被人们所忽视。本章希冀通过探讨中国与归国科技企业家在国家政治、经济和社会发展方面的互动,来弥补这一不足。最后,本章对移民跨国性(transnationalism)、归国科技企业家、国家三者的关系也进行了探讨。

　　本章研究资料主要来自 2016 年至 2018 年间对 66 位归国科技企业家的小组座谈、问卷调查或深度访谈(以面对面或电话的方式),同时结合其他多种研究方法,包括参与观察法和对档案及媒体数据的内容分析等。这些调查对象或来自国外,如新加坡、美国、加拿大,或分布在国内的不同城市,如深圳、广州、上海、厦门和北京。这种多点田野调查有助于整体提升本研究结果的客观性、多样性和普遍性。为了缩小样本的偏差,我们的调查对象来自不同的商业领域,且在工作年限、移居国等方面存在差异。表格 13.1 显示了 66 位受访者的信息,包括身份背景、移居国、商业领域、最高学历和工作领域等。

---

① 黄海刚、曲越:《中国高端人才政策的生成逻辑与战略转型:1978—2017》,《华中师范大学学报:人文社会科学版》,2018 年第 4 期,第 181—192 页。Liu, Hong, and Els van Dongen. "China's Diaspora Policies as a New Mode of Transnational Governance." *Journal of Contemporary China*, 2016, vol. 25, no. 102, pp. 805-821. Xiang, Biao. *Emigration Trends and Policies in China: Movement of the Wealthy and Highly Skilled*. Washington DC: Migration Policy Institute, 2016.

② Aidis, Ruta, Saul Estrin, and Tomasz Mickiewicz. "Entrepreneurship, Institutions and the Level of Development." *Small Business Economics*, 2008, vol. 31, no. 3, pp. 219-34. Sine, Wesley D., HeatherA. Haveman, and Pamela S. Tolbert. "Risky Business? Entrepreneurship in the New Independent-power Sector." *Administrative Science Quarterly*, 2005, vol. 50, no. 2, pp. 200-232.

表 13.1　66 位被调查者的相关信息

单位:人

类别	人数			类别	人数			
身份背景	拥有外国护照或拥有外国永久居住权		拥有中国护照	海外工作背景	学术机构	企业	学术机构及企业	其他
	54		12		29	15	12	3
移居国	西欧	美国和加拿大	亚太地区	参加中国举办的人才交流会的频次	一年一次	一年两次以上	偶尔	无
	12	19	35		8	26	19	13
商业领域	生物技术 / 新材料 / 新能源 / 环境技术 / 信息技术 / 电子技术			所获政府资助的次数	1 次	2—5 次	多于 5 次	无
	22 / 5 / 5 / 7 / 15 / 12				14	30	8	14
最高学历	海外博士研究生	国内博士研究生	硕士研究生或本科	加入相关政府社团的数目	1 个	2 个	多于 2 个	无
	43	11	12		17	16	14	19
海外工作年限	1—5 年 / 5—10 年 / 10—20 年 / 20—30 年 / 无							
	14 / 16 / 21 / 8 / 7							

二、研究路径:"跨国文化资本"的提出

根据身份特征的不同,归国科技企业家可划分为两大群体:第一个群体已经获得外国国籍。第二个群体仍然保留中国公民身份,其中一部分在归国之前已拥有外国永久居留权,还有一部分凭借学生准证或工作准证在海外读书或工作。无论拥有何种身份,这两个群体都具有选择留在海外的能力。事实上,我们的受访者中 90％的人表示,如果他们在中国生活或发展得不如意,他们有可能选择再次回到国外。对于归国专业人士而言,回国并不意味着他们从此永远留在中国,更多是出于对自身利益的考量。他们期望利用自己国内国外的成长背景来寻求发展新机遇,尽管这对于很多人来说就像一场"冒险"。[①] 这些归国专业人士和其他归国人员不同,他们依然保持着跨国身份认同,尤其是那些已经拥有外国公民身份或外国永久居留

---

① Xiang，Biao，Brenda S. A. Yeoh，and Mika Toyota，eds. *Return：Nationalizing Transnational Mobility in Asia*. Durham：Duke University Press，2013.

权的人士,更是如此。他们的子女大多数在海外接受教育,部分家人仍然在海外生活,并且在退休后,他们通常计划返回海外移居国生活。因此,本章在论述中注重突出归国科技企业家这一群体的流动性和跨国性特征。

本章提出"跨国文化资本"这一概念,来分析中国与归国科技企业家的互动。"跨国文化资本"源自"文化资本"。布尔迪厄(Bourdieu)认为,文化资本是三种资本形式之一(其他两种分别是经济资本和社会资本)。[1] 自20世纪70年代以来,文化资本在华商研究领域几经讨论,如儒家价值观和人力资本[2]等。本章侧重从跨国视角来分析归国科技企业家的文化资本。那么,什么是"跨国文化资本"呢? 根据布尔迪厄的文化资本理论,文化资本以三种形式存在:以思想与身体上的持续性情的形式存在;以文化产品(图片、书籍、字典等)的形式存在;以一种制度形式存在,如学历资格。[3] 基于此,"跨国文化资本"强调文化资本在跨国环境中的动力、运作、结果、局限及其与国家之间的互动。在具体指向上,它特指归国科技企业家在祖籍国和移居国所拥有的文化资源,包括教育、智力、知识、技能、思维方式和其他可以跨越国界进行转移的文化经历等。跨国文化资本成为归国科技企业家的独特优势,国家通过衡量跨国文化资本来判断归国科技企业家的经济价值和市场竞争力,最终来塑造企业家精神。

在文化资本如何转化为经济资本这一过程中,制度一直是讨论的重点。譬如,布尔迪厄强调教育体系在文化资本转化中的重要性。他指出,文化资本在一定条件下是可转化为经济资本的,并且有可能以教育资格的形式制度化。本章通过对归国科技企业家在中国政策制度环境下的考察,强调"政治资本"的重要性。政治资本作为一种资本形式,对科技企业家在将跨国文化资本转化为经济资本的过程中起着推动和限制的双重作用。目前,对政治资本的定义大多集中在政治学研究领域中,它指的是政治家用于达致政

---

[1] Bourdieu, Pierre. "The Forms of Capital." in J. Richardarson, ed. *Handbook of Theory and Research for the Sociology of Education*, New York: Greenwood, 1986, pp. 241-258. 以布尔迪厄的社会资本理论分析海外华人企业家,参看刘宏:《社会资本与商业网络的建构:当代华人跨国主义的个案研究》,《华侨华人历史研究》,2000年第1期,第1—15页。

[2] 杜维明:《现代精神与儒家传统》,北京:生活·读书·新知三联书店2013年。Whyte, Martin King. "Paradoxes of China's Economic Boom." *Annual Review of Sociology*, 2009, vol. 35, pp. 371-392. 高伟定《华人资本主义精神》,谢婉莹译,上海:上海人民出版社1990年。

[3] Bourdieu, Pierre. "The Forms of Capital." in J. Richardarson, ed. *Handbook of Theory and Research for the Sociology of Education*, New York: Greenwood, 1986, p. 243.

治目的的一种无形资产。① 在本章,政治资本来自从中央到地方的国家政府机构,主要指归国科技企业家在积极与国家互动的过程中所获得的政府的经济支持、技术和成就的官方认可,以及建立与政府的网络关系等。正是在这一过程中,国家影响和塑造着归国科技企业家及其角色。

三、归国华人科技企业家的形成

在海归浪潮的背景下,归国华人科技企业家在过去十年表现得十分活跃。目前中国归国华人科技企业家的人数尚无确切统计,但许多证据显示归国人员的高科技企业数量正在快速增长。如 2001 年,全国共有大约 3000 家华侨华人专业人士创建的企业。② 两年之后,增长到 5000 家。③ 最近,这一数字已大幅增长,超过 27000 家。④ 归国科技企业家的快速增长归因于多种因素,除了全球化加速、世界科技创新潮,以及中国经济的崛起这些宏观因素外,中国政府在吸引海外华侨华人人才方面扮演重要角色。随着中国经济模式从劳动密集型向知识密集型的转型,国家侨务政策在 2000 年以后有了显著的变化,由引进外国资本转为吸引海外人才归国。⑤ 尤其是 2014 年之后,在"大众创业、万众创新"的国家号召下,中央和地方政府出台了许多鼓励创新型科技企业增长的政策。其中最重要的一项措施是吸引海外留学的华侨华人回国发展创新型产业。早在 2001 年,国家便出台了相关政策,鼓励更多有专业能力的华侨华人回国经营高科技企业。此后,中央和地

① French, Richard. "Political capital." *Representation*, 2011, vol. 47, no. 2, pp. 215-230. Suellentrop, Chris. "America's New Political Capital." *Slate*. November 30, 2004.

② 华侨华人专业人士回国(来华)创业成果报告暨高新技术项目洽谈会:《机遇 创业 合作 发展——国务院侨办李海峰副主任答记者问》,2001 年。http://www.chinaqw.com/node2/node116/node119/ym/lhf.htm.

③ 中华人民共和国教育部:《教育部 2004 年第 4 次新闻发布会:2003 年度出国留学工作情况(文字实录)》,2004 年。http://old.moe.gov.cn/publicfiles/business/htmlfiles/moe/moe_2271/200408/2577.html.

④ 中华人民共和国中央人民政府:《人社部研究部署破解留学人员回国创业创新"六难"工作》,2017 年。http://www.gov.cn/xinwen/2017-04/12/content_5185103.htm.

⑤ Thunø, Mette. "Reaching Out and Incorporating Chinese Overseas: The Trans-territorial Scope of the PRC by the End of the 20th Century." *The China Quarterly*, 2001, no. 168, pp. 910-929. To, James Jiann Hua. *Qiaowu: Extra-territorial Policies for the Overseas Chinese*. Leiden: Brill Academic Publishers, 2014. Liu, Hong, and Els Van Dongen. "China's Diaspora Policies as a New Mode of Transnational Governance." *Journal of Contemporary China*, 2016, vol. 25, no. 102, pp. 805-821.

方政府采取一系列有针对性的措施,如提供丰厚的资金支持、免费住房等,吸引海外人才回国。其中比较典型的如"珠江人才计划"(省级,广东)、"孔雀计划"(市级,深圳)、"530计划"(市级,无锡)以及"百人计划"(中国科学院系统)。2016年侨务办公室(OCAO)前主任裘援平也启动了"万侨创新行动"。该项目强调两点:一是要鼓励海归人才投身于创新创业活动;二是与海外华侨华人专业人士增强沟通与合作,吸引有创新能力的领军人才回国。①

除上述政策外,在2019年3月国家机构改革之前,中国还设有五大中央政府机构负责海外人才引进管理以及华侨华人等相关事务,它们分别是国务院侨务办公室(简称"侨办",2018年3月之后并入中央统战部)、中华全国归国华侨联合会(简称"侨联")、中国致公党、全国人大侨务委员会以及中国人民政治协商会议全国委员会港澳台侨委员会。这五大机构设有专属部门,负责华侨华人科技及经济事务,如侨办和侨联在中央和地方政府分别设置了"经济科技司"或"经济科技部"。

在实践层面,中国在国内外开展了一系列的海外人才招聘活动。在国内,一系列针对海外人才的交流会定期举办,为他们和国内企业建立联系搭建桥梁。这些交流会通常每年或每两年在国内的各大主要城市举办。作为中国最早的海外人才项目交流平台,"中国留学人员广州科技交流会"自1998年至今已举办了18届。截至2017年,到广州参会的海外人才总数已经超过40000人。此外,中国也积极地到国外与海外专业人才建立联系。早在2009年,侨办即派出代表在美国的各大主要城市(如纽约和波士顿)举办论坛。这些论坛旨在给海外专业人士介绍中国的经济机会、科技发展以及优惠政策等,以吸引人才归国。在地方政府层面,以深圳为例,迄今已八次赴海外举行海外人才招聘活动,足迹覆盖北美、欧洲和大洋洲。这些努力被证明是行之有效的。几位受访者表示,他们决定回到中国的重要原因之一便是收到了来自中国政府的邀请,尤其是赴海外宣传的官员向他们展示了中国成为创业人士的沃土。

此外,政府还在一些海外华人专业社团建立了联络处。例如,2017年山东省政府在全球15个国家(如英国、法国、加拿大、澳大利亚)建立了30个海外联络处。这些联络处均依托于华人专业社团,涉及生物医学、信息技术、自动化产业等相关领域。在2013年和2014年,这些联络处共推荐了超

---

① 赵亮:《浅析"万侨创新"行动》,国务院侨务办公室2016年。http://qwgzyj.gqb.gov.cn/yjytt/187/2735.shtml.

过 70 名专家参与在山东举行的人才交流会,签订了 68 个创业项目。①

　　总之,为了促使海外华侨华人专业人士回国,国家创造了一个积极有效的制度化平台来引进海外人才,并与之建立了跨国联系网络。

四、解构跨国文化资本

　　与传统类型的华人企业家相比,华人科技型企业家具有显著的特点。在教育和社会背景方面,这些科技企业家拥有海内外的教育和成长经历。他们一般在国内长大,接受了良好的教育,并在 20 世纪 80 年代后到海外深造,通常在发达国家获得了更高的学位。这一点和其他华人企业家有所不同,如在 1949 年之前移民的第一代华人企业家通常受教育程度不高,而其他在国外出生的华裔企业家尽管在海外受到了良好的教育,但缺乏国内的教育背景和社会经历。在移居国方面,华人科技企业家主要来自经济和科技水平先进的发达国家。在 66 位被调查者中,19 位来自西欧国家,如英国、德国和比利时,35 位来自美国和加拿大,12 位来自亚太地区,例如新加坡、日本和澳大利亚。与此形成对比的是,传统华人企业家大都来自经济和科技水平欠发达的东南亚地区(新加坡除外)。因此,在选择商业领域方面,华人科技企业家利用他们掌握的先进科学技术在归国后往往投身于高科技产业,并拥有更开阔的全球视野,而其他华人企业家则大部分在中国投资经营非高科技类型的传统产业。

　　因此,在华人科技型企业家归国创业的过程中,跨国文化资本成为一个关键性的凸显因素。国家努力将这些华人科技企业家所携带的跨国文化资本转化为经济资本,挖掘跨国文化资本所蕴藏的潜在的经济价值和市场竞争力。具体而言,跨国文化资本可解构为四个方面:跨国教育背景、国家所需的科技创新能力、海外工作经验以及跨国知识网络。

　　首先,归国科技企业家的跨国文化资本体现为其所拥有的跨国教育背景。他们早年在国内接受教育,因此掌握了中文并熟悉中国文化,而海外深造则增加了他们的跨国文化知识和资本。如何衡量这一文化资本,学历等级以及毕业院校是其中两个凸显的关联因素。通常,归国科技企业家拥有越高的学历,毕业于越有国际声望的大学,他们拥有的跨国文化资本也越

---

① 参见山东省侨办:《发挥优势 加强"海外联络处"建设 不断提高侨务引智工作实效》,《侨务工作研究》,2014 年第 4 期。http://qwgzyj.gqb.gov.cn/jyjl/179/2506.shtml.

多,因而他们从政府中得到的支持也就越多。2014 年,华侨华人创业发展洽谈会所引进的 1500 位海外人才中 70％的人拥有博士学位。2004 年,中国留学人员广州科技交流会进一步提高了对参会者的学历要求,规定只有拥有硕士及以上学历者才能注册参会。对于学士学位拥有者,只有毕业于世界前 200 名的高校的留学人员才有资格报名。在 66 位被调查者中,有近三分之二的人拥有海外博士研究生学位,有 11 人持有国内博士学位且拥有海外博士后经历,即拥有海内外博士学位的受访者总计占 80％以上。一位受访者告诉我们:"西方学术背景是一个很重要的敲门砖。你所拥有的学历越高,你从政府中得到的支持力度也就越大。"①

其次,归国科技企业家所拥有的跨国文化资本体现为国家所需的科技创新能力。他们在各自专业领域掌握世界前沿的科学技术,同时往往又熟悉国内相关科技领域的发展水平。这种跨国文化资产是归国科技企业家们独有的创业优势,也被政府在很多场合所强调。大多数受访者表示,毕业或工作于越有国际声望、科技力量越强的大学或公司,在获得政府资助方面也越具有竞争力。因此,衡量跨国文化资本的多少已成为政府选择海外人才并塑造其企业家精神的一个重要因素。在科学技术的跨国转移方面,专利权是一个重要的议题。为了避免知识产权纠纷,政府在给归国科技企业家提供资金支持之前,通常会与其签订知识产权协议。我们的调查凸显了两种较为普遍的处理工业知识产权问题的模式:一是归国科技企业家在中国或海外拥有自己的专利技术;二是归国科技企业家将国外知识产权拥有者作为公司合伙人,从而合法有效地利用国外技术。

关系,作为社会资本的一种形式,被广泛地用于讨论海外华人在中国的商业投资活动。那么,这种通常建立在原生纽带(如地缘和家族)基础上的关系网络,对于这些华人科技企业家是否和文化资本同样重要呢?我们的研究发现,华人科技企业家选择创业的城市多数都不是他们的家乡,而传统华人企业家恰好相反,他们通常选择在故乡或者有着自己丰富人脉资源的地方投资。这表明传统上源于家乡或血缘的"关系"对于当代归国科技型企业家创业来说,并不是一个重要的影响因素。在深圳南山华侨华人科技创业园里,80％的企业家与深圳(本身也是一个移民城市)并无直接的地理渊源。同样,在我们的一项关于影响创业因素的排名调研中,像当地设施、政府优惠政策和政府办事效率都明显排在社会关系这一因素之前。一些受访

---

① 访谈受访者 L,上海,2017 年 8 月 9 日。

者甚至表示,由于长期的出国学习或工作,他们在国内并没有建立广泛的社会网络。这进一步凸显了归国科技型企业家在国内创业的关键因素是他们拥有的跨国文化资本,如教育背景、技术和创新能力,而非社会资本。

再次,华人科技企业家的跨国文化资本还体现在他们的海外工作经验上。2015年,第17届中国留学人员广州科技交流会参会人员的70%都有超过5年的海外工作经历。在中国海外人才交流会的参会条件里,那些拥有海外工作经历的人总是会被优先考虑。一位受访者说:"在中国,拥有几年海外工作经验,无论对政府还是市场而言,你都会更加受欢迎,更具有竞争力。因此,我毕业后先找了一份工作,几年后才回国。"[1]

在66位被调查者中,59人拥有海外工作经验。在工作背景上,29人在学术机构有工作经验,15人在企业有工作经验,12人在学术机构和企业均有工作经验。换言之,具有学术工作经历的归国科技企业家比拥有企业工作经验的人更多。这一事实一方面表明国家对于将科技转化为生产力的重视,另一方面也体现了政府侧重从科研背景来判断企业家们的市场竞争力。许多受访者告诉我们,学术背景在他们申请国家创业资助时是一项重要的衡量因素。长期的海外工作经历,尤其是在世界著名的研究机构中,能够证明他们的产业技术位于世界前沿且具有竞争力。实际的商业经验对企业经营也十分关键。在27位拥有海外企业工作经历的被调查者中,他们的海外工作时限从1年至25年不等,其中一位受访者特别强调其在一家美国公司工作一年的经验价值:"我的公司不存在中国企业里常见的官僚和政治现象。大家职位虽不一样,但所有人都是平等和受尊重的。每个人都可以在小组会议中发表自己的意见。我对公司文化的定义是:关心、创新与合作。这直接来源于我的海外工作经历。"[2]

那些缺乏商业经验的科技企业家通常会把企业经验丰富的人纳为合伙人,以此来弥补自己的弱势。的确,从学术研究者转变为科技企业家需要一定的时间。一位受访者表示:"我用了很多年向我的商业伙伴学习,也从自己失败的经历中汲取了不少教训。这是一个痛苦的过程,现在我仍然还在学习中。"[3]

最后,归国科技企业家在海外学习或工作中所构建的跨国知识网络,是其跨国文化资本的另一个重要组成部分。其主要体现为他们与以前的海外导师、同

①　访谈受访者 W,深圳,2017年5月7日。
②　访谈受访者 Y,广州,2017年11月15日。
③　访谈受访者 Q,深圳,2017年10月21日。

班同学或同事的长期联系与互动,其中包括世界著名科学家,如诺贝尔奖获得者。归国企业家利用跨国知识网络,将国际知名专家纳入其创业团队,这大大提高了他们获取政府创业资金的竞争力。我们的调查支持了这一观点。"我公司的核心技术团队有 6 位成员。他们来自丹麦、德国和美国等,有的是华人,有的是纯粹的外国人,其中 4 人是我在美国工作时的同事。他们都是这个领域中富有声望的科学家。他们并不一定要住在中国,其中有 4 位大部分时间都在海外工作。我们通常一个月开一次网络会议。去年我从政府那里拿到一个大奖,这与我强大的跨国工作团队是分不开的。"①

上述四个方面,即归国华人科技企业家的跨国教育背景、国家所需的科技创新能力、海外工作经验、跨国知识网络,构成了归国科技企业家跨国文化资本的重要组成部分。通过这四个层面,国家来衡量归国科技企业家的价值和市场竞争力,为一部分人才提供创业支持,但同时也给一些被认为不符合"标准"的海归人才在某种程度上制造了人为的藩篱。

五、跨国文化资本的转化

(一)转化为经济资本

在跨国文化资本转化为经济资本的过程中,企业家精神是关键。为了激发归国人才的企业家精神,国家采取若干措施组织和动员其跨国文化资本。

首先,建立许多创业平台以促进跨国文化资本的转化,如"华侨华人创业发展洽谈会""海外高科技人才洽谈会"和"华侨华人创新创业大赛"。这些洽谈会多是每年定期举行。"华侨华人创业发展洽谈会"作为中国最早和最大的华人科技企业家创业平台,自上而下由三大政府部门组织举办,包括国侨办、湖北省政府和武汉市政府。它创立于 2001 年,目前已举办了 17届,参会华侨华人总数达到 12000 人,吸引了超过 2000 名海外华侨华人归国,引进了 2500 个高科技项目。② 在我们的被调查者中,将近 81% 的人参与过这些活动,其中 49% 的人每年参加超过两次。

国家还建立针对归国人才的高科技产业孵化园区。2017 年,中国共有

---

① 访谈受访者 Z,广州,2017 年 4 月 21 日。
② 华侨华人创业发展洽谈会:《华创会简介》,2017 年。详见 http://www.hch.org.cn/index.php/index-show-tid-2.html.

347 家创业园,能够容纳 79000 多名归国人士和 27000 多家企业。在这些园区,归国企业家可以得到资金支持,如孵化基金、贷款利息补贴、场地租赁优惠等。81% 的受访者对这些园区持积极态度,一位企业家表示:"政府给我们的场地租赁提供了津贴,每年为我们省下 400000 元。现在对我们来说这并不算什么,但在创业初始预算紧张的时候,这真的帮到了我们很多。"①

为了鼓励和激发归国人才的科技创业精神,政府提供大量的资金支持。2018 年南方科技大学的数据显示,在过去的五年里,该大学从深圳地方政府共获得 5 亿元人民币(4 亿元来自市政府,1 亿元来自广东省政府)用于创业创新活动。在我们的调查中,80% 的被调查者得到不同政府层面的资助。其中 14 人获得 1 项奖励资助,30 人获得 2 项到 5 项,8 人获得 5 项以上的资助。这些资助金额从几万元到数千万元不等。一位受访科技企业家表示,在最近五年里,他已经从中央和地方政府获得了超过 4000 万元人民币的资金支持。

此外,政府还提供各种优惠政策和便利服务以帮助归国华人科技企业家在中国创业,例如创业指导与培训、企业注册、税收减免、签证便利等等。这些措施得到归国企业家的认可,其中一位受访者说道:"从海外回国后,我在一家政府研究机构工作了一年。之后开始创业。在初期阶段,这家研究机构给我提供了免费的设备和场地,还配备了几位技术助理。这些措施帮我在初始阶段克服了很多困难。"②早在 2005 年,国侨办与地方侨办合作举办"华侨华人专业人士回国创业研习班",到 2016 年,该活动在不同城市开展了 29 次,每次都有数十位华侨华人专业人士参与。研习班通常持续 5 天,内容包括四个部分:解读当前中国经济现状以及国侨办的最新相关政策、创业指导、实地考察和举办当地企业的见面会。上海作为中国最大的城市之一,已经举办该研讨会八次。总参与者达到 770 人,项目和人才对接落地率超过 13%。③

总之,为了促进跨国文化资本转化为经济资本,国家创造多种制度化渠道,激发归国人才的企业家精神。同时,归国人才也通过获取政府资金支持并与其建立联系,积累他们的政治资本。

(二)纳入国家发展战略

除了发挥归国科技企业家跨国文化资本的经济价值,国家努力将这些

---

① 受访者 Y,广州,2017 年 11 月 15 日。
② 受访者 M,北京,2018 年 2 月 11 日。
③ 中国侨网:《第 24 期华侨华人专业人士回国创业研习班在沪开班》,2016 年 06 月 27 日。http://www.chinaqw.com/jjkj/2016/06-27/93265.shtml。

科技企业家纳入国家发展战略,在社会文化等领域充分发挥他们的影响力。

随着海归人才数目的增长,在过去几年,许多中央和地方政府层面的新归国华侨华人组织在各地相继成立(表 13.2),这些组织已成为中国政府和海归人才建立和保持制度化联系的重要渠道。在调查中,71%的受访者参加至少一个类似的组织。这些组织具有良好的组织架构、清晰的规章制度、专业的管理委员会,并定期举行活动。例如,中国侨联新侨创新创业联盟管理委员会包括 2 位执行理事长、36 位副理事长、132 位企业家成员、秘书处以及顾问委员会。[①] 此外,这些组织通常拥有数百名个人会员。福建省新侨人才联谊会拥有 237 名委员会成员,广州新侨联谊会则有 230 名成员。归国科技企业家通常是这些成员的重要组成部分。以广州新侨联谊会为例,该会执行主席是一名科技企业家,且科技企业家占到该组织 80 名委员会成员的三分之一。

表 13.2　近年成立的新侨专业人士社团

名称	成立年份	地点	级别
中国侨联新侨创新创业联盟	2016	北京	中国侨联
湖北新侨专业人士联谊会	2012	武汉	湖北省侨联
福建省新侨专业人士联谊会 (2014 年更名为"福建省新侨人才联谊会")	2011	福州	福建省侨联
江苏省侨界专业人士联合会 (2013 年更名为"江苏省侨界专家委员会")	2009	南京	江苏省侨联
成都新侨联谊会	2016	成都	成都市侨联
绍兴市新侨人才联谊会	2015	绍兴	绍兴市政府
广州新侨联谊会	2014	广州	广州市侨联
济南新侨联谊会	2014	济南	济南市侨联
武汉新侨联谊会	2013	武汉	武汉市侨联

此外,政府机构也组织报告会或展览会来表扬归国科技企业家对祖国作出的贡献,并通过颁发荣誉和奖项,来加强其对国家的认同感和归属感。2009 年,国侨办推出"重点华侨华人创业团队"奖项。该奖项每两年颁发一次,至 2015 年,共有 230 个华侨华人创业团队获奖。中国侨联自 2003 年开始颁发"中国侨界贡献奖"。到 2016 年,该活动已经举办了 6 次,共有 830

---

① 中华全国归国华侨联合会:《中华全国归国华侨联合会在北京成立企业家联合会》,2016 年 11 月 1 日。http://www.chinaql.org/c/2016-11-01/511793.shtml.

名归国人士获得"中国侨界（创新人才）贡献奖"，363 人获得"中国侨界（创新成果）贡献奖"，310 人获得"中国侨界（创新团队）贡献奖"，86 人获得"中国侨界（创新企业）贡献奖"。① 除国家级奖项外，地方政府也设置若干荣誉和奖项。从 2012 年到 2014 年，山东省政府为 77 名当地的归国科技企业家颁发奖项。从 2008 年到 2011 年，广州市政府嘉奖 58 名杰出的华侨华人企业家，其中 37 人是科技型企业家，占获奖者的 70%。②

　　归国人才是国家战略性人力资源的重要组成部分。2015 年，习近平主席特别强调，华侨华人专业人士是中国人才库的重要组成部分，中国政府一直将华侨华人视为重要的团结对象。作为中国最具影响力和最大的华侨华人专业人士组织，欧美同学会（中国留学人员联谊会）成立于 1913 年，在中国拥有超过 20 个下属组织，80000 位会员，30 个团体成员，并且与海外 100 多个华侨华人专业社团建立了紧密的联系。华侨华人科技企业家（包括归国人员和海外人员）是欧美同学会成员的重要部分。2016 年，中共中央办公厅印发《关于加强欧美同学会（留学人员联谊会）建设的意见》，强调欧美同学会所发挥的三个重要作用，即"发挥留学报国人才库作用"，"发挥建言献策智囊团作用"，"发挥民间外交生力军作用"。③ 一些华人科技企业家精英也在政府中兼任职务，如中国侨联特聘专家、国侨办专家咨询委员会委员等。在 66 位受访者中，11 人兼有该类职务。

　　总而言之，国家通过多种制度途径，将归国科技企业家纳入国家发展战略，在社会文化等领域发挥其最大的效用。归国科技企业家也通过加入政府的制度性联系网络，扩充了自己的政治资本。

六、整合机制与局限

　　在中国积极引才政策之下，华侨华人科技型企业数目快速增长。然而其企业的成活比例并不理想。在珠江三角洲（海归科技型企业家的主要聚集区域之一）的一些创业园里，只有不到 30% 的华侨华人科技创业企业可

---

① 朱基钗：《中国侨联颁发第六届"中国侨界贡献奖"》，中央政府门户网站 2016 年。http://www.gov.cn/xinwen/2016-09/01/content_5104283.htm

② 广州市归国华侨联合会：《新广州，新侨力：广州新侨工作回顾（2008—2013）》，2014 年。

③ 参见欧美同学会：《中共中央办公厅印发〈关于加强欧美同学会（留学人员联谊会）建设的意见〉》，2017 年 08 月 29 日。http://www.wrsa.net/content_39103591.htm。

以生存超过 3.5 年。① 尽管创业失败并不少见,但这一现象与政府和归国科技型企业家之间的互动机制及其特点却不无关联。

首先,国家和归国科技企业家之间是一种双向互动的关系。国家处于主导地位,是科技创业活动的主导者。所有相关的优惠政策、华侨华人人才计划和交流会、资金支持和一些新侨人才社团的成立多由国家自上而下进行组织和推动。政府是这一场域中最积极的组织者和参与者。同时,华人科技企业家积极与政府进行互动,以实现自我利益的最大化。为了降低创业的不确定性和风险性,多数归国科技企业家更倾向于依靠政府,而非不稳定的民间风险投资。在政府的支持下,归国科技企业家的创业活动在获得合法性的同时,又与政府官员建立联系网络,获取一定的政治资本。这一点与我们在中国留学人员广州科技交流会中所观察到的相一致,即大部分参会的海归专业人士都首先倾向于直接和政府或国有企业打交道,而非中小型民营企业。

其次,国家通过制定人才评价标准,来衡量归国科技企业家所拥有的跨国文化资本。这些标准包括:对特定科技领域的限定、对参会者学历等级的要求,以及对其海外工作经验的关注等等。但一些地方政府部门对于海归人员的硬性规划和管理,很容易使得一些不符合这些标准的人才被边缘化。就目前华商经济的总体状况而言,以科技创新为主流的华商经济尚未成形。这一点可从"广东省侨商投资企业协会"的成员构成显露出来。广东省是中国华侨华人企业的主要聚集地区之一。作为广东最具影响力的侨商社团之一,广东省侨商投资企业协会成立于 2007 年,是当地政府了解省内侨商企业信息的重要机构。该协会共有 429 家会员企业,领导机构是理监事会,由 169 位来自中大型企业的企业家构成。然而,在这 169 家公司中,只有大概 10 家以上可列入高科技企业范围,②这一点表明目前传统工业无论从数量还是规模上仍然是中国华商大中型企业的主体类型。

最后,政府与归国科技企业家的互动仍存在一些制度性弊端。国家为归国科技企业家建立和采取了各种平台和优惠政策,但如何使这些平台有效运转,以及将这些政策付诸实践仍然是一个问题。调查者中的一半以上都表示他们在国外的时候对这些优惠政策了解并不多,而回国后在与政府沟通的过程中,他们碰到两个显著问题是关于政府的工作效率及政府对创

① 《海归创业企业多呈能力不足症候 "抱团取暖"是趋势》,《人民日报(海外版)》,2016 年 4 月 22 日。
② 广东侨商投资企业协会:《第三届理监事会就职典礼特刊》,2013 年。

业项目的评估。在政府效率方面,许多受访者抱怨道,虽然优惠政策已存在,但地方落实起来却很难。一位受访者特别讲述了他在中国注册公司的经历:"在国外我们只需要几天便可以在网上注册好一家公司。然而,同样的事情在中国却要复杂得多。由于我持的是外国护照,注册公司须拿到临时居留证、营业执照、就业许可证和其他要求的文件,手续非常复杂。我已经离开中国 20 年了,不熟悉政府机构的运作。政府虽然有针对海外人才的各种支持性政策,但在现实中去贯彻执行却需要时间。"[①]政府对创业项目的评估是另一个主要问题。一些受访者表示,由于缺乏某一领域的专业知识,政府官员无法恰当地对一些项目作出合理的专业评估,致使一些有发展潜力的项目流产。

以上揭示了国家在整合跨国文化资本过程中所显现的机制特点和局限。一方面,国家在资源分配中起着主导地位,影响和塑造着归国科技企业家的创业精神,另一方面,科技企业家积极与政府部门互动以获取政治资本,以便推动跨国文化资本向经济资本的转化。当前,国家在引才方面发挥了重要的推动作用,但一些自上而下的硬性管理及互动方式仍存在一定的局限性。

七、结语

随着中国经济模式从"人口红利"向"人才红利"的转型,归国华人科技企业家成为中国经济发展的一个新动力。尽管归国科技企业家是伴随着中国全球化进程的加速出现的,但这一现象与中国政府在引进海外人才方面的努力密切相关。

首先,归国科技企业家在中国的出现与全球化背景下中国的政治经济发展密不可分。从海外人才的引进,到其跨国文化资本的经济转化,再到将其纳入国家战略发展体系,国家在跨国文化资本的整合过程中发挥着重要作用。各种相关政策和体制的形成突显了当今国家在全球跨国治理中的关键角色以及"网络化的国家"[②]这一概念的形成。

其次,跨国文化资本的转化过程突显了政治资本的重要性。中国创业环境尚未成熟,归国科技企业家凭借跨国文化资本,通过与政府建立关系以

---

① 受访者 S,广州,2016 年 12 月 13 日。

② 刘宏:《跨国网络与全球治理:东亚政治经济发展的趋势和挑战》,《当代亚太》,2013 年第 6 期,第 59—91 页。

获取政治资本,这对于跨国文化资本的转化能起到促进作用,但同时也蕴含了某些局限。在现有的规则制度下,一些归国科技企业家被纳入主流,一些则被边缘化。

此外,在理论层面,本章显现一种新兴的移民跨国性模式。在移民跨国性理论中,跨国性最初被定义为"移民形成并维持其连接祖籍国与移居国的多重社会关系的过程"。[1] 该话语强调移民与祖籍国的跨国联系。当前的移民跨国性研究也多采取同一视角。然而,随着越来越多的华侨华人回到中国,归国华侨华人与其之前的移居国依旧保持着跨国联系。这一现象要求我们以反向的视角关注归国人员与其移居国之间的跨国活动,同时也再次强调了我们之前所提出的华人移民企业家的"双重嵌入"这一特点。[2] 本章显示,归国科技企业家通过海外学习和工作经历与其移居国建构跨国文化网络,并且由于这一跨国实践所体现的经济社会价值,这一反向性的跨国网络又进一步为国家所推动和强化。

本章原稿为任娜、刘宏:《归国科技企业家的"跨国文化资本"结构、特征与作用》,《华侨华人历史研究》,2019 年第 4 期。

---

[1] Basch, Linda, Nina Glick Schiller, and Cristina Szanton Blanc. *Nations Unbound: Transnational Projects, Postcolonial Predicaments, and Deterritorialized Nation-States.* Langhorne: Gordonand Breach, 1994.

[2] 任娜、刘宏:《跨国性与本土化:新加坡华人新移民企业家的双重嵌入》,《世界民族》,2016 年第 2 期,第 44—53 页。

附　录

附录一　网络视野下的华侨华人
——刘宏及其海外华人研究①

王子昌②

　　本文是笔者承担的暨南大学国际关系学院的院设课题"他者的目光：2000 年以来的海外东南亚华侨华人研究"的阶段性成果之一。这一课题的研究目的是为我国的东南亚华侨华人研究提供参考和对照。这里先就研究材料的选取作简单介绍。

　　首先是关于海外的定义。海外指的是中国以外。海外的研究具体指的就是居住在海外的学者的研究，这里强调的重点是居住在海外，而不管这些学者是不是中国公民，也不管其是否用中文写作和发表研究成果，之所以特别强调学者的海外居住背景，是因为笔者觉得，和居住在中国国内的学者相比，这一点对其观察、思考和写作具有重要的影响，具体来说，由于居住在海外，他们可能对当地华侨华人生活的感受更深，在思考和写作时的自由度更大，对西方学术前沿的理论研究接受得更快。

　　其次是对 2000 年的限定。把材料的选择限制在 2000 年以后，主要是为了尽可能缩小资料的选择范围，另一考虑是，即使把 2000 年作为选择材料的起始年份，也不会忽略以前的研究，因为规范的学术研究是在原有的基础上通过不断地增加新的知识来向前推进的。

　　最后是对华侨华人的理解。笔者认为，华侨华人更多的时候是从政府的政策角度提出来的一个术语。华侨指的是居住在海外的中国人，华人指的是具有华人血统的外国公民。从研究的角度，笔者把他们当作一类人，即他们都是移民，都具有一个共同的特性，即跨文化居住和生活。之所以要强调这一点，是因为相对于非移民，他们将面临更大的生活难题，当然也可能意味着更多的生活机遇，可能为跨国和跨文化的交流做出更大的贡献，在跨国跨文化交流日益频繁的今天，他们的作用将会更加突出，自然也会吸引更

①　本文原载于《暨南学报（哲学社会科学版）》，2013 年第 8 期，第 13—17 页。经作者同意，收录于本书。特此向王子昌教授致谢。
②　王子昌，男，1967 年 2 月生于聊城，山东大学法学博士，暨南大学国际关系学院教授。

多的学术研究者的注意。

本文将以刘宏教授的研究为例,分析和概括网络视野下的东南亚华侨华人研究。刘宏教授可以说是近年来华侨华人研究领域的一个佼佼者,他是国际上较早关注海外华人社团跨国活动的一位学者,①他致力于用网络理论研究华侨华人,打破了既有研究文献关于华侨华人研究的一些定论,提出了华侨华人历史发展的四个时期的革命性结论,提出了"跨国华人"这一概念,为新时期中国的"引智"政策提供了理论依据。2013 年南京大学出版社出版的《跨界亚洲的理念与实践:中国模式·华人网络·国际关系》一书收罗了刘宏教授近年来运用网络理论对华侨华人进行研究的相关成果,本文将以此书为主要依据,介绍刘宏教授关于华侨华人的网络研究。

一、网络分析的立场:一般取向与刘宏教授的选择

网络理论是近三十年来国际社会科学研究领域的一个热点,应用网络理论分析社会问题是国际社会科学发展的一个重要趋势。刘宏教授认为,虽然国际社会学界关于网络并没有一个统一的定义,但关于网络的构成要素是相对一致的,任何一种网络都包含四种要素,即构成、资源、联系机制和功能。② 网络理论作为一种解释理论,尝试为亚洲的发展提供一种新的研究思路。

刘宏教授认为,将网络理论运用于亚洲研究的尝试始于 20 世纪 80 年代初日本著名学者滨下武志等人对亚洲交易圈的研究。依据刘宏教授的归纳,这一研究方法有以下几个特点:第一,将国民、国家相对化,以地域以及被设想为地域间移动与交流的媒介领域的域圈分析来取代国家分析。第二,挑战了西方中心观,从亚洲历史的连续性、自律性的脉络出发,重构近代亚洲与欧洲关系史。第三,把商业和流通领域,以及作为它们的主体的商人和商号作为主要的研究对象。第四,海洋不再是陆地的边缘,而成为地域关系能量会聚与转换的中心。不同的政治、经济、文化要素在海域碰撞、交会,而陆域则通过港市或开港口岸被连接成有机的网络。③

---

① 曾玲:《越洋再建家园》,南昌:江西高校出版社 2003 年,第 282 页。
② 刘宏:《跨界亚洲的理念与实践——中国模式·华人网络·国际关系》,南京:南京大学出版社 2013 年,第 67 页。
③ 刘宏:《跨界亚洲的理念与实践——中国模式·华人网络·国际关系》,南京:南京大学出版社 2013 年,第 17 页。

　　而将网络理论用于华侨华人研究,提出华人网络理论则主要是为了解释亚洲在 20 世纪 70 年代以后何以能够迅速崛起。20 世纪 90 年代,一些学者开始将网络理论用于亚洲的华侨华人研究。韩格理(Gary Hamilton)等人试图以华人网络论作为社会结构与行为方式的"硬件",以网络为中心来研究不同于欧美企业类型的华人企业、经济及其社会活动,并进而构筑亚洲资本主义框架。此后,围绕着华人网络及其所处的不完善的市场经济等外在特征,以及裙带资本主义(crony capitalism)等内在特征,对于亚洲发展的功罪问题等展开了激烈的争论。随后对华侨华人的网络研究开始走向了泛化。今日,似乎所有组织、集团内部关系,以及组织间关系的领域均被理所当然地纳入网络的范畴。①

　　每一种理论都意味着一种立场、一种分析策略。从立场上讲,刘宏教授认为,关于华侨华人的网络研究从某种程度上意味着一种"非国家的立场"。

　　　　首先,网络往往是建立在"原生性认同"(primordial identity)基础上的,构成华人网络的一些基本资源,是地缘、血缘、业缘、神缘、学缘或族群等关系,而国民身份认同对于华人网络具有决定意义。其次,主权与国境对于网络似乎没有特别的意义,因为网络空间恰恰是以越境和跨国的横向联系为特征的。最后,相对于制度、权力体系和上层建筑,网络更多地属于社会空间,形成和运作于民间社会,有时甚至被称为"非国家空间"。②

从以上的引文可以看出,应用网络理论对华侨华人进行分析,就意味着要在立场上跳出以民族国家为中心的分析思维模式。

　　但从分析策略上讲,非国家中心的立场并不意味着反对国家,将华人网络与民族国家相对立,它可能是强调华人网络与民族国家之间的共生与联系机制。就像刘宏教授所说,他并不试图从与民族国家论相对的角度来建构华人网络论,而是试图通过切入两者的相互关系,提供跨越以往的华人网络论的思考维度。换言之,我们并不执意强调在国家与社会、地方与全球、市场与文化、组织与网络、正规与非正规等某范畴内两者择一,也不将它们视为非此即彼的二元对立的零和游戏(zero-sum game),而是关心这彼此相互依存、相互交错和联系的机制与条件。之所以要这样做,是因为"这不仅

---

① 刘宏:《跨界亚洲的理念与实践——中国模式·华人网络·国际关系》,南京:南京大学出版社 2013 年,第 17 页。

② 刘宏:《跨界亚洲的理念与实践——中国模式·华人网络·国际关系》,南京:南京大学出版社 2013 年,第 17 页。

关系到在某一特定族群的安全与发展,而且也关系到广义的东亚区域的可持续发展与社会平衡"①。

为什么要采用网络的研究方法研究华侨华人呢? 根据刘宏先生的梳理,这是由于解释问题的需要。20 世纪 70 年代以来,"亚洲四小龙"和中国大陆等地的经济快速发展,对以往的研究方法和研究结论提出了挑战。"支撑着上述地域经济成长的基因与其说来自传统的国民体系内的基干产业,毋宁说是与市场经济密切相关的出口加工业,投资及地域间的人口、信息、资本、物资、资金流动的活性化。但上述地域的经济活力已不仅来自美国及日本这两个域外注入的能量,来自各地域内部自发的能量,华人资本正被视为这一内在能量的集散中心。"②对这一现象进行研究,需要跨越传统的华人华侨研究视阈,将华侨华人的研究放在网络的视野下,因为正是华人的跨国的网络化活动导致了亚洲在 20 世纪的快速发展。从以上的引文和推理可以看出,正是由于 20 世纪"亚洲四小龙"和中国大陆的迅速崛起,引起了人们对华人网络研究的兴趣。

刘宏先生又是如何选择自己的研究角度的呢? 我认为刘宏先生对于研究角度的选择是基于其对华侨华人学术研究的把握和问题认知。刘宏认为,20 世纪以来,华人研究动用了政治、经济、社会、历史、人类学等几乎所有人文与社会科学领域的"积蓄",但是基本上还是集中于华人经济与身份认同这两个方面,这两个方面无论如何去研究,都无法绕开与国家的联系。华人经济网络的形成既对国家的中心地位提出了挑战,同时也对亚洲朝贡体系的形成与维持做出了自己的贡献,而华人网络的形成与扩展每时每刻都受到国家海洋政策的影响。而华人认同问题,无论是原始性的地域和认同,还是当代背景下的全球跨国认同,国家都构成了一个潜在的背景和依据。因此,在视角选择问题上,就不能固守网络理论研究的非国家立场,而是必须强调和突出国家与网络之间的互动。

从以上的分析可以看出,刘宏先生对华侨华人的网络研究并没有固守网络研究的一般立场,而是根据华人网络与国家之间的历史关联以及自己对这一关联的细致把握做出了自己独特的选择。

---

① 刘宏:《跨界亚洲的理念与实践——中国模式·华人网络·国际关系》,南京:南京大学出版社 2013 年,第 13—14 页。
② 刘宏:《跨界亚洲的理念与实践——中国模式·华人网络·国际关系》,南京:南京大学出版社 2013 年,第 16 页。

二、华侨华人网络研究的
一般分析策略与刘宏教授的特色

一般来说,运用网络对华侨华人进行分析时,研究者可以依据网络的四个构成要素(构成、资源、联系机制和功能)从四个方面展开:一是分析网络的构成,即分析形成网络的各个节点,如探讨各地华人社团的成立背景、历史沿革、组织特色、构成纽带等;二是分析网络的资源,包括网络的经济资源、文化资源、政治资源等;三是分析网络的联系机制,包括归纳联系机制的形式和特点、研究联系机制是否正规,以及比较不同华人族群网络机制的异同等;四是研究网络的功能,包括网络在华侨华人的认同构建中发挥的作用,以及网络为华侨华人带来的经商便利等。

下面从以下两个方面概括刘宏教授关于华侨华人网络研究的特色。

注重对华侨华人网络之间的信息流动的分析。以往对中国社会群体与经济组织的研究,大多数学者关注的是实质性的经济交往,而忽视了建立这种交往所依靠的信息与观念的流动。刘宏教授认为,华侨华人之间的信息流动对华侨华人网络的形成具有十分重要的影响。"信息的流动在新马华人社会与华南社会的互动及跨国联系网络的构建中起着不可忽视的作用,并使海外华人产生了一种'既在此处又在彼处'的心态。正是这种跨越国界的流动性及其'既在此处又在彼处'构成了东南亚华人的一个重要特征,并帮助维系了中国—东南亚之间的互动。"①

正是基于这样一种认识,刘宏教授选择把华侨华人网络间的信息流动作为自己的一个主要研究选题。

研究视角的选择,也进一步带动了华侨华人网络研究研究材料的拓展。为了研究华侨华人网络间的信息流动,刘宏教授不仅收集和分析了海外华侨与家乡亲人之间的往来私信——侨批,而且大量收集和分析了海外华人组织的公开电报、会刊等资料。同时也十分注重分析当时中国的相关部门对海外华侨信息的收集和反馈。刘宏教授认为,当时海外华侨华人与中国家乡之间的种种信息互动不仅在"一定程度上改变了他们对(中国)中央政

---

① 刘宏:《跨界亚洲的理念与实践——中国模式·华人网络·国际关系》,南京:南京大学出版社2013年,第134页。

府的态度,并推动了他们从国家认同转向当地社会",①也影响到它们与中国家乡之间的物质流动。

刘宏教授注重华人网络与国家之间的互动研究,他认为,无论是华人网络的研究的"正统"派还是"修正"派,对网络与国家关系这一关键课题都没有给予充分的重视。正统派强调文化的作用而否定网络对华人特别是华商的作用,而修正派则重视网络而否定文化的作用。刘宏教授认为,对华人文化和网络的作用的分析不应厚此薄彼,应该将二者的作用放在具体的社会环境中,特别是东亚社会的社会环境中进行分析。如果把网络理解为一种横向的、跨国区域的、较为平等的社会商业关系,把国家理解为一种民族国家内部的纵向的、垂直的权力体系,那么在不同的时代,网络和国家之间的关系可能会呈现不同的形态。"随着全球化的日益发展以及跨国商业活动的普遍化,这两者之间的互动关系如何? 其实证的表征和理论含义是什么? 这些都必须加以考察。"②

和那些同样注重华人网络与国家互动的研究的学者相比,刘宏教授的特色在于对国家采取了一种宽泛的理解。一些学者也比较重视华人网络与国家的互动研究,但他们重视的是国家政策及其对华人商业的影响,以及国家权贵同华商的关系。这是对国家的简单化理解。国家至少可以从四个层面加以研究:(1)作为政府;(2)作为公共官僚体制以及制度性的法律建制;(3)作为统治阶级;(4)作为象征性的秩序。刘宏教授认为,既有的文献比较注重华人网络与第一、第三类型的关系,但"对于网络同第二、四类型的国家关系并不重视。例如,法律如何保证(或阻碍)建立于个人基础上的网络? 跨国网络是否削弱或强化了作为象征秩序的民族国家?"③正是基于对于既有研究的这一认识,刘宏教授特别重视国家法律对华人网络的影响、华人网络的发展变迁对象征性国家认同的影响的研究。如其对国家政策、法律与华人认同关系的研究,④客家跨国网络的社会地位与民族认同关系的研

---

① 刘宏:《跨界亚洲的理念与实践——中国模式·华人网络·国际关系》,南京:南京大学出版社2013年,第145页。

② 刘宏:《战后新加坡华人社会的嬗变:本土情怀·区域网络·全球视野》,厦门:厦门大学出版社2003年,第198页。

③ 刘宏:《战后新加坡华人社会的嬗变:本土情怀·区域网络·全球视野》,厦门:厦门大学出版社2003年,第198—199页。

④ 参见刘宏《跨界亚洲的理念与实践》一书的第八章"高技术移民的跨国实践与人才环流",第169—206页。

究①等。

三、刘宏研究的新观点：
跨国华人和华人历史发展的四阶段

刘宏教授从网络的角度对华侨华人进行研究，提出了两个特别重要的观点，一是关于华侨华人移民的特点的概括，二是关于华侨华人历史发展分期的观点。

刘宏教授根据自己的研究，在 2002 年首次提出了"跨国华人"这一概念。依据其定义，"跨国华人"就是指"那些在跨国活动的进程中，将其移居地同（自己的或父辈的）出生地联系起来，并维系多重关系的移民群体"。"他们的社会场景（social field）以跨越地理、文化和政治的疆界为特征。作为跨国移民，他们讲两种或更多的语言，在两个或更多的国家拥有直系亲属、社会网络和事业。"②

这一概念是刘宏教授将跨国性理论与当代海外华人研究领域相结合的产物。依据笔者的理解，跨国性指的是华人移民跨国居住、生活以及由此产生的一种心理认同状态。跨国性作为描述性概念和关于跨国移民新的认同的解释性概念，在不同的时期，其强调的重点有所不同。在 20 世纪 90 年代，跨国性理论关注的是移民的主体性和其积极贡献，近来的研究则强调了政治和国家的作用，认为"由此及彼"的联系受到多重政治力量的影响，国家及其政策对移民的跨国活动有着明显的影响。新的理论还强调跨国移民发生于流动的社会空间中，这些空间由于移民在两个或更多的社会中的"同步嵌入"（simulation embeddedness）而不断地再造。正是基于对华人跨国性的研究，刘宏教授提出了对海外华人的新的概括。跨国华人这一概念很好地概括了当今海外华人的生存状况，也为我国政府制定适合的引智政策提供了理论依据。

移民海外的华人是中国的一个重要财富，如何利用他们的财智为中国的发展服务是一个十分重要的政策课题。制定合适的海外华人政策，必须考虑他们的实际生活状况。正是基于这一逻辑，笔者认为，刘宏教授提出的

---

① 参见刘宏《跨界亚洲的理念与实践》一书的第七章"原生性认同与跨国网络——新马客家人与潮州人社群之比较研究"，第 146—166 页。

② 刘宏《跨界亚洲的理念与实践——中国模式・华人网络・国际关系》，南京：南京大学出版社 2013 年，第 66 页。

跨国华人概念具有重要的政策指导意义。依据其对跨国华人的理解,我们的引智政策就不能像过去那样强调对人才的所有,而是应该把重点放在对海外华人的财智运用方面,强调为我所用。合适的政策必须以做好服务为重点,而不能再像过去强调认同和爱国。而这种做法既是当今世界移民和引智政策的一个主导趋势,也正是我国政府当前引智政策强调的一个重点。

刘宏教授关于华侨华人研究的第二个革命性的观点是其对华侨华人历史发展的革命性看法。

从网络的视野观察华侨华人历史,会得出不同的结论。"华侨华人史存在各种分期方法,无论哪一种,都将 20 世纪 40 年代后期至 50 年代作为一个最大的分水岭——此前为华侨时期,此后为华人时代。"①刘宏教授认为这是从国家史观出发进行分析得出的一个"定论"。但如果从网络和国家互动的视野出发,则可以将华侨华人的历史分为以下四个时期。

第一个时期是"19 世纪中期之前的漫长历史时期"。这一时期的主旋律是亚洲区域内的传统贸易的形成与演进。华商与印度、阿拉伯商人等共同支撑了亚洲地域的传统通商网络,西方商人则参与其中。第二个时期是"19 世纪后期至 20 世纪 40 年代"。在这一时期,伴随着资本主义世界市场的扩大和劳动力市场的重组,华侨移民大量出现,形成了东南亚等地发达的华侨社会。这一时期的华侨经济有效地利用了西方和近代的要素而获得发展,以血缘、地缘等关系为纽带而形成的华侨通商网、金融网、移民网、信息网跨越国界,在与殖民体系不同原理的层面上提供了东亚、东南亚地域整合的内在力量。第三个时期是"20 世纪 50 年代至 70 年代早期"。在这一时期,随着新兴民族国家的诞生和经济民族主义的抬头,华人认同从中国向其居住国转化,华人网络和华人经济重新整合,这一时期华人网络和华人经济的重点限于民族国家范围之内。受民族国家政策的影响,一些传统的以宗乡为基础的华人网络的生存基础大为减弱,即使勉强得以存活,也是处于一种边缘地位。第四个时期是"20 世纪 70 年代中期至现在"。在这一时期,随着中国的改革开放和东亚、东南亚经济的高速发展,华人网络和华人经济再一次重组,华人网络和华人经济的重点是跨越民族国家范围,把亚洲,甚至全球当作自己的活动范围。在这一时期,华人网络的发展和调整得到了民族国家政府的赞成和支持,在国家和区域的经济发展中,处于一种积极的主导地位。华人网络的发展同时也促进了民族国家经济的发展和区域经济

① 刘宏:《跨界亚洲的理念与实践——中国模式·华人网络·国际关系》,南京:南京大学出版社 2013 年,第 20 页。

和社会活动的一体化。①

　　从以上的分析可以看出,刘宏教授对华侨华人历史发展的四个时期的划分是以华人网络的发展作为标准的。这一看法是革命性的,它提出了关于华侨华人历史发展分期的新的标准,打破了既有文献关于华侨华人历史发展的一些定论。刘宏教授关于华侨华人历史发展分期的新标准和新观点不仅对于华侨华人历史的书写具有重要的意义,而且对于亚洲历史的研究和书写也有着重要的意义。

　　亚洲是什么样的,这取决于采取什么样的观察视野。如果采取的是传统的国际关系观察视野,看到的可能是处于不同发展层次的国家之间的相互关系。如果是从网络的视野,那么看到的可能是一个华人网络以及这个网络各节点之间的人员、产品与信息流动,看到的是与以往不同的亚洲景象。

四、刘宏教授研究的启示:
必须有坚实的学术底蕴和敏锐的问题意识

　　刘宏教授对华侨华人的网络研究给我们什么样的启示?笔者认为,从学术研究和创新的角度讲,有两点值得我们注意,即其具备坚实的学术底蕴和敏锐的问题意识。笔者认为,刘宏教授能够突破华侨华人网络研究的思维范式,与其对既有研究成果的全面把握有着密切的关系。

　　刘宏教授特殊的学术背景,使其在对华侨华人进行网络研究时,在研究主题和视角的选择方面有着相对鲜明的特色。刘宏教授曾经受劳特里奇(Routledge)出版社之邀,在 2006 年从近千份英文研究文献中选择百篇论文,编撰了四卷本、共 1600 多页的《海外华人》(*Overseas Chinese*),其中第二卷为《文化、机构与网络》,这使其对华侨华人网络研究的文献特别熟悉,因而能够洞悉华侨华人网络的相关主题,这是其能够在众多的华侨华人网络研究中推陈出新的一个重要原因。

　　对既有文献的把握,在具体的研究和写作中,主要体现为对既有研究文献的梳理。为了明确华侨华人网络研究的方向,刘宏教授对既有研究成果进行了系统的梳理,他把华侨华人网络研究的既有文献分为两大类。第一

① 刘宏:《跨界亚洲的理念与实践:中国模式·华人网络·国际关系》,南京:南京大学出版社 2013年,第 20 页。

类是关于海外华人与中国之间的网络的研究。海外华人与中国之间的网络即海外华人与作为民族国家和祖籍地的中国所建立和维系的社会、文化和商业联系。这种网络又细分为商业网络和社会文化网络。正是通过对既有文献的梳理,刘宏教授发现了 20 世纪 90 年代以来华人网络研究的两个新的关注点,"一是地缘、血缘等社团在华人网络中所发挥的作用及产生的影响,二是时、空概念的内涵①在网络研究中得到了丰富和拓展"。② 在对这种文献的梳理中,刘宏教授提出了值得研究和关注的问题:该如何认知当今华人网络的地域认同? 同为地域认同,以前的认同和今天的认同有何差异? 地域认同是否在今天的海外华人社会的网络构建中更有内在的空间张力呢? 看似狭隘的地域空间又是如何构成和反映了当今时代全球化这个更为宏大的"空间"进程呢?③

依据刘宏教授的分类,第二类华侨华人网络研究的文献是关于海外华人之间跨国网络的研究。关于海外华人跨国网络的研究,依据其时间顺序,首先是对国家范围内海外华人家庭和企业网络的研究,其次是对跨国的海外华人家庭和企业网络的研究,再次是在全球化的框架下对海外华人家庭和企业网络的制度化研究。正是基于对海外华人网络研究趋势的这种把握,刘宏以新加坡总商会为个案,展开了对亚洲跨界华商网络制度化的形成、巩固与发展的研究。他提出,正是由于制度化的、以地域认同和方言认同为基础的跨国华人网络的发展为华人企业的全球扩展提供了便利,这种网络才在今天得以成长和壮大。

刘宏教授对华侨华人网络研究的创新不仅在于其提出了新的研究问题和研究框架,还在于依据新的理论框架进行了大量的实证性研究。这方面的一个例子就是其对当今高技术移民的研究。④

从以上的分析可以看出,刘宏教授确实在华侨华人研究领域做出了自

① 刘宏教授归纳出了华人网络研究中的两种时间概念,一是结构时间概念(structural time),即国家历史的发展、变迁的时间顺序,如殖民地时代、后殖民地时代、民族国家时代等,二是文化时间(culture time),即本土化文化和宗教发展、变迁的时间顺序。他认为,对于当代海外华人社会而言,文化时间相于结构时间,更富于现实意义和内涵。参见刘宏:《跨界亚洲的理念与实践——中国模式·华人网络·国际关系》,南京:南京大学出版社 2013 年,第 72 页。
② 刘宏:《跨界亚洲的理念与实践——中国模式·华人网络·国际关系》,南京:南京大学出版社 2013 年,第 71 页。
③ 刘宏:《跨界亚洲的理念与实践——中国模式·华人网络·国际关系》,南京:南京大学出版社 2013 年,第 73 页。
④ 刘宏:《跨界亚洲的理念与实践——中国模式·华人网络·国际关系》,南京:南京大学出版社 2013 年,第 169—206 页。

己的贡献,这种贡献不仅拓展了华侨华人研究领域,增加了我们对华侨华人的相关认知,而且为今天国家制定合适的引智政策提供了理论依据。刘宏教授能够在华侨华人研究领域进行创新性研究,固然与他个人的生活经历相关,但更主要的还是由于其遵循了学术研究创新的规律,能够在综述前人研究的基础上敏锐地发现问题,并能将理论与现实问题相结合。

附录二 跨界亚洲的视野
——序言集^①

王维《华侨的社会空间与文化符号
——日本中华街研究》^②序

作为一种"由华人移民创造的全球性的文化现象",唐人街与华人移民是并生的。很自然地,对海外华人的研究也大多将唐人街作为重要的研究选项。在日本,唐人街一般被称作中华街,横滨中华街、神户南京町、长崎新地中华街是日本当前最具代表性的三大唐人街,它们不仅刻录下了日本华侨社会的悠久历史,也记述着这个关系场域的时代新生。

与世界其他区域的华人社会相比,日本华侨社会有着鲜明的个性。在人口组成上,不论是在欧美还是东南亚等华人移民较集中的区域,这些与在地的主流社会互动而生的社会经济与文化空间大都是以华人为主体,在日本却是个例外。三大唐人街中除了横滨中华街的华人人口比例较高之外,长崎和神户中华街内部的华人比例则要低得多,这对于日本华侨社会不可避免地会产生一定程度的影响。在经济角色的扮演方面,虽然日本的中华街在当地经济与社会的发展中也扮演着商业中心的重要角色,但是它们"既不具有接受新移民的历史和平台,也不是在日华人经济活动的中心",以致无法成为凝聚华族经济力量的枢纽。在文化的传承与发展方面,由于特殊的历史文化背景以及内外多重关系的影响,日本华侨社会既选择了融入日本主流社会,实现与本土社会的一体化,同时也通过与官方和民间社会的合作来推动华族文化传统的传承与复兴。其中,日本华侨社会的华人传统文化复兴被赋予了明确的工具性色彩,这一点在世界其他地方虽有体现,却并

---

① 本节收录了近年来笔者为相关领域学者的专著所写的序言。收入本书时有少量改动。

② 王维:《华侨的社会空间与文化符号——日本中华街研究》,广州:中山大学出版社 2014 年("华侨华人研究丛书")。王维教授现为日本长崎大学多文化社会学部教授。

没有日本这样明显。

日本华人社会的在地化对观察者来说印象是非常深刻的。或者可以说,"与日本社会一体化,与当地一体化是日本中华街与世界其他地方的唐人街不同的最大的特征"。其中原因如本书作者所指出的,这是华侨在特殊的历史文化背景、日本独特的社会背景以及华侨与日本社会和中国之间的各种"关系"文化中形成的。相比世界其他地区的唐人街,日本的中华街是日本式的,不论是其组织结构还是符号象征都是人为建构的。近年来,随着全球性相互依赖程度的提升,中日两国关系日渐走向成熟,受此影响,日本华侨社会的华侨华人组织、社会团体与个人等行为体开始倡导中华街的复兴事宜,日本政府出于本土经济与社会发展的需要,对这些要求也给予了积极的支持,最终推动了中华街与本土社会的一体化进程。可以说,日本华侨社会与本土社会之间的互动是积极主动的,作为移居者的一方强调融入,作为在地者的一方则强调接纳与包容,这是移民场域从多元化走向一体化的有效路径。

王维教授在这本数十万字的大作中,围绕三大中华街内部华侨社会发展以及华侨社会与日本主流社会的关系,将以祭祀和艺能为代表的文化主线与日本华侨的主体性特点紧密相连,通过对横滨、长崎和神户三地中华街的比较研究深入探讨了日本华侨华人社会发展的动态性和连续性,勾勒出一幅描绘旅日华侨的社会生活、文化历史以及经济发展的多维画卷。综合来看,这本书主要有以下几个特点:

首先,坚持了个案研究与比较研究的结合,明确了研究的角度和尺度。长崎、神户和横滨三大中华街在日本华侨社会的发展历史中虽殊途同归,但是每一地的在地社会经济发展与文化生活也赋予了它们各自的鲜明特色,作者将其归纳为"长崎是亲戚关系,神户是朋友关系,横滨是邻人关系"。最终以个案为研究的基础,探讨了日本华侨社会发展的内在规律。同时,以日本国内比较以及日本与欧美之间的跨国比较的方式揭示了不同的华侨活动场域之间的异同,从而强化了对该研究的必要性和必然性的认识,使其更具现实意义。

其次,坚持了跨国视野与本土情怀的结合,赋予了研究的广度和高度。全球化的发展为全球性移民的跨国流动提供了更为便利的客观条件和开放的思维等主观优势。作者一方面用较多的笔墨强调了日本华侨社会的本土化倾向,另一方面也看到了跨国性对日本本土社会的影响,并借助与欧美等海外华人社会的比较,将该项研究置于一个宏大的全球语境中,从而有助于更好地揭示近年来日本华侨社会内在的文化复兴、社会发展以及与本土社会良性互动的内在规律。

最后,坚持了历史性与时代性的结合,增进了研究的厚度与深度。任何一项人文社会科学领域的研究,完全脱离了历史的支撑都将是脆弱的,作者通过对日本华侨社会发展历史的梳理与总结,看到了其与当前社会发展之间的内在联系。当前日本华侨社会的发展与文化复兴除了时下受到政府与社会的支持外,很大程度上的动力与源泉是来自对历史与优秀传统的坚守,对历史的依托与对现实的建构成就了该项研究的深度与厚度。

有规模的日本华侨社会的发展已有超过 400 年的历史,并曾经在整个东亚贸易的跨国网络中发挥过突出的作用。尤其是近代以来,中日两国关系的恩恩怨怨更让华侨社会在日本社会发展中的角色时常变得扑朔迷离。中日邦交正常化以来,日本华侨社会的发展也步入了一个新的阶段。但是,由于主客观条件的限制以及历史与现实的原因,日本国内的华侨华人研究在学界始终处在边缘地位。虽然近年来随着中国国际地位和地区影响力的持续提升,对于日本华侨社会的研究日渐得到了应有的重视,但是需要拓展的内容和领域还有很多。

作为一位知名的旅日华人研究学者,王维教授的这项研究在多个方面都有突破。比如她将以祭祀和艺能为代表的文化作为主线,进行文化发展与时代发展相结合的宏大叙事,实现了以文化作为切入点和以历史为纽带来串起整个社会的最终研究目的。由于我个人的学术背景与在多个国家学习、研究和工作的经历,我比较感兴趣的还有她对日本华侨社会与伦敦和旧金山华侨华人社会所进行的比较研究,这是非常有意义的。

所以,我认为不论是对于希望深入了解日本华侨社会的普通读者,还是对于将日本华侨社会作为一项学术研究议程的专业研究者,这都是一本非常值得推荐的必读书。

马亮《公共治理的向度》①序

　　新加坡在公共治理方面卓有成效,无论是公务员制度与廉政建设,还是公共住房的提供与社会保障,都处于亚洲乃至世界的前列。1978 年,中国领导人邓小平访问新加坡时,就对迅速崛起的新加坡留下了深刻的印象。返回中国后,他提出中国要向新加坡学习有益经验。

　　过去三十多年,中国各级政府一直持续不断地派遣官员访问新加坡并取经,学习新加坡政府在治理体制、经济发展、社会管理和应对全球化方面的成功实践。从早期的中新苏州工业园到最近的中新天津生态城,从经济发展与招商引资到社会管理与公共治理,中国向新加坡学习的政策领域不断拓展。与此同时,新加坡也日益关注中国的发展,并从中学习好的经验。

　　新中两国的交往与合作涵盖了许多领域。南洋理工大学自 1992 年以来就开始培训中国政府官员,1999 年成为新加坡首个获得中国国家外专局境外培训资质的海外高等学府。南洋公共管理研究生院从 1998 年至今已培养了中新媒体所称的"市长班"(即公共管理硕士[MPA]与管理经济学硕士[MME]课程)学员 1300 多人,中短期高级培训项目毕业生逾 13000 人。作为南洋理工大学的正式校友和具有国际视野的政府高层管理者,他们已成为或正在成为中国各层级政府的骨干和治理精英,他们对中新两国的未来发展与合作都将产生积极而深远的影响。目前,我们正根据大量的原始资料,对"市长班"毕业学员在中国的作用进行深入而具体的分析。我们的初步研究显示,他们来自中国大陆所有省份,其中 60% 左右为县处级以上干部,近 20% 是司局级以上官员,大多数学员在学成回国之后事业都更上一层楼,并成为中新两国互鉴公共治理良方的重要参与者和推动者。

　　近年来,得益于连氏基金会的大力支持,学院着力推进公共政策、社会管理和公共服务领域的学术研究。连氏基金会和南洋理工大学联手,推动了一系列合作项目,包括连环挑战赛和连氏中国城市公共服务质量研究项目。由连氏基金会资助的"连瀛洲纪念奖学金"项目,由新加坡前副总理黄根成担任理事会主席,积极吸收中国和新加坡的各界精英来我院深造和交流,得奖人皆为资深政府官员、知名企业家和社会活动家(从司局级到副国

---

① 马亮:《公共治理的向度》,新加坡:世界科技出版公司,2015 年。马亮教授现为中国人民大学公共管理学院教授。

级领导以及如柳传志和马蔚华等著名企业家）。截至目前，共有 70 位学者获得了连瀛洲纪念奖学金，其中 48 位来自中国，22 位来自新加坡。

在连氏基金会的资助下，学院还招收博士后研究员，从事公共管理与公共政策研究。作为研究员，马亮博士自 2012 年以来开始在学院工作，参与连氏中国公共服务研究项目，对中国城市公共服务质量进行全面调查和评估，该项目的研究报告和研究成果引起社会的广泛关注和热议。除此之外，他还持续关注公共管理和公共政策的相关课题，通过报章发表评论，向民众介绍研究发现和心得，为推动新中互鉴、激荡讨论发挥了重要的推动作用。

马亮博士将他过去两年撰写的文章结集，以《公共治理的向度》为题，最近在世界科技出版公司旗下的八方文化创作室出版。该书探讨了新中两国共同面对的公共治理挑战和经验，全书包括 77 篇文章，分为城市管理与区域治理、政府透明与善治、环境治理与可持续发展、中新互鉴公共交通发展经验、公共教育与职业发展、社会管理与风险治理、人民福祉与幸福社会、科技创新与科学基金等八章。

我认为，该书有以下三方面的特点，它们彰显了新中两国在公共治理领域的现状和发展方向。第一，该书涵盖内容广泛，涉及多个政策领域和公共议题。该书所讨论的内容都是全球化时代各国普遍面临的重要课题，如气候变化与环境可持续发展、公共教育与科技创新、公共交通与城市管理、社会管理与公共安全等。作者从公共治理的角度对这些议题进行探讨，剖析公共政策的内在机制与社会影响，许多观点都发人深思。

第二，该书特别关注新中两国的相互对比与学习借鉴，从不同视角审视两国的公共治理轨迹。作者既站在新加坡的立场分析中国，又站在中国的立场审视新加坡，并从全球化时代的宏大视角讨论新中两国的发展。基于这种跨国比较的独特视角，该书提出了许多很有见地的观点和看法。

第三，该书是作者为各类报刊和专栏（包括《联合早报》）撰写的文章结集。这些文章不仅有扎实的学术研究基础，而且有很强的可读性，并具备政策层面的可操作性。该书对中新两国的读者均有裨益。

今年是新加坡建国 50 周年，又恰逢新中建交 25 周年。新加坡已成为中国最大的外资来源国和海外人民币离岸市场，第三个中新国家级的合作项目将在今年揭晓；新加坡也是新近成立的亚投行的重要创始成员国之一。我相信，两国在经济、外交、文化和公共治理领域还有进一步的合作空间和广泛的发展前景。这需要社会各界（包括媒体、教育机构和学术界）的共同努力，马亮博士的新作正是这一努力的一部分。

曾玲《新加坡华人宗乡文化研究》①序

　　作为中国以外唯一的华人占多数的民族国家并在独立后短短数十年就由第三世界迈入第一世界的经济体，新加坡在国际学术界获得了甚为广泛的关注。国内外学者对新加坡华人社会及其近两百年的变迁也有众多的研究。这些研究大体可分为几个不同的角度和重点。其一是新加坡开埠以来不同时期对华人社会变迁的纵向概述，如宋旺相的《新加坡华人百年史》、柯木林的《新加坡华人通史》；其二是从民族国家的角度分析华人社会的演变，如廖建裕的英文著作《华人与东南亚的国家建构》；其三是从本土化、区域网络和全球化互为交错的视野加以思考，如拙作《战后新加坡华人社会的嬗变》。我认为，曾玲教授对新加坡华人社会的分析有其独到之处，在以上不同研究取向之间自在移动。与许多在地学者不同，她接受过明清地方经济史的学术训练，师从社会经济史大师衣凌先生，对中国本土社会的历史发展脉络及其社会结构有过深入的研究。1994 年至 2001 年间，她在新加坡工作和生活了七年，其间开始将其研究重点转向新加坡华人社会，尤其关注华人移民从中国带来的社会机制、文化、风俗、信仰、庙宇等所谓的"小传统"在二战之前新加坡的建构和演变，以及它们在新世纪之交的转化和所面临的挑战。

　　我正好于 1995 年底从美国博士毕业后到新加坡国立大学任教，因而有机会和曾玲教授经常交流和讨论。除了她和她先生的精湛厨艺，这位厦门大学学姐给我留下两个尤为深刻的印象。其一是她对学术研究的热忱和执着，每次见面，她滔滔不绝谈的都是与学术和研究相关的事情；其二是她的研究方法并未拘泥于此前的学术训练，她不是把东南亚华人社会简单地视为华南本土社会的延伸，而是结合人类学田野考察方法和历史学的文献史料分析。她一方面搜集大量未被充分利用的原始文献资料，如宗乡会馆会议记录、社团账簿、华人义山安葬记录等，另一方面更深入基层，遍访华人宗乡会馆，并参与社团、庙宇、民间信仰的各种活动和仪式。在此过程中，她与当地华人社团建立了良好的互信关系，我相信这对其研究资料的收集和本土视野的展现，有很大帮助。在文献分析和田野考察两者结合的基础上，她

① 曾玲：《新加坡华人宗乡文化研究》，北京：中国社会科学出版社 2019 年。曾玲教授现为厦门大学历史系教授。

对新加坡华人社会的演变和发展，做出了独到的分析和贡献。

曾玲教授有关新加坡华人社会的研究论著从 20 世纪 90 年代就不断问世，本书可以说是她研究思路的扩展和细化。我个人认为，其特点是以自下而上、由内及外、抽丝剥茧的方式，一方面体察华人移民如何保持并发扬他们祖先从中国带来的制度、文化、风俗和节庆仪式等传统，另一方面关注在殖民统治、民族国家建构、全球化以及中国崛起的大背景下，这些华人机制与传统如何与现代社会相调适。这一过程不仅展现了华人文化的韧性和生命力，也彰显了新加坡作为多元种族和多元文化社会的复杂性和魅力。

本书所提出的"宗乡文化"的理论架构，有机地结合了文化故乡和移民新地之间的联系与互动。曾玲的研究充分提示我们，在分析海外华人社会时，应抛弃中原心态，要关注他们在新的社会、文化、经济结构脉络下的再生和重建。这种研究视野不仅有助于我们了解新加坡华人和东南亚社会，也可以反过来提供一个参照系，让我们从比较视野观察和反思中国社会文化变迁的特质。从这个意义上说，本书所关注和探讨的主要课题，无论是社团、身份认同、历史记忆，还是庙宇、节庆、民间信仰等，皆为中华文化和华人性（Chineseness）的重要象征和机制。我相信，本书的研究视野、方法和结论能够让我们从域外和域内相互结合的角度加深对"文化中国"不同层面及其特征的认识，进而达致真正意义上的"理解之同情"。

孙侠《离散流声》①序

　　孙侠会长的新作内容多元而丰富,包括诗歌、小说、散文和读书笔记。掩卷细思,我认为,《离散流声》的书名传神地刻画了作者所叙述的人与事及其时空场景,无论是在新冠疫情肆虐期间从新加坡历经重围回到中国的过程,还是新移民融入新加坡及其社会参与的经验。

　　在文化研究领域,与"离散"对应的英文概念是"diaspora",它最初被用于描述犹太人在耶路撒冷陷落后数千年流离失所的状态与心境。新儒学大师唐君毅在1961年曾以"花果飘零"来形容当时海外华人飘散四方的现象,现在则被用来泛指国际移民群体。"流"可理解为"流动"(mobility),它是当今以资本、货物、人口、观念的跨界流动为特征的全球化之核心要素,也是1978年改革开放之后中国融入世界的重要推动力。从中国到海外的新移民——包括孙侠本人、书中提及的海底捞创始人张勇夫妻、本书的出版者玲子传媒的老板陈思齐女士——都是这一时代大潮的产物和佼佼者。

　　在本书中,"声"(voices)的重要性也不言而喻,它既有孙侠作为作者的论述,也有为中新友谊与合作的欢呼,还有传统上被视为"双重边缘"(女性移民)的声音。在众声喧哗((heteroglossia)中我们看到的一个多姿多彩而变幻莫测的世界——借用舒婷的诗句来说,"这个世界,有沉沦的痛苦,也有苏醒的欢欣"。

　　唐君毅先生"花果飘零"的悲情反映了第二次世界大战结束后东南亚新兴民族国家建构过程中海外华人身份变迁的苦痛和彷徨。但是,他也看到中华文化在海外传承的希望。他创造性地提出"灵根自植"的理念,认为在异域定居的华人应以原有的灵根(中华文化的精髓)植入移居国社会的文化脉络之中。我以为,这也是形成全球化时代以融合和多元共生为要义的新文化的出发点。这个视角或许有助于读者理解本书所论及的一些现象和我们所处的急剧变迁的时代。

　　是为序。

---

① 　孙侠:《离散流声》,新加坡:玲子传媒2021年。孙侠博士现为南洋理工大学北京校友会会长、南洋国际俱乐部主席。

林致华《梧桐入云:我的父亲
林梧桐和他的中国情》①序

林致华先生在本书中写道:"我的父亲林梧桐,对很多中国人来说,还是一个比较陌生的名字。但在马来西亚,他却是一位家喻户晓的华人。他的传奇经历,也常被人津津乐道。"其实,在包括新加坡在内的东南亚华人社会,林梧桐先生也是一位众所周知的著名企业家和慈善家。笔者在新加坡国立大学人文与社会科学学院、英国曼彻斯特大学商学院以及南洋理工大学南洋公共管理研究生院讲授海外华人企业家课程时,就曾以他和云顶集团个案来分析企业家精神、社会与商业网络的关联性和重要性,他的成功与贡献给学员们都留下深刻印象。

今年(2021年)七八月间,笔者在厦门休假期间仔细拜读了《梧桐入云》,不仅加深了对林梧桐先生的了解,还对他的子女(尤其是二公子国泰和三公子致华)的成就有了新的认识。本书的独特性在于从家庭内部视角展现了林梧桐先生的心路历程和成功之道,既栩栩如生又亲切感人。例如,本书第一部分"下南洋"写到,1937年春节后,年仅19岁的"我父亲带了个小行李箱……先走水路到厦门,然后从厦门太古码头(今和平码头),坐一个小舢板,登上英国太古轮船公司的一辆排水量为3500吨的客货轮'安徽号'"。笔者的住处离和平码头相距不到十分钟,掩卷细思,颇有身临其境之感,并进而体察老一辈华人移民下南洋的拼搏精神。

本书第二部分"云顶传奇"再现了林梧桐先生在马来西亚的创业过程。令我印象深刻的不仅是他敢于冒险的勇气和敏锐的商业头脑,而且是他与当地政府、企业以及华人社会所建立的和睦关系与稳固友谊,这对身处东南亚多元种族社会的华商来说,是他们在当地发展的不可或缺之成功要素。作为最大的海外华商之一,林梧桐和云顶集团具有重要的教科书之价值。因此,我很高兴本书的英文版也即将面世,这将使更多人通过这本传记了解海外华人在居住国和中国发展中的作用。

---

① 林致华:《梧桐入云:我的父亲林梧桐和他的中国情》,北京:中国华侨出版社2021年。林致华拿督为马来西亚卓越集团总裁。

　　本书第三部分"在中国"叙述林梧桐及其子女对中国经济建设的参与和对家乡教育事业的贡献。改革开放的头二十年间,海外华人在"招商引资"过程中扮演了不可替代的作用;进入 21 世纪之后,他们对推动中国深度融入经济全球化和"招才引智"同样功不可没。

　　本书生动描述了林梧桐先生对中国和中华文化的热爱,并将这种精神很好地传承给他的后人。林致华先生今年 3 月在凤凰卫视《名人面对面》专访中提到了中华文化的深远影响力、"做明天的生意"、他父亲"以身作则"(leadership by example)和"努力做事"的态度之感召,这些在书中都有详细记载。他本人对申办 2022 年北京冬奥会的潜心投入和全情参与,更是新时代海外华侨华人与祖(籍)国千丝万缕联系的写照。正如他在书中所说的,"2022 年冬奥会,花落京张,这是属于中国的梦,也是属于我的梦……人心安处即是家。我和父亲都是在异国他乡创业,只是我跟父亲刚好走了一条相反的道路,父亲是从中国到马来西亚,我是从马来西亚到中国"。我认为,他们父子俩是殊途同归,以不同方式践行了人类命运共同体的理念。

　　我相信,各位读者会和我一样,为林梧桐父子的辉煌经历及其对马来西亚和中国的贡献所感动,并与本书作者一道,共同祝福中马两国友谊长青,祝愿两国人民明天更美好!

　　是为序。